U0454355

THE
INNOVATOR'S
DILEMMA

"创新之父"
传世管理经典
【珍藏版】
克莱顿·克里斯坦森

创新者的窘境

[美] 克莱顿·克里斯坦森
(Clayton M. Christensen)
——著——

胡建桥
——译——

领先企业如何
被新兴企业颠覆？

WHEN NEW TECHNOLOGIES CAUSE
GREAT FIRMS TO FAIL

中信出版集团 | 北京

图书在版编目（CIP）数据

创新者的窘境：珍藏版／（美）克莱顿·克里斯坦
森著；胡建桥译. -- 3 版. -- 北京：中信出版社，
2020.7（2025.10重印）
　书名原文：The Innovator's Dilemma
　ISBN 978-7-5217-1819-5

　Ⅰ.①创…　Ⅱ.①克…②胡…　Ⅲ.①企业管理—研
究　Ⅳ.① F272

中国版本图书馆 CIP 数据核字（2020）第 070534 号

创新者的窘境（珍藏版）

著　　者：[美]克莱顿·克里斯坦森
译　　者：胡建桥
出版发行：中信出版集团股份有限公司
　　　　　（北京市朝阳区东三环北路27号嘉铭中心　邮编　100020）
承 印 者：北京通州皇家印刷厂

开　　本：880mm×1230mm　1/32　　印　张：11　　　字　数：251 千字
版　　次：2020 年 7 月第 3 版　　　　印　次：2025 年 10 月第 32 次印刷
京权图字：01-2009-2405
书　　号：ISBN 978-7-5217-1819-5
定　　价：69.00 元

目 录

第一部分
为什么优秀的大企业会失败？

●
○

推荐序 1
最先拿到"螃蟹"的企业
不一定有机会吃下"螃蟹"

在单纯追求利润和增长率的过程中，一些伟大企业的伟大管理者因为使用了最佳管理技巧而导致了企业的失败。

——克莱顿·克里斯坦森

在 20 世纪 90 年代之前，很少有人研究失败，人们在绝大多数商学院的案例库里都找不到一篇关于失败公司的论文。

最早提出警示的是战略学家普拉哈拉德（C. K. Prahalad）和哈默尔（G. Hamel），他们在 1990 年出版的《公司的核心竞争力》一书中认为，随着竞争的日益激烈和技术迭代的加快，创新的周期正在快速地缩短，这对大型公司构成了前所未见的挑战。

1997 年，哈佛大学商学院教授克莱顿·克里斯坦森出版了《创新者的窘境》，第一次系统地研究"大公司为什么会失败"。他提出"破坏性创新"这个新概念，并得出了一个颇有点儿令人惊悚的结论：越是卓越的公司，在"破坏性创新"时刻到来的时候，就越难以摆脱困境。

这个近乎宿命论的结论启迪了很多人，包括不可一世的乔布斯。后来发生的事实是，一些巨无霸型的大公司正是被一家又一家不起眼的小公司击败的，这一景象几乎出现在所有行业，从百货、金融、电脑硬件到互联网。

一

　　克里斯坦森创作《创新者的窘境》的 20 世纪 90 年代中期，
正是计算机行业从大型机向台式机转型的关键时期。他惊奇地发
现，"没有一家主要生产大型计算机的制造商，成功地转变为在
微型计算机市场具有举足轻重地位的生产商"。

　　那么，是这些公司管理不善吗？答案恰恰相反。这些公司是
全世界管理效率最高的公司，而且它们无一例外地拥有杰出的领
导者。到 1982 年，他们还出现在汤姆·彼得斯的卓越样本企业的
名单上。

　　克里斯坦森的研究结果是：良好的管理正是导致领先企业马
失前蹄的主因。

　　"准确地说，因为这些企业倾听了客户的意见，积极投资了
新技术的研发，以期向客户提供更多、更好的产品。因为它们认
真研究了市场趋势，并将资金系统性地分配给了能够带来最佳收
益率的创新项目。最终，它们都丧失了其市场领先地位。"

　　更可悲的是，那些破坏性技术居然有很多来自大公司的实验
室，而小公司的创业者正是从大公司被排挤出去的"失意者"。

　　这样的案例比比皆是。第一个研发出数字相机技术的是胶卷
公司柯达，第一个研发出手机触屏功能的公司是诺基亚，可是它
们都不是这些技术的勇敢使用者，它们的前途因此被埋葬。诺基
亚的最后一任总裁在公司被收购时，颇为无奈地说："我们什么
也没有做错，但我们还是失败了。"

二

在《创新者的窘境》中，克里斯坦森系统性地研究了这一现象发生的原因。他有三个发现。

第一，延续性技术与破坏性技术之间存在重大战略差异。

破坏性技术是一种革命性的技术创新，其技术产品是从未有过的、完全新兴的事物。而对于大公司而言，这一技术在一开始往往针对的是一个无法被检测的新兴小市场，它不能满足大企业的增长需求，这对大公司的决策构成了致命的挑战。

第二，技术进步的步伐可能会且经常会超出市场的实际需求，这就导致以市场需求为主导的科技创新型企业可能会错失潜在的新技术市场。

与一般的观察不同，克里斯坦森发现，在诞生初期，破坏性技术产品的性能要低于主流市场的成熟产品，但其某些新特性会使得这种产品受到非主流消费者的喜爱，最终彻底改变市场的价值主张。

第三，拥有一整套管理模式的成熟企业为了融资，更在乎公司的资本结构和资本回报率是否能吸引投资者，上市企业尤其如此。

克里斯坦森认为，成熟市场与大公司对破坏性技术有天然的排斥心理。即便管理者拥有一个大胆的设想，希望带领企业朝着一个完全不同的方向展开冒险，但是，绩效主义者和严格高效的流程管理，也会在企业内部阻挠这种改变的发生。

《创新者的窘境》一书，其实提出了一个十分叛逆的结论，那就是，流行了近半个世纪的成熟的公司治理理论，已经无法适应快速变化的世界，越是大型的成功企业就越容易在未来的竞争中成为无法改变自己命运的"恐龙"。

这一结局，甚至与它既有的能力、资本，乃至领导者的勤勉无关。

在这本书中，克里斯坦森没有给出一个标准的解决方案，或者说，这个"锦囊"根本就不存在。他的根本性建议是，大公司决策层应该放弃对高效管理制度的迷信，使组织创新能力下沉，"把研发破坏性技术的职责交给确实存在客户需求的机构"。"你无法对尚不存在的市场进行分析。因此，管理者为应对破坏性技术变革而采取的战略和计划应该是有关学习和发现的计划，而不是事关执行的计划。"

三

克里斯坦森的这本书在刚刚出版的时候并没有引起轰动性的效应。因为，变化才刚刚开始。到 2000 年，美国互联网泡沫破灭。在接下来的十年中，技术和商业模式发生了令人眼花缭乱的突变，无数教科书中的卓越公司陷入泥潭，他的观察才渐渐发出金子般的光芒。

对克里斯坦森的理论最为关注的，是那些即将发动颠覆行动的挑战者，其中就包括苹果公司的乔布斯。在乔布斯的官方传记里，作者列举了 7 本影响乔布斯的书，其中，除了莎士比亚、柏拉图和几本与禅修有关的书，唯一的商业图书就是《创新者的窘境》。

2007 年，索尼公司前常务董事土井利忠（笔名"天外伺朗"）

发表了《绩效主义毁了索尼》一文，这篇文章引发巨大的争论，他的观点大多来自《创新者的窘境》，他认为正是优异的日本式管理最后让索尼公司走向衰老。

克里斯坦森的这本书被《福布斯》杂志评为"20世纪最具影响力的20本商业图书"之一。2011年，他本人则在《哈佛商业评论》的"当代50名最具影响力的商业思想家"评选中排名第一。《创新者的窘境》在出版后的20多年里激励了无数的创业者，也让那些大公司治理者坐立不安。比尔·盖茨曾半开玩笑地说："克里斯坦森提出破坏性理论后，出现在我桌上的每一份提案都自称是具有破坏性的。"

吴晓波

财经作家，890新商学、蓝狮子出版创始人

推荐序 2
企业如何应对破坏性
创新技术的挑战

在《创新者的窘境》一书中,克莱顿·克里斯坦森教授提出了这样一个问题:为什么管理良好的企业会遭遇失败?他的结论是,管理良好的企业之所以遭遇失败,是因为推动它们发展为行业龙头企业的管理方法,同时也严重阻碍了它们发展破坏性创新技术,而这些破坏性创新技术最终吞噬了它们的市场。

管理良好的企业都善于发展延续性创新技术,也就是说善于以客户所认可的方式来提高产品的性能。但破坏性创新技术与延续性创新技术存在显著的差别:

1. 破坏性创新技术刚开始出现时,它的产品性能一般低于原有技术。

2. 破坏性创新技术拥有某些边缘客户(通常也是新客户)所看重的其他属性,例如价格更低、体积更小、结构更简单、更便于使用等,从而可以找到新市场。

3. 随着破坏性创新技术的持续发展、产品性能的提高,该技术最终将占领原来的市场。

书中阐述了破坏性创新技术取代原有技术的过程,以及管理良好的企业内部所蕴含的强大力量是如何阻碍它们研发破坏性创新技术的，并构建了一个发展破坏性创新技术原则的框架，即企业的资源分布取决于客户和投资者，小市场并不能满足大企业的增长需求，企业无法对并不存在的市场进行分析，技术供给可能并不等同于市场需求，以此解释为什么企业在研发成熟技术时最为有效的管理方法反而会阻碍企业对破坏性创新技术的研发。

接下来，你只需要展开阅读，就可以跟随作者，去理解那些帮助企业应对破坏性创新技术挑战的核心概念和观点。

一、延续性创新与破坏性创新

对领先企业而言，它并不需要担心沿着原有的路径日益精进会面临困境，因为它在自己所熟悉的领域里，技术上炉火纯青，管理上得心应手，市场上独占鳌头。但是它最担心的是有人在技术上另起炉灶，在管理上另辟蹊径，在市场上新拓疆土。用作者的话来说，它不怕延续性创新，因为这是它的优势，真正的威胁来自破坏性创新。

作者认为，破坏性创新并不涉及特别复杂的技术变革，其主要表现形式就是将成品元件组装在一起，但相比之前的产品，其产品结构通常会变得更加简单。破坏性创新并不能为主流市场的客户提供更好的产品，因此这种创新首先发生在主流市场的可能性很小。相反，破坏性创新提供的是一种完全不同的产品组合，只有在远离主流市场或对主流市场没有太大意义的新兴市场，客户才会重视这些产品组合的属性。

尽管成熟企业在引领延续性创新技术方面（包括从最简单到

最具突破性的延续性创新技术）拥有技术上的优势，但在研发和应用破坏性创新技术方面，引领行业潮流的却总是行业新兴企业。

值得注意的是，研发破坏性创新技术并不意味着技术的先进，它可能只是现有成熟技术的重新组合。它甚至可能与技术进步关系不大，只涉及细分市场中被忽视的需求或者创新的需求实现模式。这是一种广义的理解，但它有助于我们拓展本书的结论，更好地反思这本书成书二十年来的企业实践。

二、领先企业是怎样走向失败的

作者提出了价值网络理论来说明为什么优秀的企业也会遭遇失败，其重要发现是，管理不善并非导致优秀企业失败的根本原因，反而是良好的管理导致领先企业马失前蹄的。所谓的"良好的管理"，表现在有效倾听客户意见，积极投资新技术研发，优化内部流程以提高决策效率和效益，优化客群结构、产品结构和财务结构以提高收益率，等等。

成功的企业希望集中资源来开展能够满足客户需求的活动，因为这些活动能带来更高的利润，在技术上更具可行性，而且能帮助它们保持在重要市场上的竞争力。这些企业也建立了一整套流程来帮助它们实现这些目标，但企业若希望这套流程同样能够成功地培育出破坏性创新技术（集中资源来实施客户并不认同、利润率更低、性能表现低于现有技术且目标市场仅局限在小型市场的提案），则违背了成功企业的运作方式和性能评估机制的基本趋势。

按照这本书的失败理论框架，简单来说，因为领先企业的成本结构主要面向高端市场，低端市场和小型新兴市场对于领先企业的增长贡献甚微，当企业面临破坏性创新技术的威胁时，企业的人员和流程自然不愿也不能分配所需的关键性资金和人力以应对威胁，从而处于被动地位。

三、企业的能力：资源、流程和价值观

这本书提出了企业能力的分析框架：资源、流程、价值观。资源包括人员，设备，技术，产品设计，品牌，信息，现金，与供应商、分销商和客户的关系，等等，是最直观的因素。流程是企业在把资源转化为产品或服务的过程中所采取的互动、协调、沟通和决策的模式，包括制造过程、产品研发、采购、市场研究、预算、规划、员工发展和补偿，以及资源分配的过程。

影响企业能力的第三个因素是价值观。企业的价值观就是企业在确定决策优先级别时所遵循的标准，企业以此来判断一份订单是否有吸引力，某个客户是否比另外一个客户更重要，某个新产品理念是否具有吸引力，等等。事实上，良好管理的一个关键衡量标准就在于，管理者是否在机构内部普及了这种清晰、统一的价值观。

按照企业能力分析框架，企业面临破坏性创新时的表现，取决于它是否能发展出相应的能力。三者之中，资源是外在直观的因素，也是最容易调整或改变的部分。加大资源投入的方法对延续性创新是有效的，但对于破坏性创新却是达不到期望的，因为流程会阻碍资源的有效投入。流程的背后是价值观，原有价值网络培养出来的价值观看不到破坏性创新的前景，自然不能动员组织的能力来推动破坏性创新的发展。

越是行业领先企业，管理越是良好，其价值观就越清晰、统一、有效，其能力与破坏性创新就越不匹配，这就是领先企业失败的根源。领先企业可以依靠企业内的"英雄人物"来力挽狂澜，扭转组织内的流程和价值观的惯性吗？作者明确指出，也许可以，但它不能指望依靠个人的能力来弥补组织的能力缺陷。即使委托一个能力很强的觉醒者带领团队去推动项目，由于组织的能力与创新项目并不匹配，最终的效果也很难尽如人意。

四、如何发展新能力

应对破坏性创新的办法就是发展出与破坏性创新匹配的新能力。

从新能力的三个因素来看，改变企业的价值观是不能被接受的。因为当前企业正处在行业领先地位，是市场的王者，是现金的收割机，其原有价值观被认为是成功的、有效的、不能被舍弃的。既然价值观不能被改变，改变流程也就不能得到落实，资源投入也就不能落地。这是行业领先企业面临破坏性创新时的宿命。

为此，作者提出，推动延续性创新项目的方式可以是成立轻量型的内部团队，而推动破坏性创新项目的有效方式恐怕只能是另立新机构。这个新机构可以是从当前企业中分拆出来的，也可以是新收购的创新企业。

遗憾的是，很多企业过分自信，倾向于在体系内用加大资源投入的方法改变现有机构的能力，或者想方设法将收购的企业整合到现有体系之中，使用这种方式虽然可以得到创新企业的资源，却抛弃了企业最为珍贵的流程和价值观。

五、更多的研究启示

这是一本经典著作。所谓经典，就是它虽然出版较久，案例稍旧，而市场上有很多新的行业趋势和特点出现了，但它仍然非常值得被研读揣摩，其观点仍然具有普遍性和启发性。

企业领导者需要在破坏性创新导致危机之前，就发展出相应的能力来应对变革。那么，更有效地识别破坏性创新，是企业领导人做决策的前提，但这是一个复杂的问题，目前还没有可靠的检测方法。在这种情况下，很多结论就变成了"马后炮"。

企业内流程的建立是为了让员工持续不断地重复完成任务，连续性降低成本，提高效率和可靠性，就如同"福特的流水线"。流程和价值观从本质上来说意味着"不可改变"。企业是抗拒变化的，成功的企业更加抗拒变化。如同生物的进化，越精妙越极致，就越难适应环境的变化。那么，如何看待企业的"生老病死"呢？基业长青还是企业正常追求的目标吗？或许，长江后浪推前浪，本来就是自然规律。

阅读这本书，你既可以站在行业领先企业的角度，研究如何应对创新企业的挑战，也可以站在创新企业的角度，研究如何应对行业领先企业的威胁。从某些方面而言，后一个视角更有意义。

对企业领导人、企业战略管理者、企业资源分配人士、企业研究人员、行业研究者来说，这本书可以说是必读书了。

陈春花

北京大学王宽诚讲席教授

北京大学国家发展研究院 BiMBA 商学院院长

▌引 言

　　企业在遭遇某种形式的市场变化和技术变革时，为什么无法保持它们的行业领先地位？这里所说的不是普通企业的失败，而是一些领先企业（那些曾让许多管理者艳羡不已且竞相效仿的，因其优秀的创新和执行能力而闻名遐迩的企业）的失败。当然，导致领先企业失败的原因有很多，其中包括官僚主义横行、傲慢自大、管理队伍老化、规划不当、投资短视、技能和资源不足，以及单纯的时运不济。但本书讨论的并不是存在上述问题的企业，而是那些管理良好，锐意提高竞争力，认真倾听客户意见，积极投资新技术研发，却仍然丧失了市场主导地位的企业。

　　这些看上去无法解释的失败，既发生在那些发展迅速的行业，也发生在那些发展缓慢的行业；既发生在那些建立在电子技术基础上的行业，也发生在那些建立在化学和机械技术基础上的行业；既发生在制造业，也发生在服务业。同样，例如，西尔斯-罗巴克公司（Sears Roebuck，简称"西尔斯公司"）就曾在几十年间被认为是世界上管理最为灵活的企业。西尔斯公司在它的黄金时期销售额占全美零售总额 2% 以上的份额。该公司率先进行的多项创新，对当今最受推崇的零售商的成功起到至关重要的作用，其中就包括供应链管理、店铺品牌维护、目录零售和信用卡销售。西尔斯公司管理模式的受推崇程度，在以下这段引自《财富》杂志的文字中一览无余："西尔斯是怎么做到的？从某种程度上说，它最吸引人的部分就在于，其中根本没有什么诀窍。西尔斯既没有玩太多花招，也没有放空炮。相反，公司里的每一个人似乎都在自然而然地做着正确的事情。而最终的结果是，西尔斯成了一家卓越的行业龙头企业。"[1]

但今天已经没有人会这样评价西尔斯公司了。不知出于什么原因，西尔斯公司完全忽视了折扣零售和家居中心①的出现。在目录零售这种商业模式迅速发展的今天，西尔斯公司已经无缘参与其中。人们已经开始思考它的零售运营将何以为继。一位评论员曾指出："西尔斯虽然有17亿美元的重组资金，但它早在1992年就亏损了13亿美元。西尔斯的傲慢自大使它对发生在美国市场的基本变化熟视无睹。"[2]另一位评论家则抱怨说：

> 西尔斯已经成为投资者的心头之痛。他们只能眼睁睁地看着它的股价一路下跌，所有有关情况已经好转的承诺都沦为一纸空文。西尔斯陈旧的营销方式（大量销售迎合大众口味的、中间价位的商品和服务）已不再具有竞争力。毫无疑问，持续令人失望的表现，不断重复说明却从未实现的有关情况好转的预测，都降低了西尔斯的管理层在金融界和商界

---

① 家居中心（home centers），一种以销售家居用品、技术或服务为主的，采取自选等自助服务方式销售的零售业模式，如家居建材商店、家电杂货店等。——编者注

的公信力。[3]

令人大感意外的是，西尔斯公司受到潮水般赞誉的时期（20世纪 60 年代中期），恰好是它忽略了折扣零售和家居中心这些新型知名耐用品市场营销模式（正是这些成本更低的营销模式，最终使西尔斯公司丧失了其核心特许经营权）正在悄然崛起的时期。在西尔斯公司被誉为世界上管理得最好的企业之一的同时，它却让维萨卡（VISA）和万事达卡（MasterCard）抢占了其——在率先将信用卡用于零售业支付这一方面——长时间占据的领先地位。

在一些行业，这种丧失领先地位的故事一直在重复上演。以计算机行业为例，IBM（国际商业机器公司）主导了大型计算机市场，但却长时间忽略了在技术上更为简单的微型计算机的崛起。事实上，没有一家主要生产大型计算机的制造商，成功地转变为在微型计算机市场具有举足轻重地位的制造商。DEC（Digital Equipment Corporation，数字设备公司）创建了微型计算机市场，此后其他一些管理上锐意进取的企业，像通用数据（Data General）公司、Prime 公司、王安电脑（Wang）公司、惠普公司、德利多富（Nixdorf）公司等也纷纷加入其中。但这些企业随后又错过了台式个人电脑市场，从而将开拓个人电脑市场的机会留给了苹果公司、Commodore 公司、Tandy 公司，以及 IBM 的独立个人电脑部门。特别是苹果公司，它独创了用户友好型计算机的标准。但在便携式计算机市场，苹果公司和 IBM 却比行业领先企业落后了整整 5 年。同样，建立了工程工作站市场的企业，像阿波罗（Apollo）公司、太阳微系统（Sun）公司和硅谷图形（Silicon Graphics）公司，都是该行业的新兴企业。

像零售业一样，许多领先的计算机制造商都曾被誉为世界上管理得最好的企业，并被许多记者和企业管理学者树立为所有企业都应学习的典范。以下就是一段对 DEC 的评价（1986 年）："现在的 DEC 犹如一列高速行驶的火车，与它竞争无异于螳臂当车。当大多数竞争对手深陷计算机行业衰退的泥沼而无法自拔时，这家市值 76 亿美元的计算机制造商仍在加速前进。"[4] 这段文字的作者进而告诫 IBM 要小心，因为它就站在 DEC 正高速行驶的轨道上。当时的 DEC 的确是麦肯锡公司浓墨重彩地加以研究的一家企业［后来这份研究成果被浓缩在《追求卓越》（*In Search of Excellence*）一书当中］。[5]

但几年后，风云突变，评论家们又向我们描绘了一家完全不同的 DEC：

> DEC 是一家需要进行资源重组的企业。作为其主打产品的微型计算机的销售已经枯竭，该公司进行了两年的重组计划惨淡收场，其预测和生产规划系统已完全失灵，削减成本远远无法重塑其盈利能力……但真正让人感到遗憾的可能是 DEC 错失的机遇。它浪费了两年的时间，才仓促采取措施，来应对已经颠覆了整个计算机行业的低利润率的个人电脑和工作站的出现。[6]

和西尔斯公司一样，在 DEC 的案例中，最终导致其失败的决策正是它在广受赞誉并被称为"管理灵活的企业"时做出的。在 DEC 被称为"优秀企业的典范"的同时，它却忽略了台式计算机的出现，并在几年后自食其果。

创新者的窘境（珍藏版）

西尔斯公司和DEC都是令人瞩目的公司。施乐公司曾长期主导复印机市场，它生产的普通纸复印机被广泛应用于复印量较大的大型复印室。但施乐公司错失了小型台式复印机市场带来的发展和盈利机遇，最终只占据了很小一部分市场份额。尽管小型钢铁厂在20世纪90年代末占据了北美钢铁市场40%的份额，其中包括该地区几乎所有的钢筋、棒材和结构钢市场份额，但截至1995年，不管是在美洲、亚洲，还是在欧洲，没有一家综合性钢铁企业建立了使用小型钢铁厂技术的工厂。在30家缆索挖掘机制造商中，只有4家成功度过了该行业长达25年的液压挖掘技术过渡期。

正如我们所看到的那样，在遇到破坏性技术变革和市场结构变化时，遭遇失败的领先企业数量非常多。如果只是粗略地进行分析，我们似乎从中找不到导致它们失败的变革模式。在一些情况下，新技术在很短的时间内就会席卷整个行业；在另一些情况下，技术过渡期则长达数十年。在一些情况下，新技术非常复杂，研发成本高昂；在另一些情况下，具有重大影响的技术只是简单地由领先企业的现有技术扩展而成。但所有失败案例都具有一个共同点，那就是导致企业失败的决策恰好是领先企业在其被广泛誉为世界上最好的企业时做出的。

有两种方法或可用于解决这一悖论。一种解释是：诸如DEC、IBM、苹果公司、西尔斯公司、施乐公司、比塞洛斯-伊利公司等企业，实际上一直管理不善。这些企业之所以能够获得成功，可能是因为它们运气好。它们之所以最终在经济出现危机时遭遇失败，则可能是因为它们的好运气到头儿了。也许是吧。另一种解释是，这些遭遇失败的企业的管理已经做到极致，但它们在大获成功之后做决策的方式最终埋下了它们日后失败的种子。

本书所阐述的研究结果证明了后一种观点，即良好的管理正是导致领先企业马失前蹄的主因。准确地说，因为这些企业倾听了客户的意见，积极投资了新技术的研发，以期向客户提供更多、更好的产品。因为它们认真研究了市场趋势，并将资金系统性地分配给了能够带来最佳收益率的创新项目。最终，它们都丧失了其市场领先地位。

这也从更深的层次表明，目前得到广泛认可的许多良好的管理原则，实际上只适用于某些情况。有时，不采纳客户的意见，投资研发利润率较低、性能较差的产品，并且大举进军小型新兴市场（而不是主流市场）反倒是正确之举。本书通过准确构思研究方法，认真分析硬盘行业和其他行业创新成功与失败的案例，从而总结出一系列规律。管理者可以利用这些规律来判断，何时应采用得到广泛认可的良好管理原则，何时适于实施其他原则。

我把这些规律称为"破坏性创新原则"，它们表明，领先企业之所以遭遇失败，很可能是因为它们的管理者要么忽略了这些原则，要么选择拒绝施行这些原则。如果管理者能够理解并利用这些破坏性创新原则，那么他们就能卓有成效地管理好哪怕是最困难的创新项目。与生命中许多最富挑战性的行动一样，深刻理解"世界的运行方式"，并顺应这些力量来管理创新活动，具有非常重大的意义。

《创新者的窘境》一书的宗旨是，在缓慢发展或快速变化的环境中，为制造业和服务业（不管是高科技领域，还是科技含量较低的领域）的众多管理者、顾问和学者提供帮助。有鉴于此，本书所提到的"技术"一词，指的是一个组织将劳动力、资本、原材料和技术转化为价值更高的产品和服务的过程。所有的企业都拥有技术。像西尔斯公司这样的零售商采用了一种特定的技术来进行采购、展示、销售，并向客户提供产品，而诸如开市客[①]等仓储式折扣零售商则采用了一种不同的技术。因此，这一技术概念已从工程和制造业扩展到包含市场营销、投资和管理流程在内的广泛领域。而"创新"指的是其中某项技术发生的变化。

窘境

为了确立本书所述理念的理论深度、适用范围，以及对未来和过去的适用性，我将本书划分为两个部分。第一部分（第1章到第4章）构建了一个框架，以解释为什么伟大的管理者做出的合理决策可能会导致企业的失败。这些章节所描绘的情景，真实再现了创新者所面临的窘境：管理层做出的合理和适当的决策，可能会对企业的成功起着至关重要的作用，但也可能导致企业丧失其市场领先地位。第二部分（第5章至第10章）则旨在应对这一窘境。根据我们对新技术为什么且会在什么情况下导致大企业失败的理解，我将在这一部分针对这种窘境，提出管理上的解决方案——企业管理者应如何在集中足够的资源研发可能导致自己失败的破坏性技术的同时，采取有利于企业成熟业务短期发展的正确措施。

---

① 开市客是美国最大的连锁会员制仓储量贩店。1997年，该公司由两家公司合并为 Price Costco。1999年，该公司更名为 Costco Wholesale Corporation，简称 Costco，即开市客。这本书中的 Price Costco 是旧称。——编者注

构建一个失败理论框架

在本书的开头，我将深入剖析这一问题，然后再做进一步的探讨，并最终得出综合性的结论。我将在前两章详细阐述硬盘行业的历史，正是在这一行业，"优秀企业总是在艰难时受到冲击"的故事总是在重复上演。硬盘行业是研究大企业失败案例的绝佳领域，因为该行业拥有大量的数据，而且用哈佛商学院院长金·克拉克（Kim B. Clark）的话来说，这是一段"快速发展的历史"。在短短几年内，市场、企业和技术便经历了从出现、成熟到衰败的全过程。在6次新结构性技术变革中，硬盘行业的领先企业只在其中的2次变革中成功地维持了它们在下一代产品中的行业领先地位。硬盘行业这一重复出现的失败模式，让我得以首先确立一个初步框架，来解释为什么行业发展早期最好和最大的企业会遭遇失败。然后我会在行业历史随后的发展周期中对这一框架进行检验，以判断它是否经得起推敲，是否能够继续解释该行业中新近的领先企业为何同样难逃失败的命运。

随后，第3章和第4章将加深我们对"硬盘行业的领先企业为何总是会遭遇失败"的理解，同时通过分析不同性质行业的各家企业的失败案例，来检验这一失败理论框架的适用范围。因此，第3章主要探讨发展速度和技术革新密度与硬盘行业存在很大区别的机械挖掘机行业，并发现导致处于领先地位的硬盘制造商失败的因素，同样可用于解释处于领先地位的机械挖掘机制造商为何失败。第4章将确立这一理论框架，并将利用这一框架来说明为何全球综合性钢铁企业无法抵御小型钢铁厂的冲击。

为什么良好的管理可能会导致失败

失败框架是以此项研究的三个发现为基础而建立的。第一个发现是，在我所说的"延续性技术"（sustaining technologies）和"破坏性技术"（disruptive technologies）之间，存在着重大战略性差异。这些概念与渐进式技术和突破式技术之间的区别（许多对这一问题的研究均以此为主要特点）还是很大的。第二个发现是，技术进步的步伐可能会且经常会超出市场的实际需求。这意味着，不同技术方法的相关性和竞争性，会随着市场的差异和时间的推移而发生改变。第三个发现是，相比某些类型的新兴企业，成熟企业的客户和财务结构更加偏重于投资看上去对其具有吸引力的项目。

延续性技术与破坏性技术

大多数新技术都会推动产品性能的改善，我将这些技术称为"延续性技术"。一些延续性技术可能不具有连续性或者在本质上具有突破性，而其他一些技术则在本质上属于渐进式技术。所有的延续性技术具有的共同点是，它们都是根据主要市场的主流客户一直以来所看重的性能层面，来提高成熟产品的性能的。特定行业的大多数技术进步从本质上说都具有延续性。本书所揭示的一项重要发现是，即使是最具突破性、最复杂的延续性技术，也很少会导致领先企业失败。

但有时破坏性技术的出现——至少在短期内——会导致产品性能降低。具有讽刺意味的是，在本书研究的每一个案例中，都是破坏性技术导致了领先企业失败。

破坏性技术给市场带来了与以往截然不同的价值主张。一般来说，破坏性技术产品的性能要低于主流市场的成熟产品的性能，但它们拥有一些边缘客户（通常也是新客户）所看重的其他特性。拥有破坏性技术的产品通常价格更低、性能更简单、体积更小，而且通常更便于客户使用。除了上文提到的台式个人电脑和折扣零售的例子，这方面的例子还有许多。相对于哈雷-戴维森公司（简称"哈雷公司"）和宝马公司制造的大马力公路摩托车，本田公司、川崎公司和雅马哈公司在北美和欧洲推出的小型越野摩托车算得上一种破坏性技术；晶体管相对于真空管是一种破坏性技术；保健机构相对于传统的医疗保险商是一种破坏性技术。在不远的未来，相对于个人电脑硬件和软件供应商，"互联网工具"可能也会成为一种破坏性技术。

市场需求轨道与技术改善轨道

对失败框架的第二个元素（即技术进步的步伐要快于市场需求增长的速度）的观察表明，在开发比竞争对手更好的产品，以达到更高的售价实现更大的利润率的过程中，供应商通常会"过度满足"市场的需求：供应商为客户提供的产品，超出了客户的实际需求或客户最终愿意支付的价格（如图 0.1 所示）。更重要的是，这意味着，尽管目前破坏性技术产品的性能可能低于市场用户的需求，但这种技术日后可能会发展成为同一市场上完全具备性能竞争力的技术。

例如，许多曾经需要使用大型计算机来进行数据处理的用户，不再需要或不再购买大型计算机。大型计算机的性能已经超出了

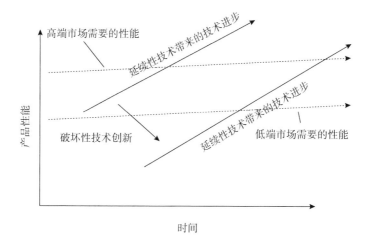

图 0.1　延续性技术和破坏性技术变革的影响

许多老用户的需求，而且他们发现，他们现在可以使用连接文件服务器的台式计算机，来完成他们需要做的大部分工作。换句话说，许多计算机用户的需求增长速度，要低于计算机设计人员提供的性能改善速度。同样，在 1965 年，许多觉得只有在百货商店才能选购高质量商品的顾客，30 年后已经非常满足于在塔吉特百货（Target）和沃尔玛选购各种商品。

破坏性技术与合理的投资

失败框架的最后一个元素（即成熟企业得出的结论——积极投资破坏性技术对它们来说并不是一个合理的财务决策）有三个基础。首先，破坏性产品功能更简单，价格更便宜，这些产品的利润率通常较低，也不会产生更大的利润；其次，破坏性技术通常会在新兴市场或不太重要的市场首先进行商业化运作；最后，能给领先企业带来最大利润的客户一般并不需要基于破坏性技术研发的产品，而且他们在开始阶段也确实无法使用基于破坏性技术研发的产品。一般来说，破坏性技术首先会得到市场上不能给企业带来利润的那部分客户的认可。因此，大多数已经习惯于听取最优质顾客的意见，判断哪些新产品能实现更大利润率的企业，很少能及时投资研发破坏性技术。

测试失败框架

本书定义了什么是破坏性技术，并阐述了企业该如何应对这一问题，以尝试确立（研究人员所称的）失败框架中各种主张的内部和外部效度。第 1 章和第 2 章以硬盘行业为背景建立了失败框架，第 4 章至第 8 章重新提到硬盘行业，以加深读者对"优秀的管理者为何总是难以成功地应对破坏性技术"这一问题的了解。如此浓墨重彩地关注硬盘行业的理由就在于确立失败框架的内部效度。如果一个框架或模型无法有效地解释某一个行业内发生的现象，那它也就无法被成功地用于解释发生在其他行业的其他状况。

第 3 章，以及从第 4 章至第 9 章的后半部分的结构设置，是为了探讨失败框架的外部效度，即我们认为失败框架可能带来有用的启示的条件。第 3 章将使用这一框架来审视，为何生产缆索挖掘机的领先企业会被液压挖掘机制造商淘汰出推土机械市场。第 4 章将探讨为什么全球综合性钢铁制造商在面临小型钢铁厂的新技术挑战时会纷纷倒下。第 5 章将利用模型来分析，相对于传统供应链和百货商店，折扣零售商为何能取得成功，同时还将探讨破坏性技术对电机控制行业和打印机行业的影响。第6章将考察新兴的 PDA（Personal digital assistant，即掌上电脑）行业，并分析为什么电机控制行业会被破坏性技术颠覆。第7章详述了在摩托车和逻辑电路行业，使用了破坏性技术的新兴企业是如何颠覆领先企业的市场地位的。第8章则揭示了计算机制造商是如何且为何会沦为破坏性技术的又一个牺牲品的。第9章主要聚焦了发生在会计软件行业和胰岛素行业的相同现象。第10章则利用这一框架对有关电动汽车的案例进行了分析，总结出从其他行业研究中得出的经验教训，揭示了如何利用这些经验教训来评估电动汽车行业面临的机遇与威胁，并阐述了怎样利用这些经验教训来推动电动汽车企业取得商业上的成功。第11章概述了本书的观点。

总而言之，这些章节为理解破坏性技术，破解这些技术是如何导致一些曾经管理得最好的企业丧失其行业领先地位的这一难题，提供了一个具有坚实理论基础、广泛有效性和实际管理效用的框架。

利用破坏性创新的原则

看过我的学术报告（本书第1章至第4章重新提到了其中的某些发现）的学生及同事，对文中近乎宿命论的论调深感震惊。如果说面临破坏性技术变革时，正是良好的管理方法加速了成功企业的失败，那么对企业面临的各种问题——如更好地做规划，更加努力地工作，更多地听取客户的意见，以更长远的眼光来看待问题，等等——的常规解答将使这一问题更加恶化。同样，良好的执行力、迅捷的市场化步伐、全面的质量管理和过程重构也将丧失其原有的效力。不用说，对于正在培训未来管理者的人员来说，这也是一则让人坐立不安的消息。

但本书第 5 章至第 10 章将表明，尽管我们在良好管理的标准工具箱中可能找不到针对破坏性技术的应对方案，但实际上其中也存在一些能够有效应对这一挑战的实用方法。每一个行业的每一家企业都在按照某些规律（即有关组织性质的法则）办事，这些规律明确规定了哪些是企业可以做的，哪些是企业不可以做的。当面临破坏性技术变革的管理者被这些力量压垮时，他们将无力拯救他们的企业。

同样，那些心怀飞翔梦想，在手臂上缚上羽翼，然后奋力挥动翅膀从高处一跃而下的古人，无一例外地遭遇了失败。尽管他们拥有梦想，也为之付出了努力，但他们的行为却与自然界的强大法则背道而驰。没有人强大到能够抵御这股力量。只有在人们逐渐了解决定世界如何运行的相关自然法则和原理（重力学说、伯努利原理，以及关于举、拖和阻力的概念）之后，飞行才可能变成现实。当人们意识到这些法则和原理的力量（而不是抗拒这些法则和原理），或者利用这些法则和原理来设计飞行系统时，他们就能够飞到之前无法想象的高度或飞过之前无法想象的距离。

第 5 章至第 10 章的目标是提出应对破坏性技术所带来的变化的五大原则。与载人飞行一样，这些法则如此强大，忽视这些法则的存在或抗拒这些法则的管理者，将无力引领他们的企业安然应对破坏性技术所带来的行业巨变。但这些章节也表明，如果管理者能够理解并利用好这些法则，而不是违背它们，那么实际上管理者也能在面临破坏性技术变革时取得巨大的成功。我特别希望管理者带着"了解"的目的来阅读这些章节，而不仅仅是为了寻找问题的答案。我坚信，这些伟大的管理者（他们也是我撰写本书时所针对的目标人群）完全有能力凭借自己的力量，找到最适合应对他们所面临问题的解决方案。但他们必须首先明白，是什么导致了这些情况的发生，有哪些力量会影响他们的解决方案的可行性。以下几段文字简要介绍了这些原则，以及管理者可以采取什么措施来利用或适应这些原则。

原则一：企业的资源分布取决于客户和投资者

硬盘行业的历史表明，成熟的企业总是能在一轮又一轮的延续性技术（它们的客户需要的技术）浪潮中保持领先地位，但它们往往在面临更为简单的破坏性技术时遭遇失败。这一事实也证明了资源依赖理论的正确性。[7] 第5章概述了这一理论，即尽管管理者可能认为是他们在控制企业内部的资源流向，但真正决定资源流向的是客户和投资者，因为投资模式无法达到客户和投资者要求的企业将难以为继。表现最好的企业实际上是那些深谙此道的企业，也就是那些建立了成熟的系统来摒弃得不到客户认可的理念的企业。因此，这些企业发现，在客户产生相关需求之前，它们很难投入足够的资源来研发破坏性技术——不被它们的主流客户接受的低利润率机会。但到客户产生相关需求时，一切为时已晚。

第5章为面临破坏性技术的管理者提供了一种尊重或利用这一原则的方法。主流成熟企业基本只能在一种情况下（极少有例外情况发生）在破坏性技术变革中及时、成功地确立市场地位：企业管理者设立一个独立的机构，专门面向破坏性技术独立开展新业务。这种机构不受主流成熟企业客户的力量制约，能够自由地接触不同类型的客户群体，即那些认可破坏性技术产品的顾客。

换言之，当企业管理者按照资源依赖理论的规律管理企业，而不是选择忽视或违背这些规律时，这些企业就有可能在破坏性技术变革中获得成功。

对管理者来说，这项原则的意义就在于，当面临破坏性技术的威胁时，主流成熟企业的人员和流程并不能自由地分配所需的关键性资金和人力资源，来开拓小型新兴市场；成本结构主要针对高端市场竞争的企业，很难在低端市场获取利润。设立一个独立的机构，并按照破坏性技术利润率较低的特点，建立一个能够盈利的成本结构，是成熟企业利用这一原则的唯一可行方式。

原则二：小市场并不能满足大企业的增长需求

破坏性技术通常会推动新市场的产生。大量证据表明，相对于后来进入市场的企业，最早进入这些新兴市场的企业拥有显著的"先行"优势。但随着这些"先行"企业取得成功并逐渐发展壮大，它们进入更新的小型市场的难度也变得越来越大，而这些小市场注定将在未来发展为大市场。

成功的企业为了维持它们的股价，以及为了给员工创造扩大其职责范围的内部机遇，需要进一步发展壮大。一家市值为4 000万美元的企业只需要获得800万美元的收入，就能在随后一年实现20%的增长率。但一家市值为40亿美元的企业需要获得8亿美元的新增销售收入，才能达到20%的增长率。然而，没有哪个新市场具有如此大的规模。因此，当一家企业发展得越大、越成功时，新兴市场所发挥的企业增长引擎的作用就会越弱。

许多大企业都采取了一种等待战略，也就是等到新市场的规模发展得足够大时再进入市场。但第6章提供的证据表明，这通常不是一个成功的战略。

那些大型企业之所以能够在由破坏性技术创建的新市场中成功地抢占有利的市场地位，就是因为它们将推进破坏性技术商业化进程的职责，交给了与目标市场的规模恰好匹配的小型机构。小型机构通常能够更好地利用小型新兴市场上出现的发展机遇。大量证据表明，对大型企业的管理者来说，即使理性思维告诉他们，这些小型市场有朝一日可能会发展壮大，但正式和非正式的资源分配流程会使得大型企业很难将足够的物质和人力资源集中到小型市场的开发上。

原则三：企业无法对并不存在的市场进行分析

翔实的市场研究数据和良好的规划，以及之后的按计划执行流程，构成了良好管理模式的基本特征。在进行延续性技术创新时遵循这些方法将使企业受用无穷，这也是成熟企业能够引领硬盘行业历史上每一次延续性技术创新的主因。这些合理的方法能够行之有效地应对延续性技术变革，因为企业需要面对的市场规模和增长率一般都是已知的，技术进步有迹可循，而且主要客户的需求通常都清晰明了。由于绝大多数技术创新在本质上都属于延续性创新，因此大多数管理者都知道如何依据切实可行的分析和规划来管理此类创新活动。

但在应对能够催生新市场的破坏性技术时，市场研究人员和企业规划者却一直苦于找不到行之有效的应对策略。实际上，硬盘行业、摩托车行业和微处理器行业的历史经验（第7章将对此进行评述）告诉我们，当我们看到专家对新兴市场未来发展规模的预测时，我们唯一可以确定的就是：他们的预测是错误的。

许多实例表明，在延续性创新中保持领先地位（预先了解哪些信息是已知的，哪些计划是可行的），并不会对市场竞争格局产生重大影响。在延续性创新中，技术的跟随者能够表现得和技术领先者一样出色。但是在面对破坏性创新时（我们会发现我们对这一市场几乎一无所知），先进入市场的企业可以建立巨大的先发优势。这就是创新者的窘境。

对于那些在进入市场之前需要得到市场规模和财务收益率的量化数据，才能做出投资决策的企业来说，它们通常会在面对破坏性技术时变得束手无策，或是犯下严重的错误。它们要求获得市场数据，并根据财务预测做出判断，但不论是市场数据还是收入、成本等财务预测，实际上都不存在。利用管理延续性技术时发展的规划和市场营销手段，来应对完全不同于延续性技术的破坏性技术，无异于古人手缚羽毛挥动翅膀的飞行痴梦。

第 7 章探讨了一种制定战略和规划的不一样的方法。这种方法承认这样一项法则，即正确的市场和开发这一市场的正确战略是无法被预知的。这项法则被称为"基于发现的规划"，它建议管理者假定预测是错误的，而且他们选择采取的战略也可能是错误的。基于这种假设来进行投资和管理将迫使管理者制订计划，学习他们需要了解的内容，而这正是成功应对破坏性技术的一种更加有效的方式。

原则四：机构的能力决定了它的局限性

当管理者在处理创新问题时，他们会本能地选派有能力的员工来从事这项工作。一旦他们找到合适的人选，绝大多数管理者也就会认定，他们选派的人员即将管理的机构也将具备成功完成这项任务的能力。这样的想法是非常危险的，因为机构所具备的能力，独立于机构内部工作人员而存在。一个机构的能力主要表现在两个方面：一方面是它的流程，也就是人们将劳动力、资源、原材料、信息、现金和技术投入转化为更高价值的产出的方法；另一方面是机构的价值观，这些价值观正是机构管理者和普通员工在做出优先决策时所遵循的原则。人的可塑性是很强的，经过培训后可以成功地从事不同的职业。例如，IBM 的一个员工可以非常从容地改变他的工作方式，来适应小型创业型企业的工作环境。但流程和价值观则相对固定，例如，能够有效管理微型计算机设计的流程，就不适用于台式个人电脑设计的管理。同样，推动员工优先开发高利润率产品的价值标准，就不会促使他们将低利润率产品的开发置于优先发展的位置。同样的流程和价值观，在某种环境下构成了某个机构的能力，但在另一种环境下则决定了这个机构的局限性。

第 8 章将提出一个框架，帮助管理者准确地了解他所在机构的能力和局限性具体表现在哪些方面。基于对硬盘行业和计算机行业的研究结果，本书提供了一些实用工具。在当前机构的流程和价值观阻碍了它成功解决所面临的新问题时，管理者可以利用这些工具来获得新的能力。

原则五：技术供应可能并不等同于市场需求

尽管破坏性技术最初只能应用于远离主流市场的小型市场，但它们具备破坏性的原因是，它们日后将逐渐进入主流市场，而且其性能将足以与主流市场的成熟产品一争高下。如图 0.1 所示（见第 XXIX 页），这种情况之所以会发生，是因为产品技术进步的步伐超过了主流客户要求或者能够消化的性能改善幅度。因此在目前，主要特色和相关功能几乎与市场需求完全匹配的产品，通常会遵循既定的性能改善轨道去发展，假以时日，这些产品的性能将超出主流市场的实际需求。而当前性能表现严重滞后于主流市场客户预期的产品，则可能在日后变得极具竞争力。

第 9 章表明，当这种情况发生时，硬盘、会计软件、糖尿病治疗等多元化市场的竞争基础（即客户在选择产品时所依据的标准）也会发生变化。当两种或两种以上的竞争性产品的性能改善幅度超出市场需求时，客户将无法根据产品的性能来更好地做出购买选择。选择产品的基础通常是从功能性演变至可靠性，然后发展到便捷性，最后发展到价格。

许多商学院的学生已经以不同的方式描绘了产品生命周期的不同阶段。但第 9 章指出了一种现象：产品性能过度满足市场需求，是推动产品生命周期发生转变的主要机制。

许多企业为了保持领先地位，会努力研发具有更大竞争力的产品。但这些企业没有意识到，随着它们竞相参与更高性能、更高利润率市场的竞争，它们追逐高端市场、提高产品性能的速度将超出老顾客的实际需求。在此过程中，这些企业创造了低价产品的竞争真空，采用了破坏性技术的竞争对手正好可以乘虚而入。只有那些认真分析了自己的主流客户使用自己旗下产品的趋势的企业才能认识到，它们所在市场的竞争基础即将发生改变。

破坏性技术的威胁和机遇共存

在读到这部分时，一些熟悉这些理念的管理者和研究人员会感到十分焦虑，因为已经有非常明显的证据表明，即使是最好的管理者，在主流市场遭到破坏性技术侵蚀时，也会遭遇惨痛的失败。最紧迫的是，他们希望知道他们所在的企业是否也成了破坏性技术冲击的目标，以及如何才能帮助他们的企业及时、有效地抵御这样的冲击。希望从中寻找创业机遇的其他人员，则希望了解他们要怎样做才能判断出，哪些技术是潜在的破坏性技术，以及如何基于这些技术创立新企业和新市场。

第10章将以一种非常规的方式来解答这些问题。这一章将针对一个引起巨大争议但广为人知的技术创新问题（电动汽车）进行案例研究，而不是仅仅提供一份问题或分析清单。想象一下，我自己是这个问题的主角，作为一家大型汽车制造企业中负责电动汽车开发的项目经理，面对加州空气资源管理委员会要求开始在加州销售电动汽车的指令，我正大伤脑筋。我需要考虑电动汽车实际上是否为一种破坏性技术，然后提出管理这个项目、制定实施战略及确保项目获得成功的建议。根据所有案例研究的宗旨，本章的目的不是解答我认为怎样做才能正确应对创新的挑战这一问题，而是提出一种在其他许多环境中也应行之有效的、应对破坏性技术变革问题的思维方式和方法。

第10章深入剖析了创新者的窘境，即"好"企业在大举投资能给企业带来最大利润的客户所希望获得的产品和服务的同时，通常也埋下了导致日后失败的种子。截至20世纪90年代末，还没有哪家汽车企业受到来自电动汽车技术的威胁，也没有哪家企业考虑大举进军这一领域。汽车行业的发展暂时是健康的。汽油引擎的可靠性和汽车的性价比已达到前所未有的高度，客户已经可以以极低的价格享受极高的性能和质量。的确，除了政府指令，我们没有理由认为成熟汽车制造商将会大力研发电动汽车。

但电动汽车的确是一种破坏性技术创新，而且是未来的一个潜在的威胁。创新者的使命，是在不影响能够带来利润增长的现有客户需求的情况下，确保这一创新（当时还不具实际意义的破坏性技术）在企业内部得到足够的重视。正如第 10 章明确指出的那样，只有在认识到新市场的存在，并按照新的价值定义并认真开发新市场，或只有将创建新业务的职责交给规模与利益恰好与目标市场客户的独特需求基本一致的专门机构时，这一问题才能得到解决。

破坏性创新正发生在哪些领域

自《创新者的窘境》第一版出版以来，我生命中最让我感到欣慰的事情就是，有来自各行各业，甚至是我从未想到的行业的很多读者打电话告诉我，他们所在的行业正在发生一些变化，这与我在书中所阐述的历史案例类似，而且这些力量正在颠覆他们所在的行业。其中一些变化已经在表 0.1 中有所阐述。不出意料的是，互联网已逐渐发展成为一种基础性技术，并将使得颠覆许多行业成为可能。

表 0.1 中右栏的每一种创新（以新技术或新商业模式的形式出现）都在颠覆左栏的主流秩序。那么，暂时的行业领先企业（即正在使用列于左栏的成熟技术的企业）是否能成功地抵御这些冲击呢？我希望未来可以不同于以往。如果管理者承认这些破坏性技术的存在，并且尊重或利用本书所阐述的各项基本原则来解决这些问题，我认为其所在企业在未来必将有所不同。

表 0.1　成熟技术与破坏性技术

成熟技术	破坏性技术
卤化银摄影胶片	数码摄影
有线电话	移动电话
线路交换通信网	分组交换通信网
笔记本电脑	掌上数字设备
台式个人电脑	索尼 Playstation II 产品，互联网工具
全服务证券经纪	在线股票经纪
纽约和纳斯达克证券交易所	电子通信网络（ECNs）
全手续费承销新股和债券发行	在互联网上自动降价拍卖新股和债券的发行
基于银行信贷员个人判断的信贷决定	基于信用评分系统的自动化放贷决定
房屋零售	网上零售
工业原材料经销商	互联网销售网站，如 Chemdex 和 E 钢网
印刷贺卡	可以从互联网上免费下载的贺卡
电力公司	分布式发电（燃气涡轮、微型涡轮、燃料电瓶）
管理研究生院	企业大学和内部管理培训计划
基于课堂和校园的教学	远程教育，尤其是通过互联网实现的远程教育
标准教材	用户组合的模块数字教材
平版印刷	数字印刷
载人战斗机和轰炸机	无人驾驶飞机
用 C++ 语言编写的微软 Windows 操作系统和应用软件	互联网协议（IP），Java 软件协议
医生	执业护士
综合医院	门诊和家庭护理
外科手术	关节镜和内窥镜手术
心脏搭桥手术	血管修复手术
磁共振成像（MRI）和计算机断层扫描（CT）	超声波——从最初的落地式机器到最终的便携式机器

第一部分

—

为什么
优秀的大企业会失败?

第 1 章
从硬盘行业获得的启示

在商业史上，还没有哪个行业像硬盘行业那样，经历如此广泛、快速、残酷的技术变革和市场结构的转变，以及全球范围纵向整合方面的变化。

当我试图探寻为何顶级企业也会遭遇破产这一问题的答案时，我的一位朋友给出了一些睿智的建议。他说："那些研究遗传学的人会尽量避免研究人类，因为人类需要 30 年左右才能繁衍出下一代，因而遗传学者需要观察很长时间才能了解其变化的前因后果。所以他们研究果蝇，因为果蝇朝生暮死，在一天的时间内便完成了从受孕、出生、长大到死亡的全过程。如果你希望了解某些商业现象，那你就应该去研究硬盘行业。这一行业中的企业是商业界最接近果蝇的类型。"

的确，在商业史上，还没有哪个行业像硬盘行业那样，经历如此广泛、快速、残酷的技术变革和市场结构的转变，以及全球范围纵向整合方面的变化。尽管这种变化的速度和复杂性对企业管理者来说可能是一个噩梦，但正如我的朋友所说的那样，这为商业研究提供了肥沃的土壤。几乎没有哪个行业可以像硬盘行业那样，为研究人员提供如此难得的机遇——可以验证理论，阐述不同类型的变化如何导致某些类型的企业走向成功或失败，或是在所研究的行业重复其变化周期时验证那些理论。

本章简要介绍了硬盘行业的复杂历史。[1] 一些读者可能会对历史本身感兴趣，但了解历史的价值在于，在其纷繁复杂的外表之下，存在着一些极其简单和一致的因素，而正是这些因素在不断决定着这个行业顶级企业的成与败。简单地说，这些顶级企业之所以能获得成功，是因为它们认真听取了客户的建议，并积极投资于能够满足客户下一代需求的技术、产品和生产能力。但矛盾的是，这些顶级企业在后来遭遇失败，也是出于同样的原因——它们认真听取了客户的建议，并积极投资于能够满足客户下一代需求的技术、产品和生产能力。这也成为创新者面临的一大困境：盲目地遵循"好的管理者应与客户保持密切联系"的箴言，有时可能会是一个致命的错误。

硬盘行业的历史为理解"与客户保持密切联系"何时有裨无害、何时有害无裨提供了一个框架。这一框架的实用性，只能通过详尽地研究该行业的历史来加以验证。有些具体细节将在本章阐述，有些则将在本书的其他章节有所涉及，希望已经了解自己所在行业诸多细节的读者，能够从中找到会对自身及竞争对手的命运产生影响的相似模式。

硬盘的工作原理

　　硬盘能够读、写计算机使用的信息。硬盘包括一个读写磁头（读写磁头安装于能在旋转盘表面上来回转动的传动臂底部，其工作原理类似于留声机的唱针和唱臂）；表面涂有磁性材料的铝质或玻璃磁盘；至少两个电机，包括一个驱动磁盘旋转的旋转电机和一个将磁头移动至磁盘上方恰当位置的驱动电机；多条控制运行及其与计算机连接的电子电路。有关标准硬盘的结构如图 1.1 所示。

　　读写磁头是一种小型电磁体，其磁极会随着通过电磁体的电流方向的改变而改变。由于异性相吸，当磁头的磁极变为正极时，

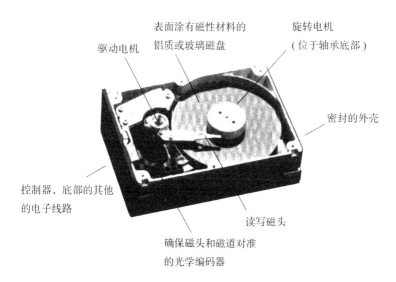

图 1.1　标准硬盘的主要元件

磁头下方磁盘区域的磁极将变成负极，反之亦然。当磁盘在磁头下方旋转时，通过快速改变流过磁头电磁体的电流方向，在磁盘表面的同心磁道上将产生一系列正、负极磁畴。硬盘能将磁盘上的正、负极磁畴转化为二进制数码系统（1 和 0）来将信息"写"在磁盘上。硬盘还能用完全相反的方式从磁盘上读取信息：磁盘表面磁通场的变化将引发通过磁头的微电流的变化。

世界上最早的硬盘

IBM 圣何塞研究实验室的一个研究团队在 1952—1956 年研制出世界上第一个硬盘。这个硬盘被命名为 RAMAC（Random Access Method for Accounting and Control），其大小相当于一台超大电冰箱，包含 50 个 24 英寸 ① 的磁盘，能够储存 5MB（兆）的信息（见图 1.2）。决定当今主流硬盘设计的大多数基本构造理念和元件技术，也是由 IBM 成功研发的，其中包括可移动磁盘（1961 年推出）、软盘（1971 年）和温切斯特磁盘（1973 年）。这些研发成果对于该行业其他企业的工程师如何定义硬盘及其作用，产生了决定性的影响。

随着 IBM 开始生产硬盘来满足其自身的需求，一个独立的硬盘产业开始出现，并面向两个不同的市场提供服务。一些企业在 20 世纪 60 年代开发了 PCM（plug-compatibe market，插接兼容机市场），以折扣价向 IBM 的顾客直接销售 IBM 硬盘的增强版仿制品。尽管 IBM 在计算机领域的大多数竞争对手〔例如数据

---

① 1 英寸等于 2.54 厘米。——编者注

图 1.2　世界上第一个硬盘（由 IBM 研制）

资料来源：图片使用经 IBM 授权。

控制（Control Data）公司、宝来（Burroughs）公司和 Univac 公司〕都将它们自主研发的硬盘垂直融入了各自的生产流程，但在 20 世纪 70 年代，一些规模更小的非综合性计算机制造商（例如德利多富公司、王安电脑公司和 Prime 公司）的出现，仍催生了一个硬盘 OEM（original equipment market，原始设备市场）。到 1976 年，这些企业总共生产了价值约 10 亿美元的硬盘，其中专业生产占据 50% 的份额，PCM 和 OEM 各占据约 25% 的份额。

　　接下来的十几年，硬盘行业迅速发展，市场动荡，技术引领的性能改善情况令人眼花缭乱。到 1995 年，该行业生产的硬盘的价值提高到约 180 亿美元。到 20 世纪 80 年代中期，PCM 式微，而 OEM 的产出则约占据全球总产量的 3/4。1976 年，主导硬盘行业的企业有 17 家〔这 17 家企业都是规模相对较大的多元化企业，例如 Diablo 公司、Ampex 公司、梅莫雷克斯（Memorex）公司、

EMM 公司和数据控制公司]；到 1995 年，除了 IBM，另外 16 家企业的硬盘业务均已失败或被收购。在这期间，又有 129 家企业进入这一领域，其中有 109 家后来也破产。除了 IBM、富士通公司、日立公司和 NEC 公司，所有存活到 1996 年的制造商，都是在 1976 年之后进入该行业的新兴企业。

一些分析人士将（创造了这一产业的）这些综合性企业的高淘汰率，归结于硬盘行业日新月异的技术变革速度。的确，硬盘行业变革速度之快令人咋舌。硬盘工程师能在 1 平方英寸[①]的磁盘表面写入的信息量，以平均每年 35% 的速度递增。具体而言，是从 1967 年的 50KB（千字节）上升至 1973 年的 1.7MB、1981

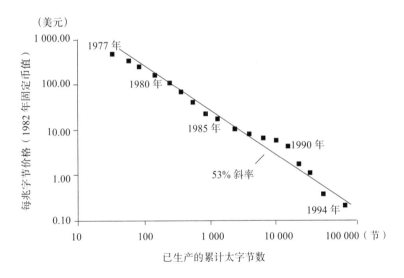

图 1.3　硬盘价格经验曲线

资料来源：《磁盘／趋势报告》（*Disk/Trend Report*）各期公布的数据。

---

① 1 平方英寸约为 6.45 平方厘米。——编者注

年的 12MB、1995 年的 1 100MB。硬盘的外观大小则以类似的速度在缩小，可生产的最小的 20MB 的硬盘体积从 1978 年的 800 立方英寸 ① 缩小到 1993 年的 1.4 立方英寸，年递减幅度达 35%。

图 1.3 表明了硬盘行业经验曲线的斜率（将该行业历史上创造的磁盘存储能力的太字节累计数量，与每兆字节存储的币值稳定价格联系起来）为 53%，这意味着累计太字节数每增加一倍，每兆字节成本将降至之前水平的 53%。这一斜率的成本降低幅度要远远大于市场上其他微电子产品 70% 的斜率的成本降低幅度。其每兆字节价格的每季度降幅已连续 20 余年达到约 5% 的水平。

两种技术的不同影响

对于为什么领先企业很难始终保持它们在硬盘行业的领先地位这一问题，我的研究使我总结出"科技泥流假设"（technology mudslide hypothesis）这一说法，意思是说，企业在面对永无止境的科技变革时，就像在泥流上求生，它必须永远保持在泥流之上移动，稍一停顿下来，就会遭遇灭顶之灾。

为了验证这一假设，我收集并分析了一个数据库。这个数据库中包含 1975—1994 年全球硬盘行业的各家企业每年推出的各种硬盘的技术和性能规格。[2] 有了这个数据库，我就可以了解到底是哪些企业在引领每一轮的新技术浪潮；追踪新技术是怎样逐步传播到整个行业的；找到哪些企业处于领先地位，哪些企业被甩在了后面；衡量每次技术变革对硬盘的容量、速度和其他性能

---

① 1 立方英寸约为 16.39 立方厘米。——编者注

指标的影响。通过认真回顾硬盘行业每次技术变革的历史，我们就可以找出，到底是哪些变革在推动新兴企业走向成功，或导致成熟领先企业走向失败。

我曾以为，参考之前的学者对技术变革的研究成果，会让我得出我所期望的结论，但我的这项研究结果却大大出乎我的预料，我竟得出一个完全不同的结论。事实上，这项研究表明，不管是技术变革的速度还是难度，都不是导致领先企业失败的根本原因，"科技泥流假设"是错误的。

大多数产品的制造商已经在发展过程中，确立了某种固定的性能改善轨道。[3] 例如，从 1979 年的 8MHz（兆赫）的 8088 处理器到 1994 年的 133MHz 的奔腾芯片，英特尔公司每年都将微处理器的运行速度提高了约 20%。礼来公司（Eli Lilly and Company）将它生产的胰岛素的纯度从 1925 年的 50 000 ppm（ppm 意为"百万分之……"）杂质减少到 1980 年的 10ppm 杂质，年改善幅度达 14%。当企业确立了一种可量化的改善方法轨道时，判断一种新技术是否能提高某种产品的性能（相对于之前的产品），便成了一个非常明确的问题。

但在其他情况下，技术变革的影响会出现非常大的差异。例如，笔记本电脑是否优于大型计算机？这是一个非常含糊的问题，因为笔记本电脑确立了一种全新的性能改善模式，而且笔记本电脑对性能的限定和评估方式与大型计算机存在很大的差异，因此，笔记本电脑一般具有与大型计算机完全不同的用途。

对硬盘行业历次技术变革的研究结果表明，这一行业存在两种类型的技术变革，这两种变革对行业领先企业的影响也各不相同。第一种创新延续了硬盘行业对产品性能的改善幅度（总容量和磁录密度是最常见的两种指标），而且其性能改善的难度可划为一个从渐进到突破的范围。在研发和采用这些技术方面，硬盘行业的主流企业总是处于领先地位。与之相比，第二种创新则破坏或重新定义了性能改善模式，这常常导致行业领先企业走向失败。[4]

本章的剩余部分将列举有关延续性技术和破坏性技术的典型例子，总结这些技术在硬盘行业的发展中所扮演的角色，并以此来阐述两种技术之间的差别。这部分阐述的重点在于对比成熟企业与新兴企业在发展和适应新技术方面的差别，并说明成熟企业为何在这些过程中会领先或落后于新兴企业。为了找出这些典型事例，我将研究硬盘行业的每一项新技术。在分析哪些企业在各个变化发展阶段会处于领先或落后地位的过程中，我将成熟企业定义为那些在新技术出现前已经在硬盘行业声名鹊起，并在对上一代技术（指所研究的新技术出现之前的主导技术）的研发方面处于领先地位的企业。我对新兴企业的定义是：那些在发生新技术变革时进入硬盘市场的新兴企业。因此，在硬盘行业的发展史中，任何一家企业在某个特定的时期（例如在 8 英寸硬盘出现时）都可以被定义为新兴企业。但如果我所研究的技术是在某家企业进入硬盘行业后才开始出现的，那么这家企业就可被认定是成熟企业。

延续性技术：成熟企业的变革方式

在硬盘行业的发展史中，大多数技术变革都是一个沿着既定的轨道去延续或强化产品性能的改善过程。图 1.4 展示了采用各代磁头和磁盘技术的硬盘的平均磁录密度。第一条曲线描绘的是

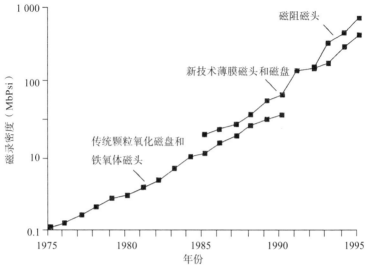

图 1.4　新读写磁头技术对延续磁录密度改善轨道的影响

资料来源：《磁盘／趋势报告》各期公布的数据。

使用传统颗粒氧化磁盘技术和铁氧体磁头技术的硬盘磁录密度的提高幅度；第二条曲线描绘的是使用了新技术薄膜磁头和磁盘的硬盘磁录密度的提高幅度；第三条曲线描绘的是较新的磁盘技术（磁阻磁头）可实现的磁录密度的提高幅度。[5]

　　这些新技术超越原技术的性能的方式，类似于一系列相互交叉的 S 形曲线。[6] 出现这种 S 形曲线走势的原因，通常在于现有技术方法的渐进式改善。而过渡到下一条技术曲线的跳跃式发展，则表明行业采用了一种突破式新技术。在图 1.4 描绘的情况中，渐进式的技术改善（例如更加精细地研磨铁氧体磁头，制作更加精确的尺寸，在磁盘表面使用更小、分布更均匀的氧化颗粒）推动了磁录密度从 1976 年的每平方英寸 1MB 提高到 1989 年的每平方英

创新者的窘境（珍藏版）

寸45MB。正如S形曲线所预测的那样，铁氧技术可实现的磁录密度的改善幅度，在这一阶段（1976—1989年）的末期开始变得平缓，这表明该项技术已经成熟。薄膜磁头和磁盘技术对硬盘行业的影响，就是延续了硬盘性能一直以来的改善速度。薄膜磁头在20世纪90年代初还未发展成熟，而那时便已出现了更加先进的磁阻技术，它的出现延续甚至加快了硬盘性能的改善速度。

图1.5揭示了一种性质完全不同的延续性技术变革——产品结构创新。由于产品结构创新的出现，14英寸温切斯特硬盘取代了1962—1978年普遍采用的可移动磁盘组设计。正如薄膜磁盘取代铁氧体磁盘一样，温切斯特技术延续了长久以来的磁盘性能改善速度。硬盘行业的其他大多数技术创新〔例如，嵌入式伺服

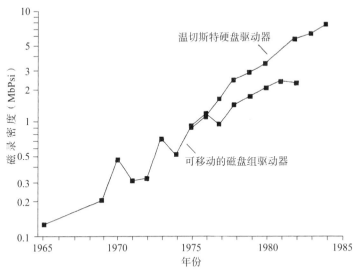

图1.5　温切斯特结构对14英寸硬盘磁录密度的延续性影响

资料来源：《磁盘/趋势报告》各期公布的数据。

系统、RLL（运行长度限制记录码）和 PRML（部分响应最大似然技术）、每分钟转数更高的电机和嵌入式接口］的性能改善曲线也大致相同。其中一些技术创新是较为直观的技术改善，其他则是突破式的技术飞跃。但所有的技术创新都会给硬盘行业带来相同的影响：它们帮助制造商延续了客户所希望看到的性能改善幅度。[7]

在硬盘行业几乎每一次延续性技术变革中，成熟企业都在技术的研发和商业化运作中处于领先地位。新磁盘和磁头技术的出现便证明了这一点。

20 世纪 70 年代，一些制造商意识到，铁氧体磁盘能够容纳的信息量已接近极限。为此，硬盘制造商开始研究薄膜磁盘技术，希望能够在铝金属上应用磁性金属的超薄薄膜，以延续磁盘磁录密度一直以来的改善幅度。薄膜涂层的应用随后在集成电路行业得到高度发展，但它在磁盘上的应用仍面临巨大的挑战。专家预计，薄膜磁盘技术的先驱企业［如 IBM、数据控制公司、DEC、存储技术（Storage Technology）公司和 Ampex 公司］在这项技术上平均花费了超过 8 年的时间和 5 000 多万美元的资金。在 1984 年表现较为活跃的制造商当中，大约有 2/3 在 1984—1986 年推出了带薄膜磁盘的硬盘。其中绝大多数企业都是成熟的行业主导企业。只有很少一部分新兴企业试图在它们的初始产品中使用薄膜磁盘技术，而且它们之中的大多数都在进入硬盘行业后不久便倒闭了。

这一模式在薄膜磁头出现时表现得尤为明显。早在 1965 年，铁氧体磁头制造商就预见到这项技术的改善空间已越来越小；到 1981 年，许多制造商认为，该项技术的精确度即将到达极限，研究人员开始研究薄膜技术。这种技术首先将金属薄膜溅射到记录磁头上，然后用光刻技术来蚀刻电磁体，其工艺水平要远远高于铁氧技术。事实再次证明，技术突破总是举步维艰。宝来公司（1976 年）、IBM（1979 年）和其他成熟企业成为首批成功地将薄膜磁头技术应用到硬盘制造中的企业。1982—1986 年，约有 60家公司进入硬盘行业，其中只有 4 家公司（这 4 家公司全都在商业上遭遇了失败）尝试在其初始产品中使用薄膜磁头，并以此作为其产品的一个性能优势。其他所有新兴企业〔甚至是旗帜鲜明地以性能为导向的公司，例如迈拓公司和康诺外部设备有限公司（Conner Peripherals，简称康诺公司）〕都认为，在采用薄膜技术之前最好还是先使用常规的铁氧体磁头，再发展薄膜技术。

就像薄膜磁盘一样，薄膜磁头的推广也需要长期的投资，而且只有成熟的大型企业才负担得起这笔费用。IBM 和它的竞争对手都花费了超过 1 亿美元来开发薄膜磁头。对下一代磁阻磁头技术的研发再次重复了这一模式：硬盘行业规模最大的企业（IBM、希捷公司和昆腾公司）引领了这一次技术变革。

成熟企业不仅是研发风险大、复杂程度高且售价昂贵的组件技术（例如薄膜磁头和磁盘）的主要创新力量，它们还引领了硬盘行业发展史上几乎每一次延续性创新。即使是在相对简单的创新（例如 RLL，它的出现使硬盘从双倍密度磁盘过渡到三倍密度磁盘）之中，成熟企业也是成功的创新先驱，而新兴企业则是这些技术的追随者。这种情况同样适用于延续既定改善轨道的结构性创新——例如 14 英寸和 2.5 英寸温切斯特硬盘。在这方面，成熟企业总是领先于新兴企业。

当新的延续性技术开始涌现时，成熟企业和新兴企业都会根据这些新技术来开发产品。图 1.6 总结了这段时期的技术领先

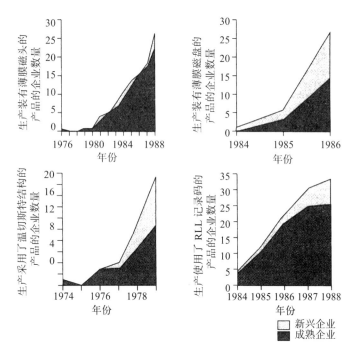

图1.6 成熟企业在延续性技术变革中的领先地位

资料来源:《磁盘／趋势报告》各期公布的数据。

模式,而且从图形走势看,这一模式具有惊人的连续性。不管
技术创新的性质是渐进式还是突破式,其成本是高昂还是低廉,
发生在软件上还是硬件上、组件上还是结构上,其目的都是提
高或破坏某一方面的性能。在面临延续性技术变革(目的是更
多、更好地满足当前客户的需求)时,前一项技术的领先企业
通常会继续引领硬盘行业的这一新发展趋势,并且通常会首先
采用新技术。很明显,硬盘行业的领先企业并不是因为变得保守、
傲慢,或害怕承担风险,或无法适应日新月异的技术变革而遭

创新者的窘境(珍藏版)

遇失败。可见我的"科技泥流假设"并不正确。

破坏性技术：新兴企业的颠覆之道

发生在硬盘行业的大多数技术创新都是上文所述的延续性创新。只有其他少数几种技术创新可被称为破坏性创新，而正是这些破坏性技术创新颠覆了硬盘行业的领先企业的地位。

最重要的破坏性技术是缩小了硬盘大小的结构性创新，这些技术使得硬盘的直径从 14 英寸先后缩小到 8 英寸、5.25 英寸、3.5 英寸、2.5 英寸，然后又从 2.5 英寸缩小到 1.8 英寸。表 1.1 说明了这些技术是如何产生破坏性作用的。根据 1981 年的数据，表 1.1 比较了 5.25 英寸硬盘（当时上市不到一年的新型硬盘）和标准 8 英寸硬盘（当时微型计算机制造商使用的标配硬盘）的属性。在成熟微型计算机制造商较为看重的各项性能指标（例如容量、每兆字节成本和存储时间）方面，8 英寸硬盘都占据了绝对优势，5.25 英寸硬盘在当时并不能满足微型计算机制造商提出的各项需求。而 5.25 英寸硬盘体积小、重量轻的特点，正好符合当时（1980—1982 年）刚刚出现的台式个人电脑市场的要求。它当时的售价约为 2 000 美元，因此可以较为经济地组装到台式计算机上。

一般来说，破坏性创新并不涉及特别复杂的技术变革，其主要表现形式就是将成品元件组装在一起。但相比之前的产品，其产品结构通常会变得更加简单。[8] 破坏性创新并不能为主流市场的客户提供更好的产品，因此这种创新首先发生在主流市场的可能性很小。相反，破坏性创新提供的是一种完全不同的产品组合，只有在远离主流市场或对主流市场没有太大意义的新兴市场，其客户才会重视这些产品组合的属性。

表 1.1　破坏性技术变革：5.25 英寸温切斯特硬盘（1981 年）

属性	8 英寸硬盘 （微型计算机市场）	5.25 英寸硬盘 （台式计算机市场）
容量（MB）	60	10
体积（立方英寸）	566	150
重量（磅①）	21	6
存取时间（毫秒）	30	160
每兆字节成本（美元）	50	200
单位成本（美元）	3 000	2 000

资料来源：《磁盘／趋势报告》各期公布的数据。

图 1.7 中的轨线显示了这种简单但却具有破坏性的技术是如何颠覆一些锐意进取、管理灵活的硬盘企业的。直到 20 世纪 70 年代中期，市场上销售的几乎全部是带有可移动磁盘的 14 英寸硬盘。随后出现的 14 英寸温切斯特硬盘延续了其磁录密度的改善轨道。几乎所有这样的硬盘（可移动磁盘和温切斯特硬盘）都被出售给了大型计算机制造商，而且正是主导磁盘组市场的企业引领硬盘行业发展到温切斯特技术阶段。

图 1.7 表明，在 1974 年，中等价位的标配大型计算机的硬盘容量大约是 300MB。在接下来的 15 年间，硬盘容量每年的扩大率为 15%，这代表了新型大型计算机的一般用户所要求的硬盘容量。与此同时，每年新上市的普通 14 英寸硬盘的容量以更快的速度扩大（年均扩大率达 22%），并且从大型计算机市场进入了

---

① 1 磅约为 0.45 千克。——编者注

大型科学研究市场和超级计算机市场。[9]

1978—1980 年，几家新兴企业［舒加特联合（Shugart Associates）公司、Micropolis 公司、Priam 公司和昆腾公司］研发了尺寸更小的 10MB、20MB、30MB 和 40MB 容量的 8 英寸硬盘。大型计算机制造商对这些硬盘并不感兴趣，因为它们要求硬盘产品具有 300~400MB 的容量。因此，这些生产 8 英寸硬盘的新兴企业，将具有"市场破坏性"的硬盘销往了一个全新的应用领域——微型计算机市场。[10] 它们的客户（王安电脑公司、数字设备公司、通用数据公司、Prime 公司和惠普公司）并不生产大型计算机，而且这些客户使用的软件与大型计算机存在很大的不同。这些公司当时都没有找到为它们的小型终端计算机配备合适硬盘的方法，因为 14 英寸型号的硬盘太大，也太贵了。尽管在最初，8 英寸硬盘的单位容量成本高于 14 英寸硬盘的单位容量成本，但这些新客户愿意为自己看重的其他属性（特别是更小的尺寸）支付更高的价格。而体积小这个属性对于大型计算机用户来说几乎没有任何价值。

在微型计算机开始大规模使用 8 英寸硬盘后，中等价位微型计算机的硬盘容量开始以每年约 25% 的速度扩大，这一扩大轨线是由微型计算机用户学习使用这种型号的机器的方式决定的。但与此同时，8 英寸硬盘制造商发现，通过积极开展延续性创新，它们能够以每年超过 40% 的速度扩大其产品的容量，这一速度几乎是原来的微型计算机市场的预期增长速度的两倍。因此，到 20 世纪 80 年代中期，8 英寸硬盘已经能够满足低端大型计算机的容量需求。随着单位容积的高速扩大，8 英寸硬盘的每兆字节成本逐渐降至低于 14 英寸硬盘的每兆字节成本，而且 8 英寸硬盘的其他优势开始突显，例如，8 英寸硬盘的同比例机械振动对磁盘上方磁头绝对位置的影响，要远远小于 14 英寸硬盘的。因此在三四年的时间内，8 英寸硬盘开始蚕食更高端的市场，并取代了大型计算机低端市场上的 14 英寸硬盘。

随着 8 英寸硬盘逐步侵入大型计算机市场，14 英寸硬盘的知名制造商开始陨落。在这些成熟企业中，有 2/3 的企业从未推出过 8 英寸硬盘产品，另有 1/3 的企业落后新兴 8 英寸硬盘制造商大约两年才推出自己的 8 英寸硬盘产品。最终，14 英寸硬盘制造商全部被淘汰出硬盘行业。[11]

14 英寸硬盘制造商并不是由于技术方面的原因而被制造 8 英寸硬盘的新兴企业取代的。8 英寸硬盘使用的零部件一般是标准的现成组件，而且当 14 英寸硬盘制造商终于计划推出 8 英寸硬盘产品时，这些新兴企业的产品在容量、磁录密度、存取时间、每兆字节价格等方面都具备了很强的竞争力。1981 年，成熟企业推出的 8 英寸硬盘产品，在性能上几乎与新兴企业同年推出的同型号产品一样。此外，成熟企业与新兴企业在硬盘关键性能的改进速度（1979—1983 年的调查结果）方面也具有惊人的相似性。[12]

受制于客户

为什么领先的硬盘制造商不能及时推出 8 英寸硬盘呢？很明显，它们完全具备生产这种硬盘的技术能力，而它们之所以遭遇失败，是因为它们迟迟没有做出进入 8 英寸硬盘这一新兴市场的战略决策，从而贻误了良机。我们采访了与这些企业有密切往来的市场营销和工程部门的管理者，结果表明，这些领先的成熟 14 英寸硬盘制造商实际上受制于它们的客户——大型计算机制造商。当时，大型计算机制造商并不需要 8 英寸硬盘，它们明确表示，它们需要

　　　　　　　　创新者的窘境（珍藏版）

的是单位容量存储成本更低且容量更大的硬盘。14 英寸硬盘制造商听取了这些大客户的意见，并对这些意见做出了回应。而且，这些大客户以一种对硬盘制造商或是对计算机的客户来说并不明显的方式，继续引导着这些企业沿着 14 英寸硬盘平台以每年 22% 的容量扩大的轨道向前发展，而最终的事实证明这是一个致命的错误。[13]

图 1.7 描绘了后来出现的各个计算机产品类别所要求的性能改善轨线（这些性能改善轨线各不相同），并将其与产品组件技术的变革、系统设计的改善使每种结构的硬盘所能达到的容量进行了对比。实线从 A、B、C、D 和 E 点发散，主要是衡量每种产品类别中等价位的计算机所能达到的硬盘容量；从相同位置发散的虚线，则主要是衡量每年上市的所有硬盘（包括每一种结构的硬盘）的平均容量。下文将简要介绍这些转变过程。

5.25 英寸硬盘的出现

1980 年，希捷公司推出了 5.25 英寸硬盘，但它的 5MB 和 10MB 的容量并没有引起微型计算机制造商的兴趣，因为它们当时要求供应商提供 40MB 和 60MB 容量的硬盘。希捷公司及其他在 1980—1983 年进入 5.25 英寸硬盘市场的企业（例如 Miniscribe 公司、Computer Memories 公司和 International Memories 公司），不得不为它们的产品探寻新的应用领域，并主要转向了台式个人计算机制造商。到 1990 年，在台式计算机中使用硬盘已成为磁记录技术的一种重要应用模式。然而，在这一市场刚刚出现的 1980 年，到底有多少人买得起并在他们的台式计算机上使用硬盘，还都是个未知数。早期的 5.25 英寸硬盘制造商会向任何有购买意愿的人出售它们的硬盘。经过不断的尝试，它们终于找到台式计

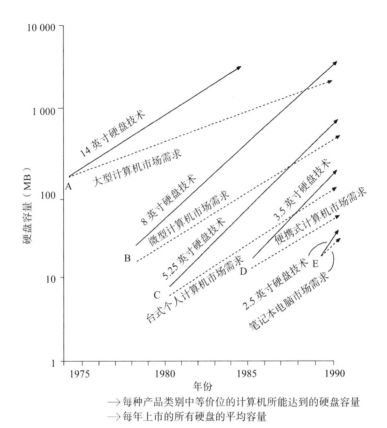

→ 每种产品类别中等价位的计算机所能达到的硬盘容量
┈┈> 每年上市的所有硬盘的平均容量

图 1.7 刚性磁盘所要求的容量和所能提供的容量之间的交会轨线

资料来源：Clayton M . Christensen,"Ten Rigid Disk Drive Industry: A History of Commercial and Tech-nological Turbulence," *Business History Review* 67,no.4 (Winter 1993):559. 经授权后重新印刷。

算机这一应用领域（甚至可以说是它们创造了这个应用领域）。

在台式个人计算机中使用硬盘的做法得到确立后，中等价位计算机的硬盘容量（即普通个人计算机用户所要求的容量）以每年大约 25% 的速度扩大。技术改进的速度再次达到新市场所要求

创新者的窘境（珍藏版）

的容量扩大速度的近两倍。1980—1990 年，新型 5.25 英寸硬盘的容量以每年大约 50% 的速度扩大。与 8 英寸硬盘替代 14 英寸硬盘的情形一样，率先生产 5.25 英寸硬盘的企业也是新兴企业；成熟企业生产 5.25 英寸硬盘的时间比新兴企业平均落后了两年。到 1985 年，只有一半的 8 英寸硬盘制造商推出了 5.25 英寸的硬盘产品，而剩下的一半则从未进入这一市场。

5.25 英寸硬盘用户市场曾出现两次发展高潮。第一次高潮发生在硬盘找到新的应用领域（台式计算机）之后。在此次浪潮中，诸如体积大小等在成熟应用领域相对不太重要的产品属性得到高度重视。第二次高潮发生在 5.25 英寸硬盘替代成熟微型计算机和大型计算机市场上体积更大的硬盘之后。此时，经过快速扩大，5.25 英寸硬盘的容量扩大轨线终于与这些市场所要求的容量扩大轨线（扩大更为缓慢）发生了交会。在 4 家主流（8 英寸）硬盘制造商（舒加特联合公司、Micropolis 公司、Priam 公司和昆腾公司）中，Micropolis 公司硕果仅存，成为 5.25 英寸硬盘市场上的一家主要制造商，而这也是其管理层在历经艰苦卓绝的努力后才得以实现的（有关详情见第 5 章）。

模式的重复：3.5 英寸硬盘的出现

3.5 英寸硬盘是在 1984 年由苏格兰新兴企业 Rodime 公司首先研制成功的，但在康诺公司（5.25 英寸硬盘制造商希捷公司和 Miniscribe 公司的一家分拆公司）于 1987 年开始推出这一产品之前，这种结构的产品的销量可谓微不足道。此前康诺公司已经开发出一种体积较小、重量较轻的硬盘，而且这种硬盘比 5.25 英寸型号的产品更加耐用。它用电子元件来处理那些之前由机械部件来操控的功能，用微码来取代那些之前由电子元件来实现的功能。康诺公司第一年实现的 1.13 亿美元的收入[14]，几乎全部来自康柏公司（康柏公司曾以 3 000 万美元的投资，帮助康诺公司开拓这项业务）。它生产的硬盘主要面向一个全新的应用领域——便携式和膝上型计算机，以及小型台式计算机。在这一应用领域，客户愿意以更小的容量和更高的每兆字节成本，来换取更轻的重量、更好的耐用性、更低的能耗等属性。

希捷公司的工程师并没有对 3.5 英寸硬盘的出现充耳不闻。实际上，早在 1985 年年初，也就是在 Rodime 公司推出世界上第一个 3.5 英寸硬盘之后不到一年，或是康诺公司开始推出 3.5 英寸硬盘产品前两年，希捷公司的销售人员就向他们的客户展示了尚在研制中的 3.5 英寸硬盘样机，以征求客户的意见。开发新型硬盘的提议来自希捷公司的工程部门，而反对该项计划的声音主要来自市场营销部门和管理团队。他们认为市场需要容量更大、单位容量成本更低的硬盘，而 3.5 英寸硬盘的单位容量成本永远不可能低于 5.25 英寸硬盘的单位容量成本。

希捷公司的销售人员面向他们在台式计算机市场上的现有客户（例如 IBM 等计算机制造商和大型台式计算机系统的增值分销商）测试了 3.5 英寸硬盘样机。不出所料，这些客户并没有对小型硬盘表现出太大的兴趣，因为他们正在为他们的下一代计算机寻找 40MB 和 60MB 容量的硬盘，而 3.5 英寸硬盘只能提供 20MB 的容量，且其成本更高。[15]

由于客户的反应较为冷淡，希捷公司的项目经理降低了对 3.5 英寸硬盘的销售预期，而公司的管理层则干脆取消了这一项目计划。他们这么做的理由是什么呢？ 5.25 英寸硬盘产品的市场规模更大，而且相比开发新型 3.5 英寸硬盘产品，开发新一代 5.25 英寸硬盘产品能给公司带来更大的销售收入。

现在回想起来，希捷公司的管理层对市场（至少是对公司所在的市场）的解读似乎非常精确。由于已经确立了自己的一套成熟的应用领域和产品结构（例如 IBM 的 XT 和 AT 级电脑），这些用户并没有看到 3.5 英寸硬盘的价值，即更好的耐用性、更小的尺寸、更轻的重量或更低的能耗。

希捷公司最终推出 3.5 英寸硬盘是在 1988 年年初，也就是 3.5 英寸硬盘的容量轨线（如图 1.7 所示）与台式计算机所要求的容量轨线交会的那一年。截至当时，硬盘行业已经累计生产了价值 7.5 亿美元的 3.5 英寸硬盘。有意思的是，据硬盘行业的观察者表示，截至 1991 年，希捷公司的 3.5 英寸硬盘产品几乎没有一件是销售给便携式 / 膝上型 / 笔记本计算机制造商的。换句话说，希捷公司的主要客户仍然是台式计算机制造商，而且它的许多 3.5 英寸硬盘都配有框架，可以安装在原来为 5.25 英寸硬盘设计的计算机上。

在解释成熟企业为什么会延迟推出新技术时，经常被提到的一种解释是：担心现有产品的销售受到影响。但如希捷－康诺公司的经验所表明的那样，如果新技术推动了新市场应用领域的出现，那么新技术的推出也许并不一定会侵蚀现有产品的销售。但是，当成熟企业等到新技术在新的商业应用领域逐渐发展成熟之后，为了抵御自己的主要市场所受到的冲击，才推出相关技术产品时，它们对市场侵蚀的担心就将发展为自我应验的预言。

虽然我们一直在分析希捷公司对开发 3.5 英寸硬盘的反应，但它的表现并非个例。到 1988 年，在那些凭借为台式个人计算机市场生产 5.25 英寸硬盘而扬名立万的硬盘制造商中，仅有 35%

的制造商推出了 3.5 英寸硬盘。与更早的产品结构转变类似，开发具有竞争力的 3.5 英寸硬盘产品所面临的障碍，似乎并非来自工程技术部门。正如硬盘从 14 英寸到 8 英寸的转变过程，成熟领先企业在硬盘产品从 8 英寸到 5.25 英寸，以及从 5.25 英寸到 3.5 英寸的转变过程中所推出的新结构硬盘，在性能上并不逊色于新兴企业推出的同类产品。相反，5.25 英寸硬盘制造商似乎被它们的客户误导了，尤其是 IBM 和它的直接竞争对手及代销商。它们似乎和希捷公司一样，对便携式计算机和新型硬盘结构带来的潜在利益和各种可能性熟视无睹。

普莱利泰公司、康诺公司和 2.5 英寸硬盘

1989 年，位于科罗拉多州朗蒙特市的一家新兴企业普莱利泰公司宣布推出 2.5 英寸硬盘，一时间成为行业的焦点，并几乎赢得了这个新兴市场全部的 3 000 万美元的销售额。康诺公司于 1990 年年初宣布推出自己的 2.5 英寸硬盘产品，并在 1990 年年底占据了 2.5 英寸硬盘市场 95% 的份额。普莱利泰公司于 1991 年年底宣布破产，当时其他 3.5 英寸硬盘制造商〔如昆腾公司、西部数据（Western Digital）公司、希捷公司和迈拓公司〕都推出了它们自己的 2.5 英寸硬盘产品。

到底发生了什么变化？是不是那些主流领先企业终于接受了历史的教训？事实并非如此。尽管 2.5 英寸硬盘的容量比 3.5 英寸硬盘的小得多（如图 1.7 所示），但小型硬盘所面对的便携式计算机市场更重视其他特性，例如重量轻、耐用性好、能耗低、体积小等。从这些方面来看，2.5 英寸硬盘的性能要好于 3.5 英寸硬盘的性能。更重要的是，这是一种延续性技术。事实上，那些购

买康诺公司 3.5 英寸硬盘的计算机制造商（例如东芝公司、Zenith 公司、夏普公司等膝上型计算机制造商）正是笔记本电脑的领先制造商，而且这些公司正好需要体积更小的 2.5 英寸硬盘。因此康诺公司及其在 3.5 英寸硬盘市场上的竞争对手紧跟它们的客户的脚步，几乎同时完成了向 2.5 英寸硬盘的过渡。

然而在 1992 年，具有明显破坏性特征的 1.8 英寸硬盘横空出世。尽管本书将在之后的章节中详细谈到当时的情况，但在这里需提到一点：到 1995 年，在销售额为 1.3 亿美元的 1.8 英寸硬盘市场中，新兴企业占据了 98% 的份额。此外，在 1.8 英寸硬盘刚刚出现时，应用这种硬盘的最大市场并非计算机市场，而是便携式心脏监护装置市场。

图 1.8 简要介绍了新兴企业引领破坏性技术变革的模式。这表明，在 8 英寸硬盘推出两年后，2/3 的 8 英寸硬盘制造商为新兴企业。在第一个 5.25 英寸硬盘推出一年后，在生产这种具有破坏性的硬盘的企业中，有 80% 是新兴企业。

本章小结

在硬盘行业的创新史中出现过多种创新模式。第一种模式是技术上较为简单、直接的破坏性创新。这种模式一般会以一种独特的结构重新组合现有的技术，并使这些产品在磁性数据存储和检索领域方面的应用成为可能（在破坏性创新出现之前，这在技术和成本管理上都不具可行性）。

第二种创新模式是，硬盘产业开发先进技术的目的，总是延续产品性能改善的固有轨道，以实现更好的性能和更高的利润率。

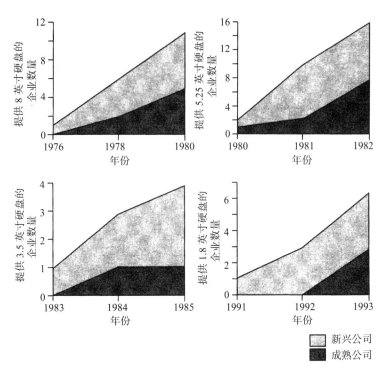

图 1.8 新兴企业对破坏性技术的主导地位

资料来源:《磁盘／趋势报告》各期公布的数据。

其中有许多都是具有突破性的复杂新技术,但它们并不具有破坏性。领先硬盘供应商的客户引领着这些企业实现上述目标。因此,延续性技术并不会导致企业失败。

第三种创新模式表明,尽管成熟企业在引领延续性创新方面(包括从最简单到最具突破性的延续性创新)拥有技术上的优势,但在开发和应用破坏性技术方面,引领行业潮流的却总是新兴企业。

本书在开篇时便提出一个疑问，为什么那些被认为锐意进取、积极创新、认真听取客户意见的企业，会对极具战略意义的技术创新置若罔闻或是在开发此类技术时贻误良机呢？根据以上对硬盘行业的分析结果，这一问题可以以更加尖锐的方式被提出。实际上，成熟企业在应对各种类型的延续性创新时，可以做到锐意进取、积极创新、认真听取客户意见，但它们看似无法成功解决的问题，是在轨线图 1.7 上的下行视野和向下游市场流动的问题。为新产品找到新的应用领域和新的市场，似乎是这些企业在刚刚进入市场时所普遍具备，但在时过境迁后又明显丧失了的一种能力。这些领先企业似乎被它们的客户牵绊了手脚，从而在破坏性技术出现时，给了具有攻击性的新兴企业颠覆自己领先地位的可乘之机。[16]为什么会发生这种情况，为什么这种情况还在发生？这将是下一章所要探讨的主题。

附录 1.1
对生成图 1.7 时所使用的数据和方法的说明

图 1.7 中描绘的轨线可以按以下方式来计算。有关计算机硬盘容量的数据源于《数据资源》（*Data Sources*）。这是一份按年出版的刊物，里面列举了每家计算机制造商生产的所有计算机型号的技术规格。例如，在某些特定的计算机型号拥有不同的特征和配置的情况下，制造商会向《数据资源》提供一份"标准的"系统配置，包括明确的随机存储器（RAM）容量、外部设备（包括硬

盘）的性能规格、定价和出厂年份。在某些特定型号的计算机连续数年在市场上销售的情况下，标准配置中所提供的硬盘容量通常也会增加。《数据资源》一般使用大型计算机、微型/中型计算机、台式个人计算机、便携式和膝上型计算机、笔记本电脑来划分不同类别的计算机。截至1993年，1.8英寸硬盘还没有在手提电脑市场得到应用，因此有关这个潜在市场的数据并不存在。

在图1.7中，每年在市场上销售的计算机的所有型号都是按照每种计算机类别中特定中等价位计算机的型号所提供的价格、硬盘容量来进行排序的。为便于简化说明，整个时间序列中的最佳拟合线在图1.7中用实线表示，并以此来说明标准配置机器的基本趋势。当然，在这些直线周围实际上还存在一个很大的区间。计算机的边际性能——最昂贵的计算机所提供的最大容量——要远远大于图中所显示的标准值。

图1.7中的虚线表示的是所有硬盘（指每年上市的每种特定结构的硬盘）未加权平均容量的最佳拟合线，这项数据来自《磁盘/趋势报告》。为了简化说明，这里只标出了这条平均线。在每年上市的计算机中存在一个很大的容量区间，因此市场上每年推出的硬盘的边际容量或最大容量会明显大于图中所显示的平均值。换句话说，我们必须明确区分可供购买的所有产品和标准配置产品。因此，区间高端和区间低端一般会在图1.7所显示的中值和均值数据附近，并与图中所显示的直线平行。

因为市场上还存在容量更大的硬盘，因此正如我在文中所述，图1.7中的实线轨迹代表了每个市场所"要求"的容量。换句话说，每台机器的容量并不是受技术能力的限制，而是代表了计算机用户根据当时市场上的主导成本所选择的硬盘容量。

第2章
价值网络决定创新驱动力

> 价值网络的概念（即一种大环境，企业正是在这种大环境下确定客户的需求，并对此采取应对措施，解决问题，征求客户的意见，应对竞争对手，并争取利润最大化的）是这一综合理论的核心。在价值网络内，每一家企业的竞争策略，特别是过去它对市场的选择，决定了它对新技术的经济价值的理解。

从对创新问题最早的研究开始，学者、顾问和管理者就一直在试图解答，为什么成熟企业总是在面临技术变革时遭遇失败。大多数解释都考虑了管理、组织和文化对技术变革的应对情况，或者是着重考量成熟企业应对突破式新技术的能力。应对突破式新技术要求成熟企业具备与之前发展的成熟技术截然不同的技术能力。这两种方法都能有效地解释为什么有些企业会在发生技术变革时遭遇失败，下文将就此进行简要的解读。但本章的主要目的还是提出第三种理论，即根据价值网络（value network）理论来说明为什么优秀的企业也会遭遇失败。相比其他两种理论，价值网络理论似乎更能有效地解释我们在硬盘行业所观察到的现象。

组织结构阻碍创新

对优秀企业为什么会遭遇失败的一种解释是，组织上的障碍可能是导致这一问题发生的根源。尽管人们对这一解释的分析仅止于官僚主义、傲慢自大、"规避风险"的企业文化等简单的理由，但在这方面仍存在一些极具真知灼见的研究。例如亨德森和克拉克就总结说，企业的组织结构通常能够推动组件层面的创新，因为大多数产品研发机构都是由负责产品元件研究的多个小组组成的。只要产品的基本结构不需要做出改变，这种体系的运作就会非常有效。但同时他们表示，在需要对结构性技术做出改变时，这种结构体系将阻碍需要人员和团队以全新的方式进行交流和工作的那些创新的出现。[1]

这一观念具有极大的表面效度。特雷西·基德尔（Tracy Kidder）在其赢得普利策奖的《一代新机器的灵魂》（*The Soul of a New Machine*）一书中描述了这样一个事件：通用数据公司的工程师正在研发下一代微型计算机，并寄希望于通过这一新产品一举超越DEC，从而占领市场。在通用数据公司的研发团队中，一名工作人员的朋友所在的公司刚刚购买了一台DEC最新开发的电脑。一天晚上，这位朋友允许他们进入他的办公室，来研究DEC的这款电脑。当通用数据公司的项目负责人汤姆·韦斯特（同时也是之前在DEC工作了很长时间的一名员工）拆开这台微型电脑的外壳并检查它的内部结构时，他竟然看见了"DEC产品设计的组织结构图"。[2]

由于企业可以通过建立组织结构和确立团队合作的方式，来推动优势产品的设计，最终结果可能会发生逆转：组织结构及其团队合作方式可能会反过来影响企业能否设计出新产品。

破坏性创新和延续性创新

在评估导致优秀企业失败的原因时，有时需要区别要求截然不同的技术能力的创新——所谓的破坏性创新，与那些以成熟技术能力为基础的创新——所谓的延续性创新。[3]这一概念表明，相对于企业能力的规模和深度，技术变革将更能决定哪些企业能够安然渡过某次技术变革浪潮。支持这一观点的学者发现，成熟企业一般善于改善业已成熟的技术，而新兴企业似乎更善于利用突破性新技术，原因通常是新兴企业将被研发和采用过的技术从一个行业引入了另一个行业。

例如，克拉克认为，企业一般是凭借经验或等级来构建某种产品（例如汽车）的技术能力的。[4]对于应该解决和应该避免的技术问题，企业的历史选择决定了它所积累的技能和知识的类型。当应对产品或流程执行问题的最佳解决方案需要企业具备与其积累的经验大相径庭的知识时，这家企业很有可能会遭遇挫折。塔什曼（Tushman）、安德森（Anderson）及他们的助手所做的研究，验证了克拉克的假设。[5]他们发现，当技术变革破坏了企业以前培养的能力价值时，企业将会遭遇失败；当新技术提升了企业一直在发展的能力价值时，企业则会取得成功。

毫无疑问，这些学者所确定的因素，将影响面临新技术挑战的企业的命运。但硬盘行业表现出了一系列不能用其中任何一种理论来解释的异常现象。该行业的领先企业会率先开发出各种延续性技术，包括那些导致之前发展的能力失去效用，以及使之前对技能和资产的巨额投资废弃的结构和组件创新。尽管如此，这些企业在面对技术相对简单但具有市场破坏性的变革（例如 8 英寸硬盘的出现）时仍纷纷遭遇失败。

　　对于是什么构成了领先企业的破坏性创新这一问题，硬盘行业的历史给出了截然不同的答案。正如我们所看到的，涉及的技术的性质（即组件与结构、渐进与突破）、风险的大小和需要承担风险的时限，与我们所观察到的领先和追随模式并不存在很密切的关联。相反，如果企业的客户需要某种创新，领先企业就会利用各种资源和手段来开发和实施这一创新；反过来，如果企业的客户不想要或不需要某种创新，这些企业就会发现它们根本不可能将——哪怕是在技术上很简单的——创新应用到市场上。

价值网络决定企业成败

　　那么，是什么导致了新兴企业和成熟企业的成功和失败呢？下文将参照硬盘行业的历史，从一个全新的视角来总结企业的成败与技术变革和市场结构变化之间的关系。价值网络的概念（即一种大环境，企业正是在这种大环境下确定客户的需求，并对此采取应对措施，解决问题，征求客户的意见，应对竞争对手，并争取利润最大化的）是这一综合理论的核心。[6] 在价值网络内，每一家企业的竞争策略，特别是过去它对市场的选择，决定了它对新技术的经济价值的理解。这些理解反过来又反映了不同企业希望通过延续性创新和破坏性创新而获得的回报。[7] 在成熟企业中，预期回报反过来将推动资源流向延续性创新，而不是流向破坏性创新。这种资源分配模式也解释了为什么成熟企业在延续性创新中总能保持领先地位，而在破坏性创新中却总是表现不佳。

价值网络反映了产品结构

企业是价值网络密不可分的一部分，因为它们的产品通常会作为一个组成部分，以某种方式被分级装入或应用在其他产品中，并最终从属于终端应用系统。[8] 以 20 世纪 80 年代大型机构普遍采用的管理信息系统（MIS）为例（如图 2.1 所示），管理信息系统的结构综合了各种不同的组成成分，包括大型计算机、外围设备（例如行式打印机）、软件、机房等。在下一个层次，大型计算机本身也构成了一个结构性系统，由中央处理器、IC 封装、随机存储器、终端、控制器、硬盘等部件组成。再往下细分，硬盘也是一个系统，其组成部分包括电机、启动器、轴承、磁盘、读写磁头。以此类推，磁盘本身也可被看作一个由磁性材料、圆盘材料、黏合剂、保护性研磨剂等组成的系统。

虽然构成这一应用系统的产品和服务完全可以统一由一家大型综合性企业［例如 AT&T（美国电话电报公司）或 IBM］来生产，但其中大多数产品和服务都是通过贸易活动从各个制造商处获得的，在更加成熟的市场中更是如此。这意味着，虽然图 2.1 描述的是产品体系的嵌套式结构，但它也表明，这里存在一个有关制造商和市场的嵌套式网络。通过这一网络，每个层次的组件在被生产出来后，将被出售给系统中下一个也是更高层次的集成商。

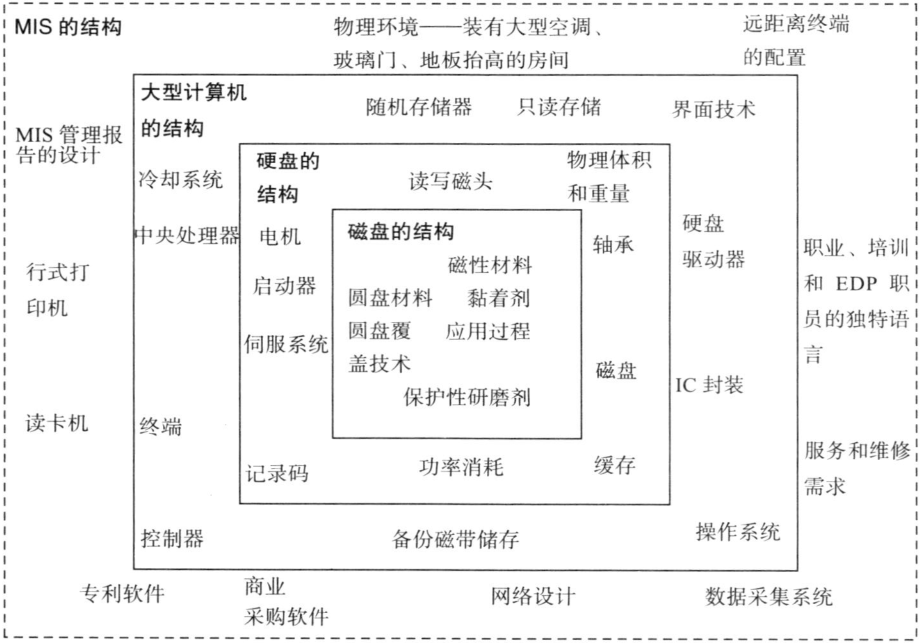

图 2.1 产品结构的嵌套式或细分系统

资 料 来 源：Reprinted from *Research Policy* 24, Clayton M. Christensen and Richard S. Rosenbloom, "Explaining the Attacker's Advantage: Technological Paradigms, Organizational Dynamics, and the Value Network," 233—257,1995 With kind permission of Elsevier Science—NL, Sara Burgerhartstraat 25, 1055 KV Amsterdam, The Netherlands.

例如，设计并组装硬盘的企业（例如昆腾公司和迈拓公司）向专门生产读写磁头的企业购买读写磁头，同时向其他企业购买磁盘，并向另外一些企业购买旋转电机、驱动电机和集成电路板。在下一个更高一级的层次，设计并组装计算机的企业可能会向不同的企业购买它们所需要的集成电路、终端、硬盘、IC 封装和电源。这种嵌套式商业体系就是一个价值网络。

图 2.2 描绘了计算应用领域中的三种价值网络：从上往下看，它们是企业管理信息系统应用系统价值网络、便携式个人电脑价值网络，以及计算机辅助设计和制造价值网络。绘制这样一张图的目的，仅仅是说明应如何界定价值网络的范围，如何区分不同的价值网络概念，而且这些概念描述并不代表完整的价值网络结构。

价值的衡量标准

在不同的价值网络中，衡量价值的方法也不尽相同。[9]事实上，每一个价值网络都会按照重要性的高低，对不同的产品性能属性进行排序。从某种程度上说，价值网络的界定就是由这种独特的排序方式所决定的。如图 2.2 所示，结构框（即中间列）的右侧所列举的实例表明，每一种价值网络对重要产品属性的排序方式都存在很大的差异，甚至对同一产品的排序也是如此。在最高一级的价值网络中，硬盘的性能是根据其容量、速度和可靠性来衡量的；在便携式个人电脑价值网络中，重要的性能属性则是耐用性、较低的能耗和较小的体积。由此可知，每一个价值网络对产品价值的定义都不相同，因此在同一行业内会存在许多平行的价值网络。

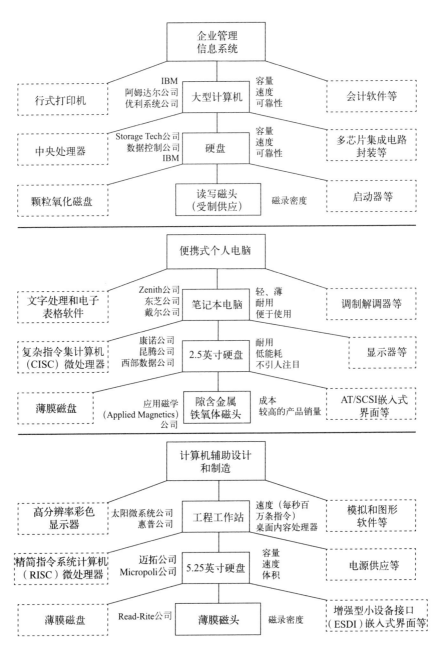

图 2.2　三种价值网络范例

资料来源：Reprinted from *Research Policy* 24, Clayton M. Christensen and Richard S. Rosenbloom, "Explaining the Attacker's Advantage: Technological Paradigms, Organizational Dynamics and the Value Network," 233—257, 1995 with kind permission if Elsevier Science—NL, Sara Burgerhartstraat 25, 1055 KV Amsterdam, The Netherlands.

尽管不同应用系统中的许多成分可能会相同（例如，图 2.2 中的每一个价值网络都包括读写磁头、硬盘、软件等），但其中所使用的组成成分的性质可能会有很大的不同。一般来说，一组相互竞争的企业（各自拥有自己的价值链[10]）与网络图中的每一个方框都有关联，而为每个网络提供产品和服务的企业通常也不尽相同（如图 2.2 所示，结构框中间列左侧所列出的企业就存在很大的不同）。

随着企业在某个特定的网络内逐渐积累了经验，它们可能会形成符合该价值网络独特要求的能力、组织结构和文化。不同的价值网络在产量、实现批量生产的速率、产品开发周期的长短、对目标客户及其需求的预测等方面可能存在很大的差异。

参照有关 1976—1989 年出售的数千种硬盘型号的价格、特性、性能等数据后，我们可利用一种被称为"特征回归分析"的方法，来判断市场对各种属性的反响如何，以及这些特征的价值是如何随着时间的推移而发生变化的。从本质上说，特征回归分析法是用市场对这一产品的每一种特色所赋予的所谓的"影子价格"（有一些是正值，其他的则是负值）之和来表示这种产品的总价的。图 2.3 列举了这一分析法的一些结果，并以此来说明，不同的价值网络是如何为某种特定的性能属性确定截然不同的价值的。在 1988 年，大型计算机的容量每扩大 1MB，其价值网络内的客户平均愿意为此多支付 1.65 美元。但在微型计算机、台式计算机和便携式计算机价值网络内，每扩大 1MB 容量，其影子价格分别降至 1.50 美元、1.45 美元和 1.17 美元。与之相反，同样是在 1988 年，便携式计算机和台式计算机的体积每减小 1 立方英寸，该价值网络内的客户都愿意为此支付更高的价格，而其他

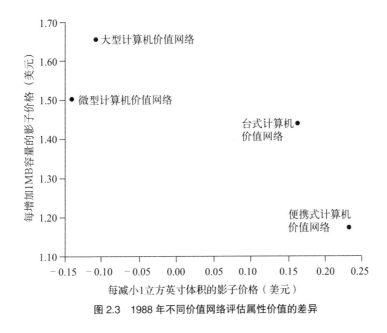

图 2.3　1988 年不同价值网络评估属性价值的差异

价值网络内的客户则认为这一属性毫无价值。[11]

成本结构和价值网络

对价值网络的定义并不局限于物理产品的属性。例如，大型计算机价值网络内的竞争就包含一个特定的成本结构（如图 2.2 所示）。其研究、设计和开发成本非常高。由于有较低的产品销量、客户定制的产品配置等因素，其生产制造的间接成本相对于直接成本显得非常高。直接向终端用户销售产品，需要高昂的销售人力成本；为复杂机器提供支持的现场维修网络也会持续产生相当高的成本。企业必须承担这些费用，才能为价值网络内的客户提供他们所需的产品和服务。因此，大型计算机的制造商和向它们出售 14 英寸硬盘的制造商，一直需要将毛利率保持在 50%~60% 才能涵盖各种开支，维系它们参与竞争的价值网络所固有的营业成本结构。

便携式计算机价值网络内的竞争，则涉及一种截然不同的成本结构。便携式计算机制造商在组件技术研究方面的花费很少，它们更倾向于向经销商采购经过验证的组件技术来生产计算机。其生产过程包括在劳动力成本较低的地区组装数百万种标准产品，大多数销售都是通过全国性的零售链或者通过邮购来完成的。其结果就是，身处这一价值网络中的企业，只要毛利率达到 15%~20% 就能实现盈利。由此可见，不同的价值网络是由客户通过一些特定的排序所界定的。另外，它也是由在特定成本结构基础上提供有价值的产品和服务的要求所界定的。

图 2.4 描绘了不同价值网络所特有的成本结构。14 英寸硬盘制造商通常能够实现的毛利率水平约为 60%，与大型计算机制造商所要求的 56% 的毛利率水平大致相当。同样，8 英寸硬盘制造商所实现的利润率与微型计算机企业大致相当（约为 40%）。而在台式计算机价值网络中，利润率一般为 30%，这通常也是计算机制造商及其硬盘供应商所能达到的利润率水平。

每个价值网络成本结构的特点，都会影响企业对具有获利潜力的创新项目的判断。从本质上说，在企业价值网络内受到重视，或发生在基本毛利率较高的价值网络内的创新，将被视为有利可图的创新。另外，那些基于属性方面的原因，只有在毛利率更低的价值网络内才能显示出其价值的技术，则不会被看作有利可图的创新，它也不太可能获得各种资源或引起管理者的兴趣。（我们将在第 4 章详细探讨，每一个价值网络所特有的成本结构对成

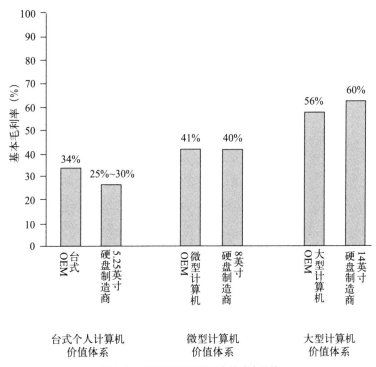

图 2.4　不同价值网络所特有的成本结构

资料来源：各公司年报公布的数据，以及作者对每个价值网络内几家具有代表性的公司高层的专访。

熟企业灵活性和最终命运的影响。）

　　总而言之，技术机遇的吸引力和制造商在利用这一机遇时将会遇到的困难程度，是由该企业在相关价值网络中所处的位置，以及其他诸多因素决定的。正如我们即将看到的那样，成熟企业在延续性创新中所表现出的强势和在破坏性创新中所表现出的弱势，以及新兴企业与之正好相反的表现，均不是由成熟企业和新

兴企业之间技术或组织能力的差异导致的，真正的原因还是它们
处在行业的不同价值网络中。

技术S形曲线

　　技术S形曲线是技术战略理论的中心环节。它所体现的是，
只要是限定在一段特定的时期内，或是由于一些工程方面的努力，
产品的性能改善幅度就可能会随着技术的成熟而发生变化。这一
理论假定，在技术发展的早期，性能提高的速度将比较慢。随着
人们对技术的理解逐渐加深，控制力逐渐加强，应用范围更加广
泛，技术改进的速度将会不断加快。[12] 但在成熟阶段，这项技术
将逐渐接近渐近线上的自然或物理极限，其结果就是人们需要更
长的时间或是更大的工程投入才能实现技术上的改进。图 2.5 描
述的正是此种模式。

　　许多学者声称，战略性技术管理的本质，是判断当前的技术
S形曲线何时将通过拐点，同时确认并发展任何自下游兴起并将
最终取代现有方法的新技术。因此，正如图 2.5 中的虚线所示，
企业面临的挑战是在新、旧S形曲线的交会处能否成功地实现技
术转换。无法预见来自下游的新技术威胁并及时采用这些新技术，
经常被认为是导致成熟企业失败的主要原因，同时这也是让新兴
企业得以建立优势的根源。[13]

　　S形曲线和价值网络的概念是如何被联系到一起的呢？[14] 如
图 2.5 所示，交会的S形曲线的典型框架，是对单个价值网络内
的延续性技术变革的概念化表述，其中纵轴描绘的是产品性能
（或属性的排序）的单个指标。需要注意的是，它与图 1.4（衡

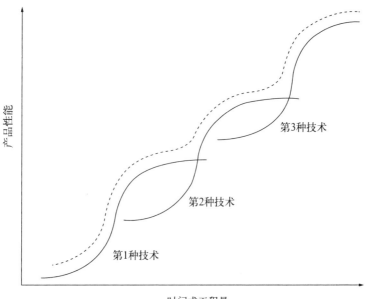

图 2.5　常规技术 S 形曲线

资料来源：Clayton M. Christensen, "Exploring the Limits of the Technology S-Curve. Part l: Component Technologies," *Production and Operations Management* 1, no . 4(Fall 1992):340. 获准后再版。

量的是新磁录技术对硬盘磁录密度的延续性影响）有些相似。对每一项技术的渐进式改良，都会推动产品性能沿着每条单独的曲线不断得到改善，而发展到新磁头技术则意味着出现了一次更具突破性的跳跃。回顾硬盘行业的技术创新史，新兴企业从未在延续性创新进程中引领行业发展或占据良好的市场地位。每次都是前一项技术的领先企业预见了当前技术最终将失去发展潜力（S 形曲线最终将变平缓），并在发现、开发和应用大体延续了历史发展速度的新技术方面走在了行业的最前端。这些企业经常冒着巨大的财务风险，提前十年或是更长时间便开始致力于新技术的研发，并且为此耗费了大量的资金和技术资源。尽管面临这些挑战，但在硬盘行业，成熟企业的管理者仍凭借长期以来培养的超凡智慧，始终沿着图2.5中所示的虚线方向稳定前进。

但破坏性创新并不能用图2.5中的曲线来表示，因为从定义上说，破坏性创新的纵轴所描绘的性能属性，与成熟价值网络内的相关性能属性肯定是不同的。由于破坏性技术在侵入成熟价值网络之前，首先会在新兴价值网络中开始其商业化运作，因此需要用图2.6所描绘的S形框架来解释。破坏性技术的出现和发展都是在一个内部价值网络内，沿着自己独特的轨道来进行的。当它们发展到一定水平，并且足以满足另一个价值网络所要求的性能水平和特性时，破坏性技术就能以极快的速度侵入这个价值网络，并淘汰原有的成熟技术，以及使用这项技术的成熟企业。

图2.5和图2.6清楚地说明了最终导致领先企业失败的创新者的窘境。在硬盘行业(以及本书在随后几章将探讨的其他行业)，诸如加大对研发的投资，延长投资和规划的期限，技术扫描、预测和规划，以及建立研究联盟和合资企业等研究方案，都与延续性创新所带来的挑战有关(图2.5描述的是这种创新的理想模式)。确实，这一证据表明，许多最好的成熟企业采用过这些补救措施，并且如果处理得当，这些措施能够有效地应对延续性技术创新带来的挑战。但是这些解决方案均无法应对图2.6中所描述的情况，因为它代表了一种从性质上来看截然不同的威胁。

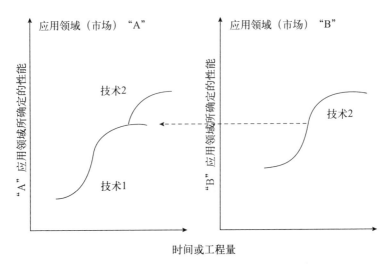

图 2.6　破坏性技术 S 形曲线

资料来源：Clayton M. Christensen, "Exploring the Limits of the Technology S-Curve. Part l: Component Technologies," *Production and Operations Management* 1, no. 4(Fall 1992): 361. 获准后再版。

决策模式：希捷公司的 3.5 英寸硬盘

　　企业所属的价值网络内的竞争，在很多情况下决定了企业的盈利方式。价值网络决定了企业必须提供何种产品和服务以解决客户的问题，以及企业为解决这些问题所需支付的成本。价值网络内的竞争和客户需求，在很多情况下决定了企业的成本结构、企业保持竞争力所需的规模，以及企业必须实现的基本增长率。因为对价值网络外的企业有重大意义的管理决策，可能对价值网络内的企业毫无意义，反之亦然。

　　在第 1 章中，我们发现，成熟企业成功实施延续性创新的模式，与它们面对破坏性创新时失败的模式存在惊人的相似性。这些模式之所以具有相似性，是因为导致相应结果的管理决策合乎情理。优秀的管理者只做对企业有意义的事情，而什么是有意义的事情，则由企业所处的价值网络来决定。

接下来，我将把这一决策模式划分为 6 个步骤进行简要的阐述。为了总结这一模式，我采访了 80 多名硬盘行业领先企业（包括成熟主流企业和新兴企业）的管理者。在破坏性技术出现时，这些管理者在企业做出决策的过程中发挥了重要作用。在采访过程中，我力图从尽可能多的角度来准确地推测影响这些企业技术开发和商业化应用（不管这些技术是否与企业当时所属的价值网络有关）的决策流程的各种因素。我发现，在面临破坏性技术变革时，成熟企业完全有能力研发所需要的新技术，在要求管理层做出决定之前，新型硬盘的样机通常已被研发成功。但当形势发展到要在相互竞争的产品和技术开发提案之间分配有限的资源（例如在图 2.6 左图和右图所代表的两种价值网络之间分配资源）时，破坏性技术项目通常会遭受冷遇，并开始停滞不前。为了满足对企业最具影响力的客户的需求，这种延续性技术项目（在图 2.5 中所描述的发生在价值网络内的新技术浪潮）几乎总是能从市场规模较小、客户需求尚不明确的破坏性技术项目那里抢占更多的资源。

在接下来的几页中，我将简要介绍这种决策模式的主要特点。鉴于希捷公司（硬盘行业最具影响力的 5.25 英寸硬盘制造商之一）成功地将具有市场破坏性的 3.5 英寸硬盘推向市场的过程极具代表性，我将详尽地介绍希捷公司的经验，以此呈现这种决策模式的每一个步骤。[15]

步骤 1：破坏性技术首先由成熟企业研发成功

虽然新兴企业在破坏性技术的商业化应用方面处于领先地位，但这类技术往往是由成熟企业的工程师利用从非正规渠道获得的资源首先研发成功的。由于很少由企业高层发起，这些结构性创新设计所采用的部件几乎都是现成的。例如，希捷公司的工程师早在 1985 年便研制出 3.5 英寸硬盘的样机，成为该行业第二家成功研制出 3.5 英寸硬盘产品的企业。在向企业高层正式提出项目审批提案前，这些工程师已经制造出大约 80 个样机模型。同样的情况此前也出现在数据控制公司和梅莫雷克斯公司，后者是主要的 14 英寸硬盘制造商。当时，这两家公司的工程师已经在公司内部成功设计了 8 英寸硬盘，比市场第一款 8 英寸硬盘出现的时间早了将近两年。

步骤 2：市场营销人员随后收集公司主要客户的反馈

接着，工程师开始向市场营销人员展示他们制作的样机，并向他们询问当下是否存在一个需要这种体积更小、价格更低（而且性能较差）的硬盘的市场。市场营销部门随后按照其测试新型硬盘对市场的吸引力的惯常做法，开始向现有产品的主要客户展示这些样机，并要求他们对其进行评估。[16] 尽管 3.5 英寸硬盘的容量大大小于主流台式计算机市场所需要的容量，但希捷公司的营销人员仍主要针对 IBM 的个人电脑部门，及其他 XT 和 AT 级台式个人电脑制造商来测试新型 3.5 英寸硬盘。

IBM 并没有对希捷公司这款具有市场破坏性的 3.5 英寸硬盘表现出任何兴趣，这一结果并不令人感到意外。IBM 的工程师和市场营销人员想要的是 40MB 和 60MB 的硬盘，而且他们已经在计算机产品的设计中为 5.25 英寸硬盘预留了安装槽。他们需要的是能沿着既定的性能发展轨道进一步提高其产品性能的新型硬盘。看到客户的兴趣不大，希捷公司的市场营销人员便得出悲观的销售预测。此外，由于产品的结构更加简单、性能更低，预期利润率也低于性能更高的产品，因此希捷公司的财务分析师也与市场营销人员一道加入了反对破坏性创新项目的阵营。面对这样的反馈，希捷公司的高管决定将开发 3.5 英寸硬盘的计划束之高阁，而此时正是 3.5 英寸硬盘开始在便携式计算机市场插旗拔寨的时候。

这是一个在权衡各种提案后做出的艰难决定，因为这些提案都在争夺同一种资源，来开发市场营销人员认为对于维持企业在当前客户群体中的竞争力、实现积极的增长和利润目标有着至关重要作用的新产品。希捷公司的一名前任经理曾表示："我们需要一个可能成为下一个 ST412（这是一种在台式计算机市场取得巨大成功的产品，其年销售额达到 3 亿美元，但该产品已接近生命周期的末期）的新型号产品。我们对于 3.5 英寸硬盘的销售额预期还不到 5 000 万美元，因为便携式计算机市场才刚刚出现，而且 3.5 英寸硬盘产品并不符合公司的盈利要求。"

希捷公司的管理者明确做出不研发这项破坏性技术的决定。在其他案例中，管理者确实同意利用企业的各种资源来研发具有市场破坏性的产品，但在做出如何实际分配时间和资金的日常决策过程中，工程师和营销人员会以确保企业的最大利益为出发点，自觉或不自觉地剥夺了及时启动破坏性创新项目所必需的各种资源。

当数据控制公司（领先的 14 英寸硬盘制造商）的工程师们正式受命研发该公司第一批 8 英寸硬盘时，客户已经开始寻找容量达到 300MB 的硬盘，而数据控制公司的第一代 8 英寸硬盘所能提供的容量还不到 60MB。8 英寸硬盘项目并没有得到太多的重视，负责这一研发项目的工程师不断被抽调去解决 14 英寸硬盘所出现的问题，因为 14 英寸硬盘是为更重要的客户群设计的。类似的问题在昆腾公司和 Micropolis 公司开发 5.25 英寸硬盘产品的过程中也出现过，并导致该产品被延迟推出。

步骤 3：成熟企业加快对延续性技术的研发步伐

为了满足当前客户的需求，市场营销经理会全力支持一些延续性技术项目，比如使用更好的磁头，或开发新型记录码。这些项目不仅可以满足客户的需要，而且可以在大型市场获得维持增长所必需的销售额和利润率。尽管这通常意味着研发费用的增加，但相对于对破坏性技术的投资，这种延续性投资的风险似乎要小得多，因为客户是现成的，客户需求也是已知的。

例如，希捷公司在 1985—1986 年做出的搁置 3.5 英寸硬盘研发的决定，似乎非常合理。希捷公司对低端市场的看法（根据硬盘轨线图）使它更倾向于做出"1987 年 3.5 英寸硬盘的总体市场规模较小"的预测。低端市场的毛利率尚不确定，但生产主管认为，3.5 英寸硬盘的单位容量成本要比 5.25 英寸硬盘的高很多。希捷公司对高端市场的观点则截然不同。它认为，容量为 60~100MB 的 5.25 英寸硬盘的销售额，预计将在 1987 年达到 5 亿美元。面向 60~100MB 市场的企业可赚取 35%~40% 的毛利，而希捷公司在其销售额很大的 20MB 硬盘上实现的利润率为 25%~30%。因此，在希捷公司通过研发 ST251 系列硬盘来提高市场定位的竞争性提案获得积极评价时，对它来说，将有限的资源用于开发 3.5 英寸硬盘就显得毫无意义了。

希捷公司在搁置了 3.5 英寸硬盘研发项目后，开始以极快的速度推出新型 5.25 英寸硬盘产品。1985—1987 年，希捷公司每年推出的新型号产品的数量，分别是上一年市场中同型号产品总数的 57%、78%、115%。在同一时期，希捷公司还把复杂、先进的新组件技术，例如薄膜磁盘、音圈电机[17]、RLL 和 SCSI（嵌入式小型计算机系统接口，SCSI 这一简写法由苹果公司率先提出）界面，运用到新型号产品中。显然，这样做的目的是在竞争中击败其他成熟企业，而其他成熟企业也在进行类似的改善活动，而不是对新兴企业从低端市场发起的攻击做好防备。[18]

步骤 4：新企业已经出现，破坏性技术市场在反复尝试中逐渐成形

为了开发破坏性产品，新企业纷纷成立，其中通常还包括在成熟企业中郁郁不得志的工程师所创立的新企业。领先的 3.5 英寸硬盘制造商康诺公司，就是由对希捷公司和 Miniscribe 公司（最大的两家 5.25 英寸硬盘制造商）不满的前雇员创建的。8 英寸硬盘制造商 Micropolis 公司的创始人来自 14 英寸硬盘制造商 Pertec 公司，而舒加特公司和昆腾公司的创始人则来自梅莫雷克斯公司。[19]

但这些新成立的创业企业同它们的前任雇主一样，难以吸引成熟计算机制造商采用它们的破坏性结构产品，因此，它们不得不去寻找新客户。在这个充满变数的探索过程中，最终出现的应

用领域是微型计算机、台式个人电脑和便携式计算机。现在回想起来，这些领域很明显就是它们所要寻找的硬盘市场，但在当时，这些市场最终的规模和意义仍然存在极大的不确定性。Micropolis公司是在小型台式计算机和文字处理器市场出现之前成立的，而这些市场正是日后 Micropolis 公司产品的主要应用领域。希捷公司是在 IBM 推出个人电脑之前两年创建的，那时个人电脑还只是电脑爱好者手中的一种简单玩具。康诺公司在康柏公司判断出便携式计算机市场的潜在规模之前已经开张营业。这些公司的创始人是在没有明确的市场营销战略的情况下推出其产品的——实际上就是单纯地卖给愿意购买其产品的任何人。在反复尝试中，这些产品的主要市场应用领域终于出现了。

步骤 5：新兴企业向高端市场转移

一旦创业企业在新兴市场打下运营基础，它们便认识到，通过不断改进新的组件技术[20]，它们能够以更快的速度（相比新兴市场所要求的改进速度）来扩大其硬盘产品的容量。它们以每年50% 的速率提高产品性能，并立即将它们的目标瞄准了性能等级更高的大型成熟计算机市场。

成熟企业对低端市场和新兴企业对高端市场的看法并不对称。成熟企业在审视新出现的、结构更简单的硬盘市场时，会认为这些市场的利润率和市场规模都不具有吸引力。与之相反，新兴企业则认为，更加高端的高性能市场的潜在销售额和利润率极具吸引力。成熟市场的客户最终接受了他们拒绝过的新产品，因为一旦对容量和速度的需求得到满足，新型硬盘更小的体积和更简单的结构就会在售价、速度、可靠性等方面压倒上一代产品。

因此，在台式个人电脑市场起家的希捷公司很快便进入并占领了小型计算机、工程工作站和大型计算机的硬盘市场。但随后，希捷公司又被 3.5 英寸硬盘的先锋制造商康诺公司和昆腾公司淘汰出台式个人电脑的硬盘市场。

步骤 6：成熟企业在维护客户基础方面棋慢一招

当更小型号的产品开始侵入主流市场时，曾经主导这些市场的硬盘制造商便匆忙找出它们在步骤 3 中被其束之高阁的样机，并将这些产品推向市场，以期维护自己的市场份额和客户基础。当然，到了这个时候，这种新型结构已经失去了破坏性特征，在性能上已经完全可以与成熟市场上体积更大的硬盘进行竞争。虽然一些成熟企业还能够亡羊补牢，通过立即推出新结构产品来维护自己的市场地位，但它们发现，新兴企业已经在制造成本和设计经验上建立了不可逾越的优势，因此这些成熟企业最终被淘汰出硬盘市场。从价值网络的下方发起攻击的新兴企业，也带来了一种可以以较低的毛利率实现盈利的成本结构。因此攻击型企业能够以较低的产品价格实现盈利，而处于防守地位的成熟企业则要经受一场残酷的价格战。

对于那些确实成功地推出了新型结构产品的成熟企业来说，幸存已属不易，没有一家成熟企业在新兴市场获得过很大的市场份额，新型硬盘完全抢占了老产品在当前市场中所占的份额。因此，截至 1991 年，希捷公司生产的 3.5 英寸硬盘没有一台是卖给便携式 / 膝上型计算机制造商的，其客户仍是台式计算机制造商，而且许多 3.5 英寸硬盘仍然配有框架，这样它们仍然可以被安装在原本匹配 5.25 英寸硬盘的 XT 和 AT 级电脑中。

14 英寸硬盘的领先企业数据控制公司在微型计算机市场所占的份额甚至从未超过 1%。它在 8 英寸硬盘市场兴起将近 3 年后才推出自己的 8 英寸硬盘产品，而且它把自己生产的硬盘几乎全部出售给了其现有大型计算机客户。Miniscribe 公司、昆腾公司和 Micropolis 公司都有在市场遭到蚕食的相同经历，因为它们都在推出采用了破坏性技术的硬盘方面棋慢一招。这些公司无法在新市场中占据很大的市场份额，而且即使是在最好的情况下，它们也只能保住自身原有的一部分业务。

"密切关注你的客户"这句流行口号似乎并不总是一个经得起推敲的建议。[21] 相反，人们可能会认为，是客户引导了其供应商的延续性创新进程。但这句话在破坏性技术变革中并没有发挥引领作用——甚至是明显误导了供应商。[22]

闪存技术是否会破坏硬盘业？

当前，随着闪存技术的出现，价值网络框架的预测能力也在经受考验。闪存技术是一种将数据存储在硅存储芯片上的固态半导体技术。不同于传统的 DRAM（动态随机存储）技术，闪存芯片甚至在断电的情况下还能保存数据。闪存技术是一种破坏性技术，闪存芯片的耗电量不到相同容量的硬盘的 5%。由于没有移动部件，闪存芯片的耐用性也要比硬盘存储器好得多。当然，闪存芯片也存在一些不足，闪存芯片的单位容量成本是硬盘存储器的 5~50 倍（具体成本取决于存储量）；而且闪存芯片在数据写入方面的耐用性不足，它们只能重写几十万次，而硬盘可以重写几百万次。

闪存芯片最初是应用在与计算机相差甚远的价值网络内的。闪存芯片被用于诸如便携式电话、心脏监护装置、调制解调器、工业用机器人等器械上，每一台器械内都安装了有独立包装的闪存芯片。相对于这些市场的使用要求，硬盘的体积过大、过于脆弱且耗电过多。到1994年，独立包装的闪存芯片在这些应用领域〔用行业术语说，这叫"座式闪存"（socket flash）〕的使用，为该行业带来了13亿美元的收入，而在1987年该行业的收入还是零。

20世纪90年代初，闪存产品制造商生产了一种新的产品，叫闪存卡。这是一种信用卡大小的装置，上面安装了多个相互连接的闪存芯片，由控制器电路统一操控。闪存卡上的芯片由应用于硬盘的同一种控制电路来控制，这种控制电路就是SCSI。这意味着，从理论上说，闪存卡可以像硬盘一样用于大容量存储。闪存卡市场的规模从1993年的4 500万美元扩大到1994年的8 000万美元，而且有分析人士预计，到1996年，其市场规模将扩大到2.3亿美元。

闪存卡是否会侵入硬盘制造商的核心市场，并取代磁存储器呢？如果这种情况真的发生，等待硬盘制造商的将是什么命运？它们是否能够抓住这一轮的新技术浪潮，并继续保持市场领先地位？或者将因此被淘汰出局？

能力观点

克拉克关于技术等级的理论重点关注的是企业过去在解决产品和程序技术问题的过程中所积累的对技能和技术的理解。在评估闪存技术对硬盘制造商的威胁时，一些人研究了克拉克提出的框架或塔什曼和安德森的相关发现。他们关注的焦点是，硬盘制造商一直以来是如何发展它们在集成电路设计，以及集成电路装置（包含多个集成电路）设计和控制方面的专业技能的。根据这些框架，我们预计，如果硬盘制造商在这些领域的专业技能有限，它们将在研发闪存产品的过程中遭遇重大挫折；如果这些制造商拥有丰富的经验和专业技能，它们就能取得成功。

在这方面，闪存技术涉及与硬盘制造商的核心能力（磁学和机械学）截然不同的电子元件技术。但昆腾公司、希捷公司、西部数据公司等都将越来越智能化的控制电路和高速缓冲存储器安装到了它们生产的硬盘中，并从中积累了非常丰富的、有关客户定制集成电路设计方面的专业知识。与 ASIC（专用集成电路）行业大多数企业的做法一样，这些公司的控制器芯片是由独立的第三方制造商制造的，这些控制器芯片制造商都拥有相当强的无尘室半导体加工能力。

当前每一家领先的硬盘制造商的发展都是沿同一轨迹设计硬盘，向独立供应商采购元件，在自己的厂房或是由合同商进行装配，再销售产品的。闪存卡行业也是一样。闪存卡制造商会设计闪存卡，然后采购闪存芯片元件；它们会设计并制造一个接口电路（例如嵌入式小型计算机系统接口）来控制磁动器与计算机设备之间的相互作用；它们在公司内部进行装配，或通过合同商装配产品，再销售产品。

换言之，闪存技术的诞生，实际上是建立在许多硬盘制造商已经研发的重要组件基础之上的。因此，从能力上说，我们认为，在将闪存存储技术推向市场的过程中，硬盘制造商可能不会遭遇惨败。更具体地说，那些拥有最丰富的集成电路设计经验的企业（如昆腾公司、希捷公司和西部数据公司），会按部就班地将闪存产品推向市场；而其他一直将电子元件电路设计业务外包的企业，则可能会面临更大的挑战。

情况的确如此。希捷公司通过收购 Sundisk 公司 25% 的股权，于 1993 年进入闪存市场。希捷公司和 SunDisk 公司合作设计芯片和闪存卡，芯片由三菱公司负责生产，闪存卡由一家叫作安南（Anam）的韩国制造商负责装配，希捷公司自己负责闪存卡的销售。昆腾公司则与另一个合作伙伴超捷公司（Silicon Storage Technology）一起进入闪存市场，超捷公司负责芯片设计，然后由合同商负责芯片的生产和装配。

组织结构框架

闪存技术就是亨德森和克拉克所说的突破性技术。相对于硬盘，闪存技术的产品结构和基本技术理念都很新颖。组织结构框架预计，除非成熟企业设立了在组织结构上完全独立的机构来设计闪存产品，否则它们将遭受重创。希捷公司和昆腾公司也的确是依靠独立机构的力量，才研发了具有竞争力的产品。

技术 S 形曲线

技术 S 形曲线经常被用于预测新兴技术是否可能取代成熟技术。引发走势变化的是成熟技术曲线的斜率。如果曲线经过了拐点，它的二阶导数为负（技术的改善幅度正在下降），那么新技术就可能会出现并取代成熟技术。图 2.7 表明，磁盘磁录密度改善的 S 形曲线仍然没有达到它的拐点：截至 1995 年，其磁录密度不但一直在改善，而且其改善的幅度越来越大。

因此，我们能够根据 S 形曲线框架，来预计成熟硬盘企业是

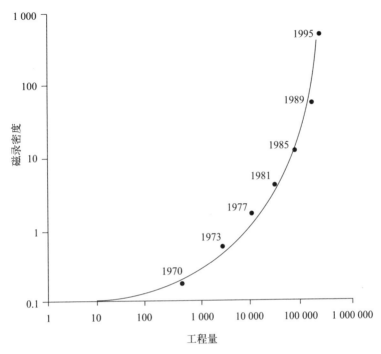

图 2.7 新硬盘磁录密度的改善(密度单位:MBPsi)
资料来源:《磁盘 / 趋势报告》各期公布的数据。

否具备设计闪存卡的能力,以及当闪存存储器在磁存储器的 S 形曲线中达到拐点,在其密度的改善幅度开始下降之前,它是否能给磁存储器带来威胁。

价值网络框架带来的启示

价值网络框架认为,上述框架都不是市场成功的准确预报器。具体来说,即使成熟企业不具备研发一项新技术所需的技术能力,但如果它们的客户有这方面的需求,它们也能够利用各种资

创新者的窘境(珍藏版)

源来研发或收购这些新技术。价值网络表明，技术 S 形曲线只能有效地预测延续性技术。破坏性技术一般与成熟技术呈平行发展态势，两者的发展轨道并不相交。因此，在被用于评估破坏性技术时，S 形曲线框架提出了错误的问题。而最重要的是，破坏性技术是否会从下方开始，沿着既定的轨道不断得到改善，并最终与市场需求交会。

价值网络框架认为，像希捷公司和昆腾公司这样的企业即便具备研发闪存产品的技术能力，它们是否会投入资源和管理人才来构建它们在这项技术市场上的优势地位，仍将取决于闪存技术最初在这些企业价值网络（具体指能够实现盈利的价值网络）中的价值和地位。

截至 1996 年，闪存存储器还只能用于与传统硬盘制造商不同的价值网络内。这在图 2.8 中得到了印证。图 2.8 描绘了 1992—1995 年每年推出的闪存卡的平均容量，并将其与 2.5 英寸和 1.8 英寸硬盘的容量，以及笔记本电脑市场所需的容量进行对比。即使耐用性好、能耗低，闪存卡的容量仍不足以使它成为笔记本电脑市场上的主要大容量存储设备。即便能够满足便携式计算机市场的低端需求（1995 年约为 350MB），闪存卡的售价也过高，大多数闪存卡单位容量的成本比硬盘存储器高 50 倍。[23] 闪存卡的低能耗和耐用性显然没有任何价值，而且它在台式计算机市场上也无法享受溢价。换句话说，在昆腾、希捷等公司能够实现盈利的市场上，闪存技术还没有大显身手的空间。

因此，由于闪存卡的应用市场与昆腾公司和希捷公司的主要市场（主要是掌上电脑、电子书写板、现金出纳机、电子照相机等）截然不同，价值网络框架预计，像昆腾和希捷这样的公司不太可

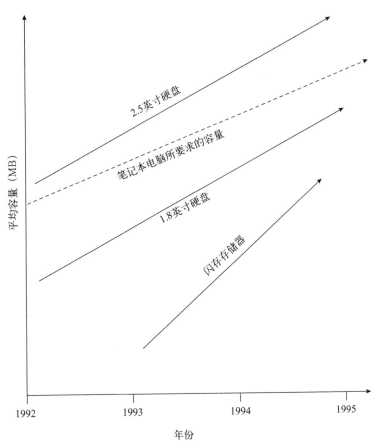

图 2.8　硬盘存储容量与闪存卡存储容量的对比

资料来源:《磁盘 / 趋势报告》各期公布的数据。

能在闪存存储器市场取得领先地位。这并不是因为这项技术太过复杂，也不是因为这些公司的组织结构妨碍了该项技术的有效研发，而是因为它们把更多的资源用于争夺和维护在当时能够实现盈利的主流硬盘价值网络内的大量业务。

确实，闪存卡领先生产企业的一位市场总监注意到："我们发现，随着硬盘制造商将硬盘发展到千兆字节阶段，它们的成本在小容量市场已不再具有竞争力。因此，硬盘制造商将退出 10~40MB 的硬盘市场，从而为闪存卡进入这一市场创造了空间。"[24]

硬盘制造商创建闪存卡业务的努力实际上遭遇了失败。到 1995 年，昆腾公司和希捷公司都没能在闪存卡市场上获得哪怕是 1% 的市场份额。两家公司后来都总结说，闪存卡带来的发展机遇并没有那么大。它们于同年双双退出了闪存卡市场。希捷公司保留了它在 Sundisk 公司（后来更名为 SanDisk）的少数股权，但正如我们即将探讨的那样，这一战略是应对破坏性技术的一种有效方式。

关于创新的五大建议

价值网络详细说明并界定了价值网络内的企业能做与不能做的事情及其范围。本章最后针对技术变革的性质和成熟企业所面临的问题，从价值网络的角度总结出了五项建议。

1. 企业参与竞争的环境或价值网络，对于它利用和集中必要资源的能力、克服新技术冲击和组织障碍的能力具有深远的影响。价值网络的界限是由对产品性能的特殊定义所决定的——在广义上的行业范围内，不同的应用体系对各种性能属性的重要性排序各不相同。价值网络还由价值网络内特定的成本结构决定，而且这种成本结构具有满足价值网络内的客户需求的内在属性。

2. 决定创新能否取得商业化成功的一项关键因素是，创新能在何种程度上满足价值网络内已知参与者的已知需求。成熟企业可能会在主要满足其所属价值网络的内部需求的各类创新（包括结构创新和组件创新）中引领行业浪潮，不管技术创新的内在特点是什么，也不管是否会遇到困难。这些都是较为直接的创新，它们的价值和应用领域都非常清晰。相反，成熟企业可能会在那些只满足新兴价值网络内的客户需求的技术研发中（即使是对本质较为简单的技术研发）处于落后位置。破坏性创新非常复杂，因为根据成熟企业所使用的标准，破坏性创新的价值和应用领域并不确定。

3. 倘若成熟企业决定忽略无法满足当前客户需求的技术，当两条本来井水不犯河水的轨线最终交会时，这个决定将给成熟企业造成致命的打击。第一条轨线决定了特定价值网络内各个时期所要求的性能，而第二条轨线则主要描绘了在特定的技术范式内技术人员所能够提供的性能。与任何特定价值网络内下游客户应用系统所要求的性能改善轨线相比，技术所能提供的性能改善轨线可能具有一个完全不同的斜率。当这两条轨线的斜率相近时，我们认为这项技术相对来说将更多地被限制在它最初的价值网络内。但当斜率发生变化时，起初只在新兴的或商业上较为边缘的价值网络内具有性能竞争力的新技术，可能会借此进入其他价值网络，从而为新价值网络内的新兴企业冲击成熟企业创造机遇。之所以发生这种情况，是因为技术的进步已经缩小了不同价值网络内相关性能属性排序的差距。例如，在台式计算机价值网络中的硬盘的体积和重量属性，就比在大型和小型计算机价值网络内重要得多。当 5.25 英寸硬盘领域的技术进步使得制造商能够同时满足大型和小型计算机价值网络（主要注重总体容量和高速度）及台式计算机价值网络内的首要属性需求时，不同价值网络之间的界限就不再是 5.25 英寸硬盘制造商进入其他价值网络的障碍。

4. 在那些颠覆或重新定义了已有技术轨线的发展水平、速度和方向的创新中——从本质上说通常是没有涉及太多新技术的新产品结构创新，新兴企业相对于成熟企业更具有冲击者的优势，因为这些技术在成熟价值网络内不会创造任何价值。成熟企业能够引领这些技术的商业化进程的唯一方式，就是进入这些技术能够创造价值的价值网络。正如理查德·泰德罗（Richard Tedlow）在他讲述美国零售史（超市和折扣零售在破坏性技术的发展中扮演了重要角色）的专著中所提到的那样："成熟企业面临的最大障碍就是它们缺乏这么做的意愿。" [25]

5. 在这些案例中，尽管"冲击者的优势"与破坏性技术变革有关，但冲击者的优势的本质在于，相对于成熟企业，新兴企业能够轻易地做出判断，灵活地制订战略计划来冲击成熟价值网络，并发展新兴市场应用领域或新的价值网络。因此，这一问题的核心可能还是，相对于新兴企业，成功的成熟企业在改变战略和成本结构方面（而非技术）具备多大的灵活性。

这些观点为分析技术创新提供了新思路。除了新技术和创新机构所具有的必备能力，面临破坏性技术创新的企业必须分析该创新技术对其相关价值网络的影响。关键问题是，那些在创新活动中尚未明确的性能属性，在新兴企业已经建立的价值网络中是否能得到重视；为了实现创新的价值，企业是否必须进入其他价值网络，或建立新的价值网络；市场和技术轨线是否可能最终交会，从而使无法满足客户当前需求的技术最终能够满足他们在未来的需求。

这些因素并不仅仅适用于需要应对最先进技术的企业，例如本章提到的快速发展的、复杂的、先进的电子、机械和磁技术行业。第3章将在一个完全不同的行业背景下分析这些因素，这个行业就是挖掘机设备。

第3章

挖掘机行业的破坏性技术

虽然在硬盘行业，破坏性技术从开始出现到侵入成熟市场只用了短短几年，但在挖掘机行业，液压挖掘机却花费了20年才成"燎原之势"。尽管如此，事实证明，在挖掘机行业，破坏性技术的侵蚀力量正像在硬盘行业一样具有决定性的影响，而且这股力量是难以抗拒的。

挖掘机和在此之前的蒸汽挖掘机，是主要销售给承建商的大型重要设备。尽管很少有观察家认为这是一个快速发展、技术上日新月异的行业，但挖掘机行业仍然与硬盘行业存在一些共同点：在挖掘机行业发展史中，领先企业也在设备组件和结构上成功地采用了一系列延续性创新——不管是渐进式创新还是突破性创新，但几乎所有的机械挖掘机制造商都被一项破坏性技术（液压技术）淘汰了，而领先企业的客户和他们的经济结构导致他们在这项技术还只是"星星之火"时忽略了它的存在。虽然在硬盘行业，破坏性技术从开始出现到侵入成熟市场只用了短短几年，但在挖掘机行业，液压挖掘机却花费了 20 年才成"燎原之势"。尽管如此，事实证明，在挖掘机行业，破坏性技术的侵蚀力量正像在硬盘行业一样具有决定性的影响，而且这股力量是难以抗拒的。[1]

延续性技术：从蒸汽机到柴油机和电动机

从威廉·史密斯·奥蒂斯于 1837 年发明蒸汽挖掘机开始，至 20 世纪 20 年代早期，挖掘设备一直使用蒸汽动力。一个中央锅炉通过管道将蒸汽输送到位于机器各处的小型蒸汽机中，从而使其获得所需的动力。通过一个由滑轮、滚筒和缆索组成的系统，这些发动机可以操纵正铲式铲斗（如图 3.1 所示）。蒸汽挖掘机最初被安装在铁轨上，用于铁路和运河建设中的挖土作业。美国挖掘机制造商主要集中在俄亥俄州的东北部和密尔沃基附近。

20 世纪 20 年代早期，全美大约有超过 32 家蒸汽挖掘机制造商。当时由于汽油机取代了蒸汽机，挖掘机行业面临着一场技术剧变。[2] 这次向汽油动力的转变，正好可被划归为亨德森和克拉克所称的突破性技术转变类别。挖掘机关键组件（发动机）的基本技术原理从蒸汽机转变为内燃机，产品的基本结构也发生了变化。蒸汽挖掘机使用气压来驱动一组蒸汽机，并以此来控制铲斗的缆索，而汽油挖掘机则使用一台单独的发动机，以及一个由传动装置、离合器、滚筒和制动器组成的完全不同的系统来转动和伸展缆索。尽管此次技术变革具有突破性，但汽油机只对机械挖掘机行业产生了延续性影响。汽油机动力非常强大，可以使承建商更快、更安全地进行挖掘作业，而且其成本比蒸汽挖掘机低（最

图 3.1　Osgood General 公司制造的缆控机械挖掘机

资料来源：小赫伯特·尼科尔斯所著的《翻动地球：挖掘工作手册》(*Moving the Earth: The Workbook of Excavation*)（Greenwich，CT：North Castle，1995）一书中所使用的是 Osgood General 公司的图片。

大的蒸汽挖掘机除外）。

　　汽油发动机技术的领先创新者也是该行业的主导企业，例如比塞洛斯-伊利公司、Thew 公司、Marion 公司等。在 25 家规模最大的蒸汽挖掘机制造商中，有 23 家成功完成了向汽油动力的过渡。[3] 如图 3.2 所示，在 20 世纪 20 年代，的确有几家新兴企业成为汽油技术的领先者，但主导此次转变的仍是成熟企业。

　　大约从 1928 年开始，汽油动力挖掘机的成熟制造商开始了另一次重大的（但不那么具有突破性的）延续性技术转变，即过渡到生产由柴油发动机和电动机提供动力的挖掘机。进一步的转变产生于第二次世界大战后，这次主要是引入了弧形吊杆设计。

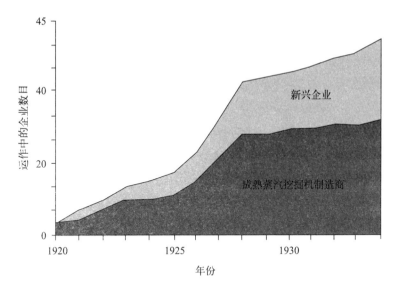

图 3.2　汽油动力缆索挖掘机制造商，1920—1934 年

资料来源：历史建筑设备协会和各年的《托马斯名录》(*The Thomas Register*)。

这种设计也使得挖掘机可以伸展得更长，使用更大的铲斗，并能更好、更灵活地实现向下伸展。成熟企业仍然成功完成并积极采用了上述每一次创新。

实际上，挖掘承建商本身也率先尝试过其他许多重要的延续性创新。它们首先是在施工现场对自己的机器做了一些修改，使之更好地运行，然后会把这些新改进的部分应用到它们的产品中，并将改进后的产品推向更广泛的市场。[4]

破坏性技术：液压控制系统

接下来的这次重大技术变革，则导致挖掘机行业内的企业纷

　创新者的窘境（珍藏版）

纷破产。从第二次世界大战结束后不久，到20世纪60年代末，尽管挖掘机最主要的动力来源仍然是柴油发动机，但在此期间出现了一种伸展和提拉铲斗的新型机械系统——液压控制系统，它取代了缆控系统。20世纪50年代，引领挖掘机行业的大约有30家成熟缆控设备制造商，而其中只有4家［英斯利（Insley）公司、凯林（Koehring）公司、小巨人（Little Giant）公司和林克贝特（Link Belt）公司］成功地在20世纪70年代转变为具有可持续竞争力的液压挖掘机制造商。另有几家制造商退出了柴油挖掘机市场，转而开始为露天采矿和挖掘作业制造巨型缆控拉铲挖掘机，并因此存活下来。[5] 其他大多数企业都以破产告终。此时统治挖掘设备产业的公司，都是生产新一代液压挖掘机的新兴企业，如J. I. Case公司、约翰-迪尔（John Deere）公司、Drott公司、福特公司、杰西博（J. C. Bamford）公司、波克兰（Poclain）公司、国际收割机（International Harvester）公司、卡特彼勒（Caterpillar）公司、O & K公司、德马格（Demag）公司、利勃海尔（Leibherr）公司、小松（Komatsu）公司、日立公司。[6] 为什么会发生这种情况呢？

机械挖掘机市场所要求的性能

挖掘机是各种挖掘设备中的一种。其他一些设备（例如推土机、装载机、平地机和铲运机）的最终用途是推土、平地和抬举土方，而挖掘机的用途一直是挖洞和挖沟，它主要应用于三个市场[7]：第一个（也是最大的市场）是一般挖掘市场，这个市场主要由负责挖洞（例如地下室施工）或土木工程项目（例如运河建设）的承建商组成；第二个市场是负责挖掘较长沟渠的下水道和管道的承建商；第三个市场是露天采掘或采矿市场。在这些市场中，承建商一般会根据机械挖掘机的半径或延展距离，以及每次能够铲起的土方（立方码[①]）来评估其功能。[8]

1945 年，下水道和管道承建商使用的是平均每铲容量约为 1 立方码的机器（用来挖掘相对狭窄的沟渠），普通挖掘承建商使用的挖掘机的平均每铲容量为 2.5 立方码，而采矿承建商使用的挖掘机的每铲容量约为 5 立方码。这些市场的平均每铲容量每年会以 4% 左右的速度扩大。在更广泛的应用系统中，这一扩大率会受到其他许多因素的制约。例如，怎样把大型机器运送到工地或搬运出工地，类似的物流问题就是阻碍承建商要求更高扩大率的一个因素。

液压挖掘机的出现和改善轨道

第一台液压挖掘机由英国的杰西博公司于 1947 年研发成功。20 世纪 40 年代末，几家美国公司也推出了类似的产品，其中包括堪萨斯州托皮卡市的亨利公司（Henry Company）和密歇根州洛伊尔欧克的谢尔曼产品公司（Sherman Products，Inc.）。液压挖掘机所使用的方法被称为"液压驱动功率输出轴"，它的英文首字母缩写 HOPTO（Hydraulically Operated Power Take-Off）也在 20 世纪 40 年代末成了液压挖掘业第三家新兴企业的名称。[9]

这些被安装在工业用或农用牵引车的背面的机器被称为"反铲挖掘机"（backhoes）。在执行挖掘作业时，反铲挖掘机将铲斗伸出，将其插入土中 [10]，在土方下方旋转或闭合铲斗，然后将铲

---

① 1 立方码为 0.765 立方米。——编者注

斗从洞中拉出来。受可用液压泵密封的动力和强度的限制，这些早期液压机器的每铲容量只有 0.25 立方码（如图 3.3 所示）。它们的工作半径只有 6 英尺 [①] 左右。同时，最好的缆索挖掘机能够在履带基座上旋转 360 度，而最灵活的反铲挖掘机只能旋转 180 度。

由于每铲容量太小、工作半径太短，早期的液压挖掘机对采矿、普通挖掘或下水道承建商来说基本没有使用价值，比如下水道承建商要求机器配备有 1~4 立方码容量的铲斗。因此，新兴企业不得不为它们的产品开发一个新的应用领域。它们开始将自己

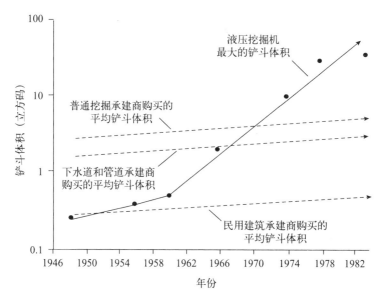

图 3.3　液压技术对机械挖掘机市场的破坏性影响

资料来源：历史建筑设备协会。

_____

① 　1 英尺约为 0.3 米。——编者注

生产的挖掘机当作小型工业用和农用牵引车的附加装置，卖给福特公司、J. I. Case 公司、约翰-迪尔公司、国际收割机公司、麦赛-福格森（Massey Ferguson）公司等牵引车制造商。小型民用建筑承建商会购买这些装置来挖掘一些狭窄沟渠，包括街道水管和下水道线路，以及在建房屋地基之间的沟渠。这些规模非常小的作业，不值得耗费时间和金钱采用大型且不精确的缆控和履带式挖掘机来施工，因此这种沟渠一直都是靠手工挖掘的。而安装在机动牵引车上的液压反铲挖掘机，只需不到 1 个小时，就能为一栋房屋完成这些工作。因此在第二次世界大战和朝鲜战争结束后的房地产繁荣期，这种挖掘机深受建筑承建商欢迎（尤其是大型土地开发项目中的小型承建商）。这些早期的反铲挖掘机通常是作为牵引车的一部分来销售的，而且采用的是一种主要面向小客户的经销机制。

总之，无论是在规模、需求，还是在产品销售渠道上，液压挖掘机的早期用户与缆索挖掘机制造商的主流客户都存在明显的不同。液压挖掘机的早期用户形成了一个新的机械挖掘价值网络。有意思的是，与小型硬盘的性能衡量指标不同于大型硬盘的性能衡量指标的情况一样（重量、耐用性和低能耗对比容量和速度），第一代反铲挖掘机的性能评估指标也不同于缆控设备的性能评估指标。液压反铲挖掘机的早期产品文献最为强调的重要指标是铲斗的宽度（承建商需要挖掘狭窄且较浅的沟渠）、牵引车的速度和可操纵性。图 3.4［选自谢尔曼产品公司生产的"山猫"（Bobcat）牌液压反铲挖掘机的早期产品手册］便证明了这一点。谢尔曼产品公司将这种机器称作"挖掘机"，表示它能被运用于狭窄的区域内，并且宣称它还能在草皮上作业，而且对草皮几乎不会有任

图 3.4 谢尔曼产品公司生产的液压反铲挖掘机

资料来源：位于密歇根州洛伊尔欧克的谢尔曼产品公司20世纪50年代初的产品手册。

何损坏。"山猫"液压反铲挖掘机被安装在福特公司生产的牵引车上（福特公司后来收购了谢尔曼产品公司的"山猫"生产线）。当然，这些独特的属性对那些以大型土地开发项目为主的承建商来说就显得无关紧要了。这些在性能属性排序上的差异决定了该行业价值网络的界限。

图 3.3 中的实线描绘的是液压工程师在新挖掘机结构设计中所能实现的铲斗体积改进幅度。最大可用铲斗体积到 1948 年已达到 3/8 立方码，到 1960 年则达到 2/3 立方码，到 1965 年达到 2 立方码。到 1974 年，最大的液压挖掘机已经可以举起 10 立方码的土方。其改进的轨道明显快于任何挖掘机市场所要求的改善速度，这将破坏性液压技术从原有市场推进到规模更大的主流挖掘

机市场。1954 年,另一家新兴企业德国德马格公司推出了一种可以在基座上完整旋转 360 度的履带式挖掘机样机,从而给普通承建商市场对液压挖掘机的使用打了一针强心剂。

领先制造商如何应对危机

与希捷公司成为研发 3.5 英寸硬盘样机的首批企业一样,领先的缆索挖掘机制造商比塞洛斯 – 伊利公司也清醒地意识到液压挖掘技术的出现。到 1950 年(第一台反铲挖掘机出现的两年后),比塞洛斯 – 伊利公司收购了一家刚刚成立的液压反铲挖掘机公司——密尔沃基液压公司。与希捷公司在推广 3.5 英寸硬盘上遇到的问题一样,比塞洛斯-伊利公司在推广它的反铲挖掘机时遭遇了同样的问题:该公司的主流客户完全用不上这种机器。

比塞洛斯-伊利公司采取了应对措施,在 1951 年推出一种名叫 "Hydrohoe" 的新产品。这种新产品没有使用三个液压缸,而是只用了两个液压缸,一个用来将铲斗插入土中,一个用来将铲斗拉向驾驶室。它使用了一种缆控机械装置来抬升铲斗。Hydrohoe 因此可以说是两种技术的混合产品,让人联想到早期配备了船帆的跨洋蒸汽船。[11] 但没有证据表明 Hydrohoe 的混合型设计根源在于设计工程师无力摆脱某种缆控工程范式的束缚。相反,基于液压技术当时所处的发展阶段,对于比塞洛斯-伊利公司现有客户对 Hydrohoe 的铲斗容量和工作半径的需求,营销人员做出了判断,认为钢索式起落机械装置是当时唯一一种可行方式。

图 3.5 就选自早期 Hydrohoe 的产品宣传手册。需要注意的是,它与谢尔曼产品公司的市场营销策略不同,比塞洛斯-伊利公司

看哪……
一台完完全全的
液压拖铲挖掘机

图 3.5　比塞洛斯–伊利公司生产的 Hydrohoe

资料来源：比塞洛斯–伊利公司宣传册，南密尔沃基，威斯康星州，1951 年。

对 Hydrohoe 的定义是"拖铲挖土机"。图中的背景是一片开阔空地，该公司宣称这种挖掘机能"满载土方，狭路相过"——所有宣传策略都是为了吸引普通挖掘承建商。比塞洛斯–伊利公司没有在认可液压技术当前属性的价值网络内推广这项破坏性技术，而是力图改变这项技术，使之符合自己的价值网络需求。尽管做出了这种尝试，但 Hydrohoe 的容量和工作半径仍然十分有限，它在比塞洛斯–伊利公司的主流客户中的销量也不尽如人意。而比塞洛斯–伊利公司坚持在市场上销售 Hydrohoe 产品十余年。在此期间，比塞洛斯–伊利公司会定期提高 Hydrohoe 产品的性能，以更好地迎合客户的需求，但这一产品始终没有取得商业上的成功。最终，比塞洛斯-伊利公司决定重新开始生产客户需要的缆索挖掘机。

比塞洛斯-伊利公司是 1948—1961 年唯一推出了液压挖掘机的缆索挖掘机制造商，其他所有制造商均继续致力于为它们的现有客户提供良好的服务，并因此获利丰厚。[12] 实际上，最大的缆索挖掘机制造商——比塞洛斯-伊利公司和西北工程（Northwest Engineering）公司所获的利润，在 1966 年之前连年创历史新高，而此时也正是破坏性液压技术的发展轨线最终与下水道和管道领域的客户需求交会的时期。当时，挖掘机行业是典型的正面临破坏性技术冲击的行业，在破坏性技术实际已进入它们的主流市场时，技术成熟的领先企业仍能拥有强劲的财务表现。

1947—1965 年，有 23 家企业依靠液压产品进入机械挖掘机市场。图 3.6 比较了活跃的新兴企业的总数量和生产液压挖掘机的成熟企业的总数量（减去已退出的企业数量），结果表明，新兴企业完全主导了液压挖掘机市场。

20 世纪 60 年代，一些实力较强的缆索挖掘机制造商推出采用了液压技术的挖掘机，但几乎所有的产品都与比塞洛斯-伊利公司的 Hydroboe 一样，属于混合型挖掘机。这些产品一般采用一个液压缸来旋转或闭合铲斗，并使用缆索伸展铲斗、提拉吊杆。在 20 世纪 60 年代出现这种类型的挖掘机时，液压技术对成熟制造商的产品产生了持续性影响，并且其产品在主流价值网络内的性能也因此得以提高。工程师们找到的一些在缆索挖掘机上使用液压技术的方法非常有独创性，但这些创新努力所针对的都是现有客户。

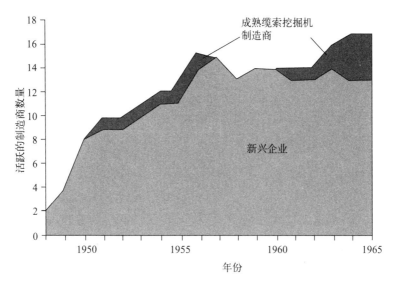

图 3.6　液压挖掘机制造商，1948—1965 年

资料来源：历史建筑设备协会。

　　在此期间，挖掘机制造商所采取的战略揭示了面临破坏性技术变革的企业做出的一项重要选择。一般来说，成功的新兴企业认为，20 世纪四五十年代的液压技术已经具备在特定的新市场被投入使用的条件，所以这种技术能创造价值；成熟企业则通常从另一角度来看待这个问题，它们认为市场需求是特定的。因此，成熟企业力图了解或改进这种技术，并最终希望将其纳入它们熟悉的延续性改善轨道，以便向它们的现有客户推广这项新技术。成熟企业努力以它们的客户为创新投资的标杆。本书之后的几个章节也表明，在大多数破坏性创新案例中都可以看到这种战略选择——成熟企业致力于在成熟市场引入破坏性技术，而成功的新兴企业则发现了一个看重这种技术的新市场。

　　液压技术最终发展到一定的阶段——它已经可以满足主流挖掘承建商的需求了。但这一进步是由新兴企业实现的，它们首先发现了可以应用这种技术的早期市场，并在这个市场上积累了设计和制造经验，然后利用这个商业平台来冲击它们上方的价值网络。成熟企业输了这场竞争，只有 4 家缆索挖掘机企业（英斯利公司、凯林公司、小巨人公司和林克贝特公司）姗姗来迟但也算成功地建立了自己的液压挖掘机生产线，从而维持了它们的市场地位，因而它们在普通挖掘承建商市场仍占有一席之地。[13]

　　但除了上述企业，主流挖掘机市场上其他大型缆控机器的领先制造商，则从未推出能在商业上取得成功的液压挖掘机。尽管一些企业也在铲斗铰接机械装置上部分采用了液压技术，但它们缺乏专业的设计能力和批量生产成本优势，因此也无法对抗液压技术对主流市场的侵蚀。到 20 世纪 70 年代早期，这些企业都被新兴企业淘汰出了下水道、管道和普通挖掘机市场，而大多数新兴企业则已在小型承建商市场锤炼了它们的技术能力。[14]

　　对比上述从变革中获利的策略，我们可以发现其他许多行业（特别是硬盘、钢铁、计算机和电动汽车）内的新兴企业和成熟企业在受到破坏性技术影响时所采取的各种方法的主要特点。

在缆索和液压技术之间做出选择

　　在轨线图 3.3 中，当液压技术足以满足下水道和管道承建商对铲斗的需求时（针对吊臂工作半径也可描绘出类似的轨线图），挖掘机行业的竞争格局发生了变化，主流挖掘承建商改变了它们购买设备时所依据的标准。即使在 20 世纪 90 年代末，缆索挖掘机的工作半径仍然要远大于液压挖掘机的工作半径，其拉举力量也远高于液压挖掘机的拉举力量，它们的技术发展轨道与液压挖掘机的大致平行。但一旦缆控和液压控制系统都能达到主流市场的要求，挖掘承建商将不再根据哪种机器的工作半径更长，哪种铲斗的容量更大，来选择它们所需要的设备。两种机器的性能都足够好，缆控系统在这方面的优势已不再能够转化为竞争优势。

但承建商发现，液压挖掘机发生故障的概率要远远低于缆索挖掘机。特别是对那些在机器拉举重型铲斗时遭遇过因缆索突然折断而导致工作人员生命受到威胁的企业来说，一旦液压机器能够帮助它们完成这些工作，它们便很快就用上了安全性更高的液压机器。因此，一旦两种技术都能很好地满足基本的性能要求，可靠性便成为市场选择产品的基本标准。下水道和管道承建商很快便在 20 世纪 60 年代初采用了液压设备。在 20 世纪 60 年代末，普通挖掘承建商也紧随其后采用了液压设备。

挖掘机制造商的窘境

生产缆索挖掘机的企业内部到底出现了什么问题？很明显，现在我们可以说，这些企业应该投资液压设备，使其内部负责生产液压产品的部门融入需要这种产品的价值网络。但在竞争白热化阶段，破坏性技术管理所面临的窘境是，这些企业内部并没有出现任何问题；它们的客户并不需要液压技术，而且确实不会使用液压技术。市场上至少有 20 家缆索挖掘机制造商对客户资源虎视眈眈，每一家都会努力采用一切可能的方法，来抢走其他制造商的客户。如果这些企业无视它们的客户对下一代产品的需求，现有的业务就会面临风险。而且，考虑到 20 世纪 50 年代反铲挖掘机刚刚出现，市场规模还非常小，研发更大、更好、更快的缆索挖掘机来抢占当前竞争对手的市场份额，显然要比冒险研发液压反铲挖掘机更有可能实现利润增长。因此，正如我们之前所看到的那样，这些企业并不是因为自身无法研发这项技术而失败的。事实是，它们当中最好的企业一发现这种技术能够帮助它们的客户，便立即采用了这项技术。它们也不是因为管理层碌碌无为或傲慢自大而失败的。这些企业之所以失败，是因为对它们来说，液压技术无用武之地，等到"星星之火"已呈"燎原之势"时，一切为时已晚。

我们发现，不管是面临延续性技术创新时取得成功的企业，还是面临破坏性技术变革时遭遇失败的企业，它们竟然都是良好的管理决策自然或合理发展的结果。实际上，这也是破坏性技术会使创新者陷入窘境的原因。更努力地工作，更聪明地管理，更积极地投资，更认真地听取客户的建议，这些都是应对新型延续性技术所带来的问题的解决之道。但这些经营原则在应对破坏性技术时却完全失效，在很多情况下甚至还会产生相反的效果。

第4章

回不去的低端市场：来自小型钢铁厂的冲击

为什么领先企业总是能够很快进入高端市场，而进入低端市场却如此艰难？正如我们即将分析的那样，理性的管理者很少能找到充分的理由进入规模小、需求不明确且利润率更低的低端市场。

硬盘行业和挖掘机行业的历史清楚地表明，价值网络的界限并不能完全束缚价值网络内的企业，价值网络内总是存在一股力量，推动企业向上发展，进入区别于先前的价值网络的新价值网络。价值网络的这种异常强大的影响力，体现在阻碍企业向低端市场移动，进入由破坏性技术催生的新市场上。在本章中，我们将探讨的问题是：为什么领先企业总是能够很快进入高端市场，而进入低端市场却如此艰难？正如我们即将分析的那样，理性的管理者很少能找到充分的理由进入规模小、需求不明确且利润率更低的低端市场。实际上，高端市场价值网络良好的增长前景和更高的盈利能力，看上去总是要比当前的价值网络更有吸引力，因此我们经常看到经营状况良好的企业在追求更高端客户的过程中，放弃了它们的现有客户（或者在现有客户市场的竞争力逐渐下降）。在优秀企业中，凝聚人力、物力的总是那些计划提高产品性能，迈向高端市场，并且能给企业带来更高利润率的提案。

的确，通过进入高端市场价值网络提高财务绩效的吸引力是如此之大，以至于人们感觉到硬盘行业和挖掘机行业发展轨线图的右上角（如图 1.7 和图 3.3 所示），似乎存在一块巨大的磁石。本章将通过硬盘行业的历史经验，来分析这种被我们称为"东北角牵引力"（northeastern pull）的力量，然后通过探讨发生在小型钢铁厂和综合性钢铁厂竞争过程中的同样的现象，来总结这一框架。

"东北角牵引力"：向高端市场进军

图 4.1 描绘了希捷公司向高端市场移动的具体细节，该公司所采取的策略正是大多数硬盘制造商都会采取的典型策略。大家知道，希捷公司是最开始创造硬盘产品，进而主导了台式计算机的价值网络的。图中的竖线描绘了希捷公司每年的产品（包括希捷公司产品线上容量最小的硬盘至容量最大的硬盘）相对于市场需求容量所处的市场地位。在图中显示每年容量跨度的竖线上，黑色方块衡量的就是希捷公司每年推出的硬盘的容量中值。

1983—1985 年，希捷公司将硬盘产品线的重心放在台式计算机市场需要的平均容量上。1987—1989 年，具有市场破坏性的 3.5 英寸硬盘从价值网络的下方侵入了台式计算机市场。希捷公司为应对此次冲击所采取的措施，不是与破坏性技术正面交锋，而是向高端市场"撤退"。希捷公司继续根据台式计算机市场所要求的容量，生产了各种型号的产品。但到 1993 年，它的工作重点已明显转向中端计算机市场，例如文件服务器和工程工作站。

　　破坏性技术的确对这些企业产生了毁灭性的影响，因为率先将各代破坏性硬盘推向市场的企业并不满足于固守在最初的价值网络内。相反，它们会利用每一代新产品全力进军高端市场，直到它们所生产的硬盘具备的容量足以吸引更高端价值网络内的客户。正是这种不断向上的流动性，使得破坏性技术严重威胁成熟企业的地位，同时对新兴企业产生了极大的吸引力。

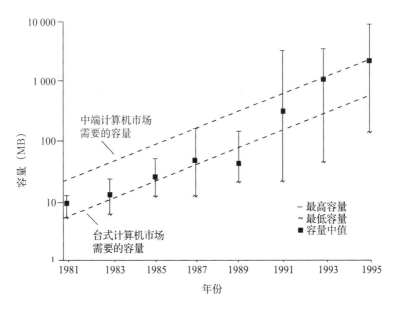

图 4.1　希捷公司的产品向高端市场的迁移过程

资料来源:《磁盘 / 趋势报告》各期公布的数据。

价值网络和典型的成本结构

那么，导致这种非对称流动的原因到底是什么呢？正如我们之前探讨过的那样，这种流动是由资源分配过程推动的，资源分配过程总是推动资源流向能够带来更高利润率和进入更大规模市场的新产品提案。而轨线图右上部分的利润率和市场规模（例如图 1.7 和图 3.3）几乎总是要好于右下部分。在产品市场图上，硬盘制造商之所以会向右上角迁移，正是因为其产品资源分配过程将它们引向了那里。

正如我们在第 2 章所看到的那样，每个价值网络的一个基本特征都是，价值网络内的企业如果想要优先为客户提供他们所要求的产品和服务，就必须创建一种特定的成本结构。因此，随着硬盘制造商在它们的价值网络内逐渐发展壮大、走向成功，这些制造商也形成了各自的经济特征：根据客户的需求和竞争对手的挑战来调整它们在研究、开发、市场营销和行政管理方面的人力和资金投入。在每个价值网络内，毛利率都会不断发生变化，只有较好的硬盘制造商才能够在去掉各种成本后仍能赚钱。

这也促使这些企业建立了一种非常特别的提高盈利能力的模式。一般来说，企业会发现它们很难在保持它们在主流市场的地位的同时，通过降低成本来提高盈利能力：企业所承担的研究、开发、市场营销和行政管理成本，对于保持其在主流业务方面的竞争力具有至关重要的作用。进入高端市场，生产能够获得更高毛利率的产品，通常是增加利润的一种更为直接的方式。进入低端市场则与上述目标背道而驰。

图 4.2 表明，这种方法正是提高利润率的一种明显的方式。

左边的 3 幅柱状图表明了 1981 年台式计算机、微型计算机和大型计算机价值网络的规模，并说明了在每个价值网络内的硬盘制造商所能获得的基本利润率。高端市场的毛利率明显更高，这也使制造商对这些业务的投入（这些业务一般都需要更大的成本）获得了回报。

这些价值网络在市场规模和成本结构特点方面的差异，导致

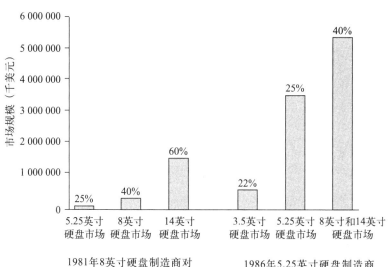

图 4.2　成熟硬盘制造商面对高端市场和低端市场的看法

资料来源:《磁盘／趋势报告》各期公布的数据、企业年报和通过个人采访得到的数据。
注：柱状图上方的百分比代表了每个价值网络内企业的一般毛利率。

企业在竞争过程中严重失衡。例如，为微型计算机市场生产 8 英寸硬盘的企业，其成本结构就要求企业的毛利率达到 40%。大举进军低端市场将意味着企业必须面对具有不同成本结构的竞争对手——这些企业已经调整了自己的成本结构，只要其毛利率达到 25% 就能盈利。另外，进入高端市场使它们能够采用一种相对更低的成本结构，进入一个通常能使供应商获得 60% 的毛利率的市场。哪种方法更具吸引力呢？同样的失衡问题也在 1986 年困扰着 5.25 英寸硬盘制造商，因为它们需要做出决策——是分配资源用于生产在便携式计算机市场中兴起的 3.5 英寸硬盘，从而占据领先地位，还是进入更高端的微型计算机和大型计算机市场？

投入研发资源来推出利润率更高、性能更高的产品，不但能确保更高的收益率，还能让企业减少投入。随着企业的管理者不断做出决策（应该给哪些新产品研发提案提供资金，应该搁置哪些提案），针对具有更高利润率的更高端市场来研发更高性能产品的提案总是能立刻得到所需的资源。换句话说，理性的资源分配流程，就是推动企业跨越硬盘行业价值网络的界限不断向上流动，同时限制企业向下流动的根本原因。

第 2 章总结的特征回归分析法表明，更高端的市场总是愿意为增大部分的容量支付更高的价格。同样是 1MB 的容量，如果可以卖得更贵，为什么要便宜卖呢？因此，硬盘生产企业向右上角方向的迁移是非常合理的。

一些学者在其他行业也发现，有证据表明，随着企业蜕去破坏性的特征并在更高一级的市场追求更大的利润，它们也逐渐形成了参与更高端市场竞争所需的成本结构。[1] 而这也加大了它们向下流动的难度。

非对称性：资源分配和低端市场

我们可以通过比较描述资源如何分配的两种不同模型，进一步理解各个价值网络中的这种非对称性流动。第一种模型将资源分配描述为一种理性的、自上而下的决策制定过程。在这一过程中，高管将权衡不同的创新投资提案，并将资金投入他们认为与企业战略相符并能从中获得最高投资收益率的那些项目；不符合这些条件的提案都将被摒弃。

第二种资源分配模型首先由约瑟夫·鲍尔提出，他描述的资源分配决策方式完全不同。[2] 鲍尔提道，大多数创新提议都是由企业中低层人员而非高管提出的。随着这些理念从企业底层逐级向上呈递，企业的中层管理者开始在筛选这些项目的过程中，发挥关键性但却是隐形的作用。这些管理者不可能改进并支持他们经手的每个理念，他们需要根据企业的财务状况及其所处的竞争和战略环境，来判断哪些项目是最出色，最有可能获得成功，并且最有可能获得批准的。

在大多数企业，如果管理者在大获成功的项目中扮演了关键的支持者角色，他们的职业地位将获得很大的提升；反之，如果他们做出了错误的判断，或者很不幸地支持了以失败告终的项目，他们的职业地位可能将因此与成功渐行渐远。当然，并不是所有的失败都要由中层管理者承担责任。例如，由于技术尚不成熟而导致的失败，通常并不会被认定为失败，因为企业可以从中总结出很多经验。再者，技术研发通常被认为具有不可预测性，任何情况都有可能发生。但由于错误地判断了市场方向而导致的失败，将对管理者的职业前景产生极为严重的负面影响。这些失败可能会给企业造成重大经济损失和极为恶劣的影响，因为它们通常发生在企业已全面投资产品设计、生产、工程建设、市场营销和流通环节之后。因此，中层管理者为了维护他们自身和企业的利益，一般都会选择支持市场需求看来最有保障的那些项目。然后，他们会根据企业高管的要求，对他们选中的项目提案进行润色，以求项目获得批准。同样，尽管高管可能认为是他们最终做出了资源分配决策，但实际上早在高管做出许多至关重要的资源分配决策之前，这些决策便已经由中层管理者做出了：中层管理者已经对他们将支持哪些项目，将把哪些项目提案提交给高管，以及将放弃哪些项目提案做出了决定。

我们可以通过以下的假设，探讨一家成功的企业在其最初的价值网络内的下行和上行移动将会对企业产生什么影响。就在同一周，机构内两个来自不同部门的员工（一个来自市场营销部门，另一个来自工程部门）向比他们高两级的同一位经理提交了两种截然不同的新产品提案。来自市场营销部门的员工首先接受了经理的审核。他提出了研发一种容量更大、速度更快的硬盘产品提案。这位经理以这样一种方式开始了质询：

> "谁会购买这种产品呢？"
>
> "工作站行业的部门都有这种需求，它们每年都会采购超过6亿美元的硬盘，而且我们从未进入这一领域，因为我们的容量指标达不到其要求。我认为这种产品可能会帮助我们争取到部分客户。"
>
> "你有没有就这个想法与一些潜在的客户交流过？"

"我们交流过。我上星期在加利福尼亚和一些客户谈过，他们都表示想尽快拿到样机。我们还有9个月的设计时间。他们一直在与现有供应商（竞争对手 X 公司）商讨这方面的事宜。但我们刚从 X 公司那里挖来的一个员工说，X 公司在满足产品规格要求方面遇到许多麻烦。我想我们真的有希望做成这件事。"

"但是，技术部门的人也这样认为吗？"

"他们说时间比较紧张，但你知道的，他们总是这么说。"

"如果我们取得了成功，你认为我们的利润率能达到多少？"

"这就是让我比较兴奋的一点。如果我们能在我们现有的工厂生产这种产品，按照 X 公司以往拿到的每单位容量价格，我想我们的利润率可能会接近35%。"

而来自工程部门的员工的想法是推出一种价格更低、体积更小、速度更慢、容量更小的破坏性硬盘产品。来比较一下同一位经理与这名工程部门员工的谈话。

"谁会购买这种产品呢？"

"我不太确定，但我们一定能在某个地方打开这个市场。人们总是想购买更小、更便宜的产品。我想我们也许可以在传真机、打印机上使用这种产品。"

"你有没有就这个想法与一些潜在的客户交流过？"

"我们交流过。我上次在展销会上向我们的一位客户大概谈了一下我的想法。他说他对此很感兴趣，但他不知道这种产品的真正用途在哪儿。现在，人们通常需要 270MB 的容量才能运行所有的软件，但我们还没有办法达到那么大的容量，至少在最近一段时间内还做不到。他的反应并没有出乎我的意料，这是真的。"

"那些传真机制造商觉得怎么样呢？"

"那里的人说不知道会怎么样。他们也认为这是一个非常有意思的想法，但是他们已经制订了详尽的产品规划，而且当中没有人使用硬盘。"

"你认为我们能在这个项目上赚钱吗？"

"嗯，我想我们可以。但是，当然，这取决于我们如何给它定价。"

就这两个提案而言，这名管理者将支持哪一个呢？在争夺资源的博弈中，以现有客户的明确需求为目标，或者以目前还无法满足的现有客户的需求为目标的项目，总是能压倒为尚不存在的市场研发产品的提案。这实际上是因为最好的资源分配体系原本的初衷，就是摒弃那些不太可能找到大规模、高利润和具有包容性的市场的提案。事实上，没有针对客户的需求建立资源分配体系的任何企业都将以失败告终。[3]

这一非对称问题中最让人困惑的是：最理想的增长和盈利捷径是向上流动的，最致命的冲击却来自低端市场。更加努力地工作，更加聪明地管理，更具前瞻性地规划等"良好的"管理因素均无法解决这一问题。资源分配流程涉及许多人员就如何分配他们的时间和企业的资金做出的许多决策，有些决策非常微小，有些决策清楚详尽。但是即便高管做出了研发破坏性技术的决策，当这项技术不符合企业或企业内的工作人员获得成功的模式时，企业内的工作人员可能仍旧会对此视而不见，或者最多不太情愿地稍做配合。在经营状况良好的企业内，员工并不是只会不假思索地执行管理层指令的"好好先生"，他们也接受过相关培训，知道怎样做才有利于企业发展，有利于他们在企业内的发展前途。他们会主动为客户提供服务，乐于帮助企业实现预期销量和盈利。管理者很难要求有能力的员工持续、积极地从事一些他们认为没有意义的工作。从硬盘企业的一个历史案例中，我们也可以看到员工的这种行为方式的影响有多大。

1.8 英寸硬盘没有市场？

硬盘企业的管理者非常乐于帮助我开展本书所阐述的研究，随着研究结果在 1992 年逐渐出炉，我开始将已出版的论文寄给他们，与他们分享我总结的观点。当时 1.8 英寸硬盘是该行业刚刚出现的破坏性技术，我特别想知道我在图 1.7 中概述的框架是否会对他们做出相关决策产生影响。当然，对于局外人来说，结论是显而易见的："这些家伙到底要吃多少次亏才能醒悟？他们当然必须做点儿什么。"实际上，他们的确有所醒悟。截至 1993 年，每一家处于领先地位的硬盘制造商都研发了 1.8 英寸型号的产品样机，待市场成熟便会正式进行量产。

1994 年 8 月，我拜访了最大的一家硬盘企业的首席执行官，并向他询问他领导的企业目前对 1.8 英寸硬盘采取了哪些措施。这个问题显然触及了他的痛处。他指了指他办公室的架子上摆放的 1.8 英寸硬盘样品说："你看到了吗？那已经是我们研发的第 4

代 1.8 英寸硬盘——每一代产品的容量都要大于上一代产品的容量。但它们根本就卖不出去。我们希望在市场出现时能够做好准备，但这个市场真的还没有出现。"

我试着提醒他，《磁盘／趋势报告》的研究认为，1993 年 1.8 英寸硬盘的市场规模是 4 000 万美元，1994 年其销售额将达 8 000 万美元，而 1995 年其销售额将达 1.4 亿美元。

他回答说："我知道他们是这么想的，但他们的预测是错误的，目前市场还不存在。我们 18 个月前就已经将这种硬盘列在我们的产品目录上了。每个人都知道我们已经可以生产这种型号的产品了，但没有人需要它，市场还没有形成，我们太超前了。"我没有其他证据能够反驳这名管理者的观点，而且他是我见过的最睿智的管理者之一。随后，我们的谈话转向了其他话题。

大约一个月后，我在哈佛大学 MBA（工商管理硕士）项目的科技和运营管理课程上，就本田汽车新引擎的研发问题引导学生进行案例讨论。班上的一个学生曾经任职于本田的研究和开发部门，所以我请他用几分钟向同学们介绍一下那里的运行情况。实际情况是，他研发过汽车仪表盘和导航系统。我忍不住打断他的话，并向他提出一个问题："你们是怎样存储所有的地图数据的？"

这个学生回答说："我们找到一种体积很小的 1.8 英寸硬盘，然后将数据存储在里面。这是一种非常小巧的硬盘，而且它里面几乎是整体固件，移动组件非常少，真的非常耐用。"

"你们是从哪里买来这种装置的呢？"我紧接着问。

"这个比较有意思，"他回答说，"从大的硬盘公司那里根本买不到这种装置。我们是从科罗拉多州的一家仍在创业期的小公司那里买来的，我记不得那家公司的名字了。"

此后，我一直在思考，为什么我拜访的这家企业的管理者会如此顽固地坚持认为 1.8 英寸硬盘根本就没有市场（即使的确存在这么一个市场），为什么我的学生会说大的硬盘制造商根本不销售这种硬盘（即便事实上这些大企业一直在做着各种尝试）。答案就在价值网络的右上-右下角的问题上——大企业内许多受过良好培训的决策者，如何发挥他们在资源分配方面的作用？他们将把资金和人力资源分配到他们认为将给企业带来最大增长空间和利润率的那些项目上。即便一家企业的首席执行官已下定决心，要让企业及早把握下一轮破坏性技术浪潮，并引导企业成功地设计出经济型新产品，但这家企业的员工却不认为一个规模仅为 8 000 万美元的低端市场，能够解决一家收入达数十亿美元企业的增长和利润问题——特别是企业的竞争对手将会采取一切可能的措施，来抢占带来这数十亿美元收入的客户资源（收入数据并非真实数据）。于是，销售人员根本不会耗费精力为汽车制造商提供 1.8 英寸硬盘的样机，因为这不能帮他们完成 1994 年的销售指标，而且他们的客户资源和专业技能仅限于计算机行业。

一家企业要完成推出新产品这样一个浩大的工程，其后勤、人力和推动力都必须跟上研发新产品的进程。因此，成熟企业不仅仅受到客户需求的制约，还受到它们参与竞争的价值网络所固有的财务结构和企业文化的制约——这个制约因素能够湮没及时投资下一轮破坏性技术浪潮的任何理性的声音。

低端市场竞争真空

当企业的客户也在转向高端市场时，这对推动企业自身进入高端市场的影响尤其巨大。在这种情况下，中间部件（例如硬盘）的制造商可能感觉不到自己正在向坐标图右上方向迁移，因为它们周围的竞争对手和客户也在进行同样的移动。

根据这一点，我们就可以明白，为什么 8 英寸硬盘的领先制造商（Priam 公司、昆腾公司和舒加特公司）会如此轻易地错过5.25 英寸硬盘带来的发展机遇。在它们的核心客户（例如 DEC、Prime 公司、通用数据公司、王安电脑公司和德利多富公司）中，没有一家成功地推出了台式计算机。相反，每一家公司都在不断地提高市场层次，追求更高的市场定位，以期在大型计算机市场抢占市场份额。同样，在 14 英寸硬盘制造商的客户［例如Univac 公司、宝来公司、NCR 公司、ICL 公司、西门子公司、阿姆达尔（Amdahl）公司等大型计算机制造商］中，没有一家做出进入小型计算机这一低端市场的大胆尝试，因而它们纷纷错失了成为小型计算机市场主导企业的机遇。

有三个因素——高端市场的利润率，企业的许多客户同时向高端市场移动的现象，削减成本进入低端市场并获取利润的难度——一起对企业向下流动构成了巨大障碍。因此，在对新产品研发展开的内部辩论中，建议采用破坏性技术的提案总是会输给建议进入高端市场的提案。实际上，创造一种系统性方法来淘汰可能会降低利润率的新产品研发计划，是任何管理良好的企业最重要的成就之一。

这一种向高端市场移动的理性模式，产生了一个重要的战略影响，它使得低端价值网络形成了竞争真空，吸引技术和成本结构与这个价值网络更加匹配的新兴企业参与竞争。这种低端市场竞争出现巨大真空的情况就曾发生在钢铁行业。当时采用了破坏性小型钢铁厂流程技术的企业利用这一真空，顺利进入低端钢铁市场，并以此为据点，开始不断地向高端市场发起猛烈的冲击。

综合性钢铁厂的东北角移动

小型钢铁厂的炼钢技术首先在 20 世纪 60 年代中期开始具备商业上的可行性。广泛采用可用和熟悉的技术和设备后，小型钢铁厂已经具备在电弧炉熔解废钢，连续将其锻造成被称为钢坯的中间产品，然后将钢坯轧制为钢条、钢筋、钢梁、钢板等产品的能力。这些炼钢厂之所以被称为"小型钢铁厂"，是因为它们将废钢生产为具有成本竞争优势的钢水。而综合性钢铁厂（综合性钢铁厂的得名，则是因为它的工作是将铁矿石、煤炭和石灰石转化为最终的钢铁制品的综合性过程）则是使用鼓风炉和碱性氧气转炉，将铁矿石生产为具有成本竞争优势的钢水的。而且小型钢铁厂的生产规模不及综合性钢铁厂的 1/10。综合性钢铁厂和小型钢铁厂使用的几乎是同一种连铸和轧制操作流程。规模是它们之间唯一的区别，综合性钢铁厂的铸造和轧制操作要求大型鼓风炉达到的产出规模远远高于小型钢铁厂。

北美的小型钢铁厂是世界上最有效率、成本最低的钢铁制造商。1995 年，最高效的小型钢铁厂每生产一吨钢铁只需 0.6 个工时，而最高效的综合性钢铁厂每生产一吨钢铁则需要 2.3 个工时。

在参与竞争的产品类别中，一般的小型钢铁厂也能生产同等质量的产品，而且按完全成本计算，它们的成本比一般综合性钢铁厂大约低15%。1995年，建造一家具有成本竞争力的小型钢铁厂的成本约为4亿美元，建造一家具有成本竞争力的综合性钢铁厂的成本则约为60亿美元。[4] 按每吨炼钢产能的资本成本计算，综合性钢铁厂的建造成本是小型钢铁厂的4倍多。[5] 结果，小型钢铁厂占北美市场的份额从1965年的零上升至1975年的19%、1985年的32%和1995年的40%。专家在那时预计，到20世纪末至21世纪初，小型钢铁厂的产量将占据所有钢铁产量的半壁江山。[6] 小型钢铁厂实际主导了北美的钢筋、钢条和结构钢梁市场。

但到20世纪90年代末，世界上还没有一家主要的综合性钢铁企业建造了使用小型钢铁厂技术的钢铁厂。为什么没有一家综合性钢铁企业愿意去做这么重要的一件事呢？商业媒体（尤其是在美国）提到最多的一种解释就是，综合性钢铁企业的管理者思想保守、墨守成规，力图规避风险，而且能力不足。下面一段文字就是媒体对他们的控诉。

美国钢铁公司（U. S. Steel Corp.）关闭了它旗下的15家工厂，并宣称这些工厂已"没有竞争力"。三年后，伯利恒钢铁公司（Bethlehem Steel Corp.）关闭了它设在宾夕法尼亚州约翰斯敦和纽约州拉克万纳的大多数工厂……主要钢铁联合企业所采取的这些措施表明，它们的现任最高管理者终于公开承认，公司的管理层没有履行好他们的职责。这同时说明，数十年来，这些企业为了追求短期效益已耗尽了它们的利润空间。[7]

如果美国钢铁产业的工时产量与它在每个问题上巧言令色的能力一样出众的话，这个行业早就可以傲视群雄了。[8]

当然，这些尖锐的批评的确有一些道理。但管理能力的不足，并不能完全解释为什么北美综合性钢铁厂在面对小型钢铁厂的冲击时，会丢失它们的大部分阵地。在被大多数专家看作世界上管理得最好、最成功的综合性钢铁制造商［包括日本的新日本制铁（Nippon）公司、川崎制铁（Kawasaki）公司和日本钢管（NKK）公司，欧洲的英国钢铁（British Steel）公司和霍戈文（Hoogovens）公司，韩国的浦项钢铁（Pohang Steel）公司］中，没有一家曾投资开发小型钢铁厂技术，即便事实已经证明这是世界上成本最低的钢铁制造技术。

与此同时，综合性钢铁厂的管理团队在20世纪八九十年代已积极采取措施来提高钢铁厂的生产效率。例如，USX公司就通过大规模削减员工数量——从1980年的9.3万人削减到1991年的不到2.3万人，并投资20多亿美元实现厂房和设备的现代化，成功地将炼钢流程的效率从生产每吨钢需要超过9个工时，提高到1991年的不到3个工时。但这些积极的管理方法针对的都是炼钢的常规方式。这种情况是怎样发生的呢？

小型钢铁厂的炼钢技术是一种破坏性技术。当这种技术首先在20世纪60年代出现时，小型钢铁厂生产的钢铁质量很差，因为它使用的原料是废钢。其产品的性能也会随着冶金组成和废钢杂质的变化而产生差异。因此，小型钢铁厂唯一能找到的市场可能就是钢筋（螺纹钢）市场了——它在质量、成本、利润率等方面均处于市场最底端。对成熟企业而言，这是最没吸引力的一个市场。这个市场不仅利润率很低，客户的忠诚度也是最低的：他们经常随意更换供应商，哪家供应商的售价低，他们就与哪家做生意。综合性钢铁制造商几乎是迫不及待地摆脱了螺纹钢业务。

但小型钢铁厂却以完全不同的方式来看待螺纹钢市场，其成本结构与综合性钢铁厂截然不同：折旧率极低，没有研究和开发成本，销售开支很低（大多为电话费），其一般管理开支也是最低的。它们可以通过电话销售它们有能力生产的所有钢铁产品，还能从中盈利。

一旦在螺纹钢市场站稳了脚跟，那些最野心勃勃的小型钢铁厂，特别是纽柯（Nucor）公司和查帕拉尔（Chaparral）公司，便会以与综合性钢铁厂完全不同的视野来看待整个钢铁市场。小型钢铁厂占据的螺纹钢低端市场对综合性钢铁厂完全不具有吸引力，而小型钢铁厂对高端市场的看法却是，获取更大利润、更大销售额的机遇就在它们的上方。在利益的刺激下，小型钢铁厂会努力提高产品的冶金质量和强度，并加大对设备的投资以生产更多的产品。

正如图 4.3 中的轨线图所表明的那样，小型钢铁厂接下来立即对位于它们上方的大型钢条、棒材和角钢市场发起了冲击。到 1980 年，小型钢铁厂已经占据螺纹钢市场 90% 的市场份额，以及钢条、棒材和角钢市场 30% 的份额。在小型钢铁厂发动进攻时，钢条、棒材和角钢是综合性钢铁厂生产线上利润率最低的产品。因此，综合性钢铁制造商再次几乎迫不及待地放弃了这项业务。到 20 世纪 80 年代中期，这个市场已经完全是小型钢铁厂的天下了。

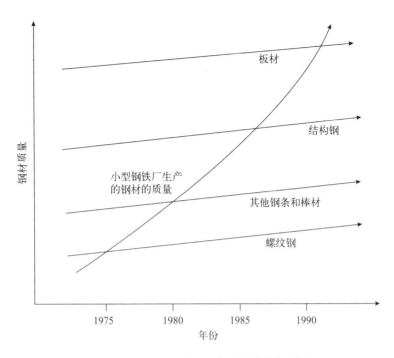

图 4.3　破坏性小型钢铁厂钢铁制造技术的发展轨迹

　　一旦小型钢铁厂在钢条、棒材和角钢市场上的地位得以确立，它们便继续向更高端的市场进攻，这一次它们的目标是结构性钢梁市场。纽柯公司在阿肯色州建立了一家新的小型钢铁厂来生产结构性钢梁；查帕拉尔公司则在其位于得克萨斯州的第一家工厂附近新建了一家小型钢铁厂，来冲击结构性钢梁市场。结果，综合性钢铁厂也被淘汰出这个市场。1992 年，USX 公司关闭了它在南芝加哥的结构钢小型钢铁厂，使得伯利恒公司成为北美市场上硕果仅存的一家综合性结构钢制造商。1995 年，伯利恒公司关闭了旗下最后一家结构性钢梁工厂，将这个市场拱手让给了小型钢铁厂。

这段历史最重要的一个部分就是，在整个 20 世纪 80 年代，随着综合性钢铁制造商将钢条和钢梁业务"割让"给小型钢铁厂，综合性钢铁制造商的产品的利润率反而大幅上升。这些企业不但削减了成本，还放弃了利润率较低的产品，并专注于为金属罐、汽车和器械制造商生产高质量的轧钢，因为这些客户需要表面无瑕疵、冶金品质高的钢铁，并愿意为此支付溢价。的确，综合性钢铁厂在 20 世纪 80 年代的绝大部分投资，都是为了提高它们为这三个市场上要求最高的客户提供质量最高的产品并从中盈利的能力。板材市场对综合性钢铁制造商来说是个具有吸引力的避风港，部分原因是它们在这个市场不必面对小型钢铁厂的竞争。建造一家最先进的、具有成本竞争力的板材轧制工厂的成本约为 20 亿美元，这样的资本支出，即便是对规模最大的小型钢铁厂来说也是难以承受的。

针对高端市场的战略也取悦了综合性钢铁厂的投资者。例如，伯利恒公司的市值就从 1986 年的 1.75 亿美元，飙升至 1989 年的 24 亿美元。这说明在这段时期，伯利恒公司在研发、厂房和设备上投入的 13 亿美元获得了非常丰厚的回报。商业媒体对综合性钢铁厂这些积极、大胆、定位准确的投资大加赞赏。

> 沃尔特·威廉姆斯（伯利恒公司的首席执行官）创造了奇迹。在过去三年里，他发动了一场高度个性化的战役，以提高伯利恒公司基本钢铁业务的质量和生产率。蜕变后的伯利恒公司已经赶超它在美国的主要竞争对手。从总体上看，其生产成本已经低于它在日本的竞争对手，而且它们在产品

质量上的差距在快速缩小。客户们也注意到这一变化。金汤宝（Campbell Soup）公司的板材采购主管就表示："这简直是一个奇迹。"[9]

另一位分析师也观察到类似的现象。

> 尽管几乎没有人关注，但一个奇迹正在发生：美国钢铁公司华丽转身，完美回归。加里钢铁厂（Gary Works，美国钢铁公司旗下一家钢铁公司）重新开始盈利……它以每年300万吨的速度源源不断地生产钢水，这也创造了一项北美纪录。加里钢铁厂的业务范围几乎全部集中在价值更高的扁钢上，而不是集中在所有型号和尺寸的钢材上。[10]

几乎所有人都会认同，这些显著的复苏现象就是良好管理的成果。但这种类型的良好管理会把这些企业带往何方呢？

小型钢铁厂的破坏性技术

在综合性钢铁制造商忙于重振企业时，市场上涌现了更多破坏性新技术。1987年，施勒曼-西马克（Schloemann-Siemag AG，一家为钢铁行业提供设备的德国供应商）公司宣布，它研发了一种被称为"薄板连轧"的技术。这种技术无须将钢水冷却，就可以连续不断地将其转变为可直接送往轧钢厂的长薄板。相对于综合性钢铁厂所采用的将厚钢锭或钢板重新加热并轧制成板材的传统做法，这种将白热化、已经很薄的薄板坯轧制成最终厚度的卷钢的方法要简单得多。更重要的是，具有成本竞争优势的薄板坯连铸连轧钢铁厂的建造费用不到 2.5 亿美元，这仅为传统板材钢铁厂建造成本的 1/10，对于小型钢铁厂来说也是一笔相对可控的投资。有了此种规模的投资，小型钢铁厂使用一个电弧炉就可以非常轻松地提供所需要的钢水产量。此外，薄板坯连铸连轧技术至少将制造板材的总成本降低了 20%。

由于发展潜力巨大，钢铁行业的每一家主要制造商都认真评估了薄板坯连铸连轧技术。一些综合性钢铁企业（例如 USX 公司）花费了巨大的精力来评估安装薄板坯设施的可行性。[11] 但最终还是小型钢铁制造商纽柯公司——而不是综合性钢铁企业——做出了使用薄板坯连铸连轧技术的大胆决定。原因是什么呢？

最开始，薄板坯连铸连轧技术并不能给综合性钢铁厂的主流客户（金属罐、汽车和器械制造商）提供其所要求的那种拥有平滑、完美无缺的表面的产品，唯一能应用的市场是建造涵洞、管道和活动房屋时使用的建筑面板和波纹钢。相比表面缺陷，这些目标用户对价格的敏感度更高。薄板坯连铸连轧技术是一种破坏性技术。有实力和永不满足的大型综合性钢铁厂会竭尽所能地争夺市场上最大的一块肥肉——大型的汽车、器械和金属罐公司。对它们来说，对薄板坯连铸连轧技术进行投资是没有意义的，因为这项技术针对的是它们的业务链中利润最低、价格竞争最激烈和最具商品特性的一端。的确，在经过 1987—1988 年的深思熟虑（关于是否要投资薄板坯连铸连轧技术，当时预计的投资金额约为 1.5 亿美元）后，伯利恒公司和 USX 公司的管理层均投票决定放弃这项计划，转而投资 2.5 亿美元来研发传统的厚板坯连铸连轧机，以留住它们的主流客户，保护并提高其主流业务的盈利能力。

意料之中的是，纽柯公司以另一种方式看待了这个问题。由于在板材业务上没有受到能给企业带来最大利润的客户需求的羁绊，同时受益于一个在产业底端形成的成本结构，纽柯公司于1989年在印第安纳州的克劳福兹维尔建立了世界上第一家薄板坯连铸连轧钢铁厂，并于1992年在阿肯色州的希克曼建立了第二家连铸连轧钢铁厂。1995年，两家工厂的产能均提升了80%。分析师当时预计，到1996年，纽柯公司将占据庞大的北美板材市场7%的份额。但这尚不足以引发综合性钢铁厂的担忧，因为纽柯公司的成功，仅限于综合性钢铁厂的产品线上利润最低且已经商品化了的一端。当然，为了让这两家钢铁厂能够生产更高质量的产品，以争夺更高利润率的业务，纽柯公司已经大幅提高了它所生产的板材的表面品质。

　　因此，在钢铁行业中，综合性钢铁企业不断向利润率更大的东北角移动的进程，就是一段积极投资、合理决策、密切关注主流客户需求，赢取创纪录利润的历史。与硬盘和机械挖掘机领先供应商一样，综合性钢铁企业也面临着创新者的窘境：良好的管理决策正是导致它们从行业龙头地位落马的根本原因。

第二部分

管理破坏性
技术变革

在前文讲述的这三个截然不同的行业中，众多实力雄厚的企业纷纷遭遇重创或失败。在探究导致这些领先企业频遭重创或失败的原因时，我通过本书前几个章节所概述的研究，对其他研究人员做出的多种常规解释提出了疑问。领先企业的工程师并没有深陷某种特定的技术范式无力自拔，也没有忽视"非此处创造"的创新。成熟企业的失败也不能完全归因于其在新技术领域没有发展足够的专业能力，或是在"科技的泥流"中无力维持其行业领先地位。当然，这些问题的确影响了一些企业。但一般来说，有充分的证据表明，只要成熟企业需要利用新技术来满足客户的需求，它们就有能力集中和运用技术资源、资本、供应商和人力资源来有效地研发客户所要求的技术，并从中建立竞争优势。这种情况不但适用于渐进式和突破性技术进步，而且适用于那些耗时数月或持续十余年的项目。对于日新月异的硬盘行业，发展较为迟缓的机械挖掘机行业，以及流程密集型钢铁行业，情况也是如此。

在此次对导致优秀企业失败的原因的探究中，最重要的一个发现可能就是，管理不善并非导致优秀企业失败的根本原因。排除了这种可能性，并不是说管理状况不是影响企业成败的关键因素。但作为一种一般性的解释，本书提到的企业管理者都深刻了解了客户的未来需求，知道应该运用哪些技术来更好地满足这些需求，并能很好地投资研发和利用这些技术。只是在遭遇破坏性技术时，他们才惨遭失败。因此，一定存在某种原因，导致优秀的管理者在面对破坏性技术变革时总是做出错误的决策。

良好的管理本身就是导致这一问题发生的根本原因。管理者只是遵循了本该遵循的游戏规则。对成熟企业的成功起了关键作用的决策和资源分配程序——认真倾听客户的意见，全面追踪竞争对手的动态，投资资源来设计和生产能带来更大利润的高性能和高质量产品——导致它们摒弃了破坏性技术。这些都是在破坏性技术变革发生时导致大企业遭遇重创或失败的原因。

成功的企业希望集中资源来开展能够满足客户需求的活动，因为这些活动能带来更高的利润，在技术上更具可行性，而且能帮助它们保持在重要市场上的竞争力。这些企业也建立了一整套流程来帮助它们实现这些目标，但寄希望于这套流程同样能够成功地培育出破坏性技术（集中资源来实施客户并不认同，利润率更低，性能表现低于现有技术，而且目标市场仅局限在小型市场的提案），无异于古人手缚羽翼、挥动臂膀的飞行痴梦。这些期望违背了成功的企业运作方式和性能评估机制的基本趋势。

本书的第二部分详尽地分析了在面临破坏性技术变革时，一些企业的成功案例和更多企业的失败案例。在本书的"引言"中，我们提到，人类最终学会了如何飞行，是因为飞行者终于理解并懂得了怎样利用或遵循一些基本的自然法则。与人类学习飞行的过程类似，这些案例研究表明，那些获得了成功的企业管理者，一般都采取了与那些以失败告终的管理者完全不同的管理方法。实际上，那些成功企业的管理者由始至终都认识到，也遵循了五大基本的企业管理原则；在与破坏性技术的竞争中铩羽而归的企业则选择忽略或抗拒这些原则。这五大原则就是：

1. 资源依赖性：在经营状况良好的企业，客户有效地控制了资源分配模式。

2. 小市场并不能满足大企业的增长需求。

3. 破坏性技术的最终用户或应用领域是无法预知的。失败是通往成功的必经之路。

4. 一个机构的能力独立于机构内部工作人员的能力而存在。一个机构的能力体现在其流程和价值观中，而且正是构成当前业务模式核心能力的流程和价值观决定了机构是否能应对市场的破坏性变化。

5. 技术供应可能并不等同于市场需求。导致破坏性技术在成熟市场上不具吸引力的特性，往往就是构成破坏性技术在新兴市场上的最大价值的特性。

那么，成功的企业是如何利用这些原则来建立它们的竞争优势的呢？

1. 它们在某个机构内设立项目来研发和推广破坏性技术，而这个机构所拥有的客户群正好需要这种技术。当管理者为破坏性创新找到"适宜的"客户时，客户的需求就能提高企业的盈利能力，这样创新项目也能得到其所需要的资源。

2. 它们在小型机构内设立项目来研发破坏性技术，而且这些机构的规模足够小，很容易满足于抓住小机遇和获得小收益。

3. 它们在为破坏性技术寻找市场的过程中，会利用一些节省成本的方式来降低失败率。它们的市场通常都会在不断的尝试、学习和再尝试过程中得以成形。

4. 它们会利用主流机构的一些资源来应对破坏性变革，但它们会对主流机构的流程和价值观避而远之。在价值观与成本结构主要针对当前破坏性变革的机构中，它们建立了一套不同的企业运作方式。

5. 它们在开展破坏性技术的商业化运作时发现，或者说是发展了重视这种破坏性产品的属性的新市场，而不是寻求技术突破，使破坏性产品能够作为一种延续性技术参与主流市场的竞争。

第二部分的第5~9章更加详细地阐述了管理者是如何应对和运用这几项原则的。每一章的开始部分都将探讨，在破坏性技术刚刚出现时，利用或忽视这些原则的做法是如何影响硬盘企业的命运的。[1]然后，每一章都将进而分析一个有着截然不同特点的行业，以揭示同样的原则是如何导致企业在面临破坏性技术变革时，遭遇成败这两种截然相反的命运的。

这些研究得出的一个共同结论是：尽管破坏性技术能够改变基本特征完全不同的各个行业的发展趋势，但在遇到破坏性技术时，导致企业成败的因素都是一致的。

第 10 章以一个困扰了许多管理者的技术应用案例（电动汽车），阐述了应如何利用这些原则。最后，第 11 章回顾了本书的主要观点。

第 5 章
打破资源依赖理论

在面对客户明确说"不"的破坏性技术时，管理者该何去何从？一种选择是说服企业内的每一个人，无论如何都应该研发这种技术，因为它对企业的长远发展有着非常重要的战略意义；另一种选择是创建一个独立的机构，让这个机构直接面向确实需要这种技术的新兴客户群体。哪一种选择更加有效呢？

大多数管理者都认为，是他们在掌控他们领导下的机构，是他们在制定重要决策，而且他们在做出某些关键性决策后应立即将之付诸实施。在之前的章节中，我们讨论过这一问题，本章将对此进行进一步的阐述：在实际操作中，真正对哪些能做、哪些不能做有决定权的是企业的客户。正如我们在硬盘行业中所看到的那样，只要企业能够明确地知道它们的客户需要的最终产品是什么，企业就愿意为技术上存在风险的项目投入巨额研发资金。但如果现有客户不需要它们的产品，企业就无法采取必要的措施来发展更为简单的破坏性项目。

这一发现也为少数企业管理学者提出的一个备受争议的理论（资源依赖理论）提供了支持。[1] 这些学者认为，企业的行动自由仅限于满足企业以外的实体（主要是客户和投资者）的需求，因为这些实体为企业提供了它们赖以生存的资源。资源依赖理论直接源于生物进化论，该理论的提出者认为，只有当一个机构的员工和系统满足客户和投资者的需求，给他们提供其所需要的产品、服务和利益时，这个机构才得以生存和发展。做不到这一点的机构将无法获得它们赖以生存的收入，最终将被淘汰。[2] 因此，通过这种"物竞天择，适者生存"的机制，在行业中脱颖而出的企业，通常是人员和流程配置最能迎合客户需求的那些企业。当资源依赖理论的支持者提出企业管理者无力改变由客户主导企业发展进程这个局面的结论时，围绕这一理论的争议便不绝于耳。即便管理者拥有一个大胆的设想，希望带领他们的企业朝着一个完全不同的方向发展，但已经很好地适应了企业竞争环境的以客户为导向的那些人员和流程，将在企业内部形成一股强大的力量，阻挠管理者想要改变企业发展方向的种种努力。由于客户提供了企业赖以生存的资源，真正决定企业未来发展方向的是客户，而非管理者；真正主导企业发展进程的是机构以外的力量，而非机构内部的管理者。资源依赖理论的支持者的结论是，在人员和流程配置均为"适者生存的产物"的企业内，管理者实际上只是扮演一个象征性的角色。

对于我们这些有过企业管理、管理咨询经验，或培训过未来管理人才的人员来说，这可谓一个非常令人不安的理论。我们参与了企业发展战略的管理、修改、制定和实施，以加快企业成长的步伐、提高利润，但资源依赖理论颠覆了我们存在的理由。尽管如此，本书所提到的各个发现却给资源依赖理论提供了强大的支持，特别是表明了这样的理念：成功企业以客户为导向的资源分配和决策流程，在决定投资方向方面所发挥的作用要远远高于管理者的决策。

很明显，客户在决定企业投资方向方面发挥了巨大的作用。那么，在面对客户明确说"不"的破坏性技术时，管理者该何去何从？一种选择是说服企业内的每一个人，告诉他们，尽管得不到手握企业资金来源的客户的认可，尽管这种产品的盈利能力低于高端市场的同类产品，但企业无论如何都应该研发这种技术，因为它对企业的长远发展有着非常重要的战略意义；另一种选择是创建一个独立的机构，让这个机构直接面向确实需要这种技术的新兴客户群体。哪一种选择更加有效呢？

选择第一种方法的管理者实际上是选择了与机构内的一股强大的趋势——实际控制企业投资模式的是客户，而不是管理者——进行对抗。与之相比，选择了第二种方法的管理者则顺应了这一趋势——选择利用而不是对抗这股力量。本章列举的案例有力地证明了通过第二种方法取得成功的概率，要远远高于第一种方法。

资源分配流程：客户控制企业投资

客户控制企业投资的机制正是资源分配流程，也就是决定哪些提案能得到人员和资金支持，哪些提案将被否决的流程。资源分配和创新是同一枚硬币的两面，只有得到足够的资金、人员支持和管理层关注的那些新产品开发项目才有获得成功的机会；在资源支持方面处处捉襟见肘的那些项目必将无果而终。因此，一家企业的创新模式能够真实地反映企业内的资源分配模式。

良好的资源分配流程的设计初衷就是淘汰得不到客户认可的提案。在这些决策流程运行良好时，如果客户表示不需要哪种产品，这一产品提案也就得不到所需的研发资金；如果客户的确有需求，资金也就会水到渠成。这就是大企业的经营之道。它们必须投资于客户需要的产品或服务，而且它们越精于此道，就会变得越成功。

正如我们在第 4 章所探讨的那样，资源分配并不是一个简单地自上而下地做出决策，然后实施决策的过程。一般来说，在需要高管做出是否给某个项目提供资金的决定之前，机构内许多更低级别的管理者已经决定了要整合哪些类型的项目提案，应提交哪些提案给高管审批，不值得提交哪些提案给高管。高管通常只是看到一个经过层层筛选的创新想法的集合。[3]

另外，即便是在高管同意给某个项目提供资金之后，这个项目也并非"一锤定音"。许多重要的资源分配决定是在项目获得批准后（确切地说，是在推出产品之后）由中层管理者做出的。这些中层管理者将决定哪些项目和产品可以优先获得有限的人力、设备和销售资源。正如管理学者切斯特·巴纳德（Chester Barnard）所提到的：

> 从具体决策的相对重要性来看，需要优先考虑的是企业高层做出的决策。但从决策的总体重要性来看，具有重大意义的不是企业高层的决定，而是企业内非高层员工做出的决定。[4]

那么，企业内的非高层员工是如何做出他们的资源分配决策的呢？他们基于自己对企业可以从哪些客户群体和产品上获得最大利润的理解，来决定他们将向高管提交哪些项目提案，以及重点开发或实施哪些项目。与之密切相关的是他们对这些决定（即他们将支持哪些项目提案）将如何影响自身在企业内的职业发展前途的看法，而这一看法又在很大程度上取决于他们对客户需要什么，企业为获得更大利润应该销售什么类型的产品的理解。当他们提出的创新计划给企业创造了极高的利润时，他们的个人职业发展也将得到质的飞跃。因此，正是基于追求企业利润和个人发展的这些机制，客户才能在大多数企业的资源分配流程和创新模式中发挥如此重大的影响。

硬盘业的三个成功案例

然而，摆脱这一客户控制体系的影响并不是不可能完成的任务。在硬盘行业的发展史上，有三个案例揭示了企业管理者如何才能在破坏性技术变革中抢占有利的市场地位。在其中两个案例中，管理者利用了资源依赖理论所述的力量——而不是选择与之对抗，他们成立了一家独立的公司来负责破坏性技术的商业化运作。而在第三个案例中，管理者选择与这些力量针锋相对，并成功地实施了破坏性项目，但也为此付出了艰苦卓绝的努力。

昆腾公司和 Plus 开发公司

正如我们之前所介绍的，在 20 世纪 80 年代初，昆腾公司是小型计算机市场的一家 8 英寸硬盘领先制造商，但该公司完全错失了研发 5.25 英寸硬盘的商机，它在 5.25 英寸硬盘上市将近 4 年后才推出自己的第一款 5.25 英寸硬盘产品。随着推出 5.25 英寸硬盘的新兴企业开始从价值网络的下方侵蚀微型计算机市场，昆腾公司的销售额开始每况愈下（前几章阐述过导致这种情况发生的所有原因）。

1984 年，昆腾公司的几个员工敏锐地察觉到，一个 3.5 英寸超薄硬盘市场正在出现。这种硬盘可插入 IBM 的 XT 和 AT 级台式计算机的扩展槽内，它的潜在客户是个人计算机用户，而非作为昆腾公司主要收入来源的微型计算机原始设备制造商。这几个员工决定离开昆腾公司，创立一家新公司来实现他们的理念。

但昆腾公司的高管并没有轻易放走他们，反而决定成立一家分公司——Plus 开发公司（Plus Development Corporation），给予它资金上的支持，并持有该公司 80% 的股份，同时决定以不同的方式来运作这家公司。Plus 开发公司是一家完全自负盈亏的机构，它自主招聘管理者，并按照独立企业的标准设置所有的职能。Plus 开发公司取得了巨大的成功。它自主设计并营销自主品牌的硬盘产品，但将生产流程外包给了日本的松下寿电子工业株式会社（MKE）。

随着昆腾公司的 8 英寸硬盘产品在 20 世纪 80 年代中期的销量开始下滑，Plus 开发公司不断增长的"硬卡"（Hardcard）销售收入及时填补了 8 英寸硬盘产品的营收缺口。到 1987 年，昆腾公司 8 英寸和 5.25 英寸硬盘的销售额已基本为零。于是，昆腾公司收购了 Plus 开发公司剩余的 20% 股份，完全关闭了原来的公司，并将原公司的高管安排在昆腾公司最重要的职位上。接着，就在 3.5 英寸硬盘的容量开始吸引台式计算机市场的需求时（如图 1.7

中的硬盘轨线所示），昆腾公司重新改装了 Plus 开发公司的 3.5 英寸硬盘，以吸引苹果公司等原始台式计算机制造商。就这样，昆腾公司成功地转型为一家 3.5 英寸硬盘制造商，并大量采用了延续性组件技术创新以进军更高端的工程工作站市场，后来还成功地完成了从 3.5 英寸硬盘过渡到 2.5 英寸硬盘的延续性结构创新。到 1994 年，新的昆腾公司已经成为世界上硬盘销量最多的一家制造商。[5]

俄克拉荷马的数据控制公司

数据控制公司也经历过同样的自我重组过程。该公司在 1965—1982 年是 14 英寸硬盘的主要制造商，其产品主要销往原始设备制造商市场，所占的市场份额在 55%~62%。但当 8 英寸硬盘在 20 世纪 70 年代末出现时，该公司用了三年才做出反应。数据控制公司从未在 8 英寸硬盘市场获得很大的市场份额，而它最终推出 8 英寸硬盘的目的几乎只有一个，那就是保住它的主流客户——大型计算机制造商。导致这种情况发生的原因就在于资源和管理的重心：在公司主要的工厂明尼阿波利斯工厂中负责 8 英寸硬盘项目的工程师和市场营销人员总是被抽调到 14 英寸硬盘项目组，以解决公司在向主流客户推出下一代 14 英寸硬盘产品的过程中所遇到的问题。

在希捷公司于 1980 年率先推出具有开创性意义的 5.25 英寸硬盘产品两年后，数据控制公司才推出自己的第一款 5.25 英寸硬盘产品。但这次，该公司将负责开发 5.25 英寸硬盘产品的机构设在了俄克拉荷马市。用数据控制公司的一名管理者的话说，这样做的目的是确保新机构"不会偏离数据控制公司明尼阿波利斯总部的工程文化，同时使 5.25 英寸硬盘产品项目团队远离公司的主流客户"。尽管数据控制公司已经错过了进入这一市场的最佳时机，而且再也没能恢复以前的主导地位，但该公司进军 5.25 英寸硬盘市场的努力仍然取得了成功——当时它获得了高容量 5.25 英寸硬盘产品市场 20% 的份额，并实现了盈利。

Micropolis 公司：管理层强力主导的转变

成立于 1978 年的 Micropolis 公司是早期 8 英寸硬盘市场的一家领先企业，也是仅有的一家成功过渡到破坏性平台的硬盘制造商。但它并没有采取昆腾和数据控制公司曾经使用的分拆战略，而是选择由母公司内部强制主导破坏性变革。但即便是这个例外，也验证了上文提到的原理，即客户对企业能否成功进行投资具有极为重大的影响。

Micropolis 公司于 1982 年开始重组，当时公司的创始人和首席执行官斯图尔特·梅本（Stuart Mabon）敏锐地感觉到，市场需求和技术供应模式即将发生改变（如图 1.7 所示），于是他决定将公司首先转型为一家 5.25 英寸硬盘制造商。尽管梅本最初希望分配足够的资源来集中开发下一代 8 英寸硬盘，这样 Micropolis 公司就能同时驾驭两个市场[6]，但他仍然将公司内最优秀的工程师安排到 5.25 英寸硬盘产品项目组。后来，梅本回忆说："我在 18 个月内耗尽了我全部的时间和精力，才确保 5.25 英寸硬盘产品项目能获得足够的资源，因为公司自身的机制是要将资源分配给客户需要的产品——8 英寸硬盘。"

到 1984 年，Micropolis 公司已逐渐失去了在小型计算机市场上的竞争力，并撤回了剩余的 8 英寸硬盘产品。但在付出艰苦卓绝的努力后，Micropolis 公司的 5.25 英寸硬盘项目终于取得了成功。图 5.1 说明了为什么 Micropolis 公司内部会发生这场博弈。为了完成此次转变，Micropolis 公司采用了截然不同的技术轨道。它远离了它的每一位重要客户，并用新产品的销售收入（销售对象是与之前完全不同的台式计算机制造商）来弥补老产品收入上的损失。梅本回忆说，那是他这辈子最劳心劳力的一段时间。

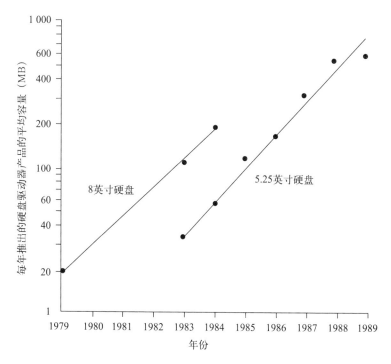

图 5.1 Micropolis 公司的技术转变和市场地位

资料来源：《磁盘 / 趋势报告》各期公布的数据。

Micropolis 公司最终在 1993 年推出了 3.5 英寸硬盘产品，当时工程师已经有能力将 3.5 英寸硬盘的容量扩展到 1GB 以上。有了这样的容量，Micropolis 公司就可以将其生产的 3.5 英寸硬盘出售给它的现有客户了。

管理者并非不可作为

前几章谈到过，希捷公司早年在销售 3.5 英寸硬盘时遭遇了困境；比塞洛斯-伊利公司因只将早期 Hydrohoe 产品的目标客户锁定在主流客户上而惨遭失败。这些实例揭示了资源依赖理论是如何作用于破坏性技术的。在这两个例子中，希捷公司和比塞洛斯-伊利公司都是各自行业中首先研发破坏性产品的企业。尽管它们的高管做出了研发破坏性新产品的决策，但研发这种产品并借此打入相关价值网络所需的推动力和机构资源却并没有流向这些产品研发项目——除非企业发现客户真正需要这种产品。

那么，我们是否就应该接受资源依赖理论的支持者提出的结论，认为管理者只是无所作为的个人呢？答案是，不应该。在本书"引言"中，我曾经再现了古人如何学习飞行的情景，并指出，只要他们继续违背自然界的基本法则，他们所有的飞行尝试都将以失败告终。只有当人们开始了解重力、伯努利原理和有关举、拖、阻力的概念等法则，并根据或利用这些法则来设计飞行器时，人类的飞行梦想才能得以实现。以此类推，这也正是昆腾公司和数据控制公司得以成功的原因。通过在一个完全不同的价值网络内成立独立的机构——在这个价值网络内，这些独立机构必须为它们的产品找到适合的客户才能生存下来——这些管理者成功地运用了资源依赖理论的强大力量。Micropolis 公司的首席执行官选择抗拒这些力量，但他也为他的成功付出了高昂的代价，而且这种成功几乎不可复制。

破坏性技术还给除了硬盘、机械挖掘机和钢铁行业的许多行业带来了致命的影响。[7] 接下来，我将简要介绍破坏性技术对其他三个行业（计算机、零售和打印机行业）的影响，并以此来说明，为什么在这些行业的破坏性技术变革中成功确立优势地位的企业，只能是那些利用了而不是违背了资源依赖理论原理的企业（例如昆腾公司和数据控制公司）。

计算机行业：IBM 的成功秘诀

很自然的是，计算机行业和硬盘行业有着相似的历史，因为后者所在的价值网络从属于前者。实际上，如果将硬盘行业轨线图中的横纵轴和交会轨线（如图 1.7 所示）用计算机相关术语来表示的话，它也能很好地解释计算机行业的领先企业为什么也会遭遇失败。计算机行业的龙头企业 IBM 生产的大型计算机，主要销售给大型机构的集中核算和数据处理部门。对 IBM 及其竞争对手来说，微型计算机的出现代表了一种破坏性技术。它们的客户不需要这种产品；新产品的利润率更低，而不是更高；最初，其市场规模非常小。因此，大型计算机制造商在接下来的几年忽略了微型计算机的存在，从而任由 DEC、通用数据公司、Prime 公司、王安电脑公司、德利多富公司等新兴企业创造和主导微型计算机市场。IBM 最终推出了自己的微型计算机产品，但从总体上说，这仍算是一项防御性措施，因为当时微型计算机的各项功能已经发展到一定阶段，其性能已具备竞争力，可以满足 IBM 的一些客户的需求。

同样，没有一家微型计算机制造商最终发展为台式个人电脑市场的主要制造商，因为对它们来说，台式计算机是一种破坏性技术。个人电脑市场是由另外一些新兴企业创造的，其中包括苹果公司、Commodore 公司、Tandy 公司和 IBM。微型计算机企业曾经盛极一时，并且备受投资者、商业媒体和良好管理原则的实践者的推崇。但到 20 世纪 80 年代末，台式计算机的技术轨线终于与之前一直购买微型计算机的那些客户所要求的性能轨线交会，台式计算机制造商开始从价值网络的下方向微型计算机制造商发动猛烈的攻击，微型计算机企业也开始由盛转衰。许多微型计算机企业最终倒闭，幸存的也无一能在台式个人电脑价值网络中找回往日的荣光。

在便携式计算机出现后，历史再度重演，只是创造和主宰这一破坏性市场的换成了东芝公司、夏普公司、Zenith 公司等新兴企业。而领先的台式计算机制造商（苹果公司和 IBM）在便携式计算机的性能轨线与它们的客户对计算机需求的轨线交会之前，并没有推出自己的便携式计算机产品。

在破坏性技术变革中遭受最大挫折的可能要算 DEC 了。仅仅在数年内，DEC 就从天堂坠入地狱，因为其独立的工作站和联网式台式计算机几乎在一夜之间满足了大多数客户对微型计算机的需求。

DEC 当然不是因为缺乏进取精神而遭到失败的。1983—1995年，DEC 曾针对客户的需求四度推出个人电脑产品（从技术上说，这些产品要比该公司生产的微型计算机简单得多），但又四度退出个人电脑市场。在这四次尝试中，DEC 均未能在这个它认为有利可图的价值网络内站稳脚跟。为什么？因为它的四次尝试都是在母公司内进行的。[8] 就目前提到的所有原因来看，即便发展个人电脑业务的提案得到企业管理层的支持，那些负责日常资源分配流程的公司员工仍然认为不应该为主流客户并不需要的低利润率产品投入那么多资金、时间和精力。而能带来更高利润率的高性能产品研发提案（例如 DEC 的超高速阿尔法微处理器和它对大型计算机的风险投资）则能获得所需的资源。

在试图通过公司主流机构进军台式个人电脑业务的过程中，DEC 被迫在两个不同的价值网络所固有的不同的成本结构中寻找平衡。DEC 根本无法拨出足够的营业成本，来确立它在低端个人电脑市场上的竞争力，因为公司需要这部分成本来维持它在更高端产品市场上的竞争力。

IBM 在进入个人电脑市场后的前 5 年取得了成功。而与之形成鲜明对比的是，其他处于领先地位的大型计算机和微型计算机制造商则未能抓住破坏性台式计算机的发展潮流。IBM 的成功秘诀是什么呢？IBM 在远离纽约州总部的佛罗里达州成立了一家独立的机构。这家独立的机构有权向任何供应商采购组件，可以通过自己的渠道销售产品，它还建立了一个与个人电脑市场对技术和竞争力的需求相符的成本结构。如此，这家机构就可以按照个人电脑市场所特有的成功法则来实现最终的目标。实际上，一些人认为，IBM 后来做出的决定——大力加强个人电脑部门与主体机构之间的联系——正是导致 IBM 难以维系它在个人电脑行业的盈利能力和市场份额的一个重要因素。两种成本结构和两种盈利模式似乎很难在一家公司内实现和平共处。

一家单独的机构似乎无法在保持它在主流市场竞争力的同时，全方位地研发破坏性技术。这让一些胸怀宏图大志的管理者深感不快，而且实际上，大多数管理者都会尝试 Micropolis 公司和 DEC 选择过的道路——在研发破坏性技术的同时，力图保持它们在主流市场的竞争力。有充分的证据表明，这条道路基本上是一条死胡同。它们在其中一个市场上的地位终将被削弱，除非企业成立两个彼此独立的机构（从属于相应的价值网络）来吸引不同的目标客户。

零售业：折扣零售颠覆传统零售

几乎没有几个行业会像零售业那样强烈地感受到破坏性技术带来的影响。正是在破坏性技术变革中，折扣零售商从传统百货店和杂货店手中夺过了对零售市场的主导权。相对于传统经营模式，折扣零售模式可以称得上一种破坏性技术，因为折扣零售商所提供的服务质量和选择范围颠覆了高质量零售的传统标准。另外，相比百货店为参与它们所在的价值网络内的竞争并获利而发展的成本结构，折扣零售的成本结构在本质上是不一样的。

美国第一家折扣零售店是柯维特斯（Korvette's）。20 世纪 50 年代中期，柯维特斯在纽约成立了多家经销店。柯维特斯和它的效仿者主要经营非常低端的零售产品，并能以比百货店低 20%~40% 的价格销售全美知名的标准耐用品。它们主打能够"自我销售"的产品，因为客户已经知道产品的使用方法了。这些折扣零售商依靠全美知名品牌形象来保证产品的价值和质量，也就不再需要雇用有经验的销售人员。它们的目标客户是那些对主流零售商没有太大吸引力的客户群体，即"孩子还很小的蓝领工人的年轻妻子"。[9]这与百货店一直奉行的高端模式——用于定义高质量零售，并提高利润——背道而驰。

折扣零售商与那些传统零售商一样，不愿接受更低的利润率，但它们找到了另一种获取利润的方式。用最简单的话说，零售商通过在所销售商品上实现的毛利率，或是在商品成本基础上的加价，来抵消经营成本。传统百货店一般会在商品成本基础上加价40%，一年周转库存 4 次。这样，它们就能从自己的库存投资中赚取 40% 的利润，即一年可以实现 4 次 40% 的利润，从而使库存投资的总回报率达到 160%。杂货店也采取了类似的盈利模式，只是其利润率不如百货店。折扣零售商的库存投资回报率与百货店相近，但前者采取了一种不同的盈利模式：低毛利率和高库存周转率。表 5.1 简要描述了这三种情况。

表 5.1 不同的盈利模式

零售商类型	公司范例	一般毛利率	一般库存周转率	库存投资回报率 *
百货店	梅西百货公司	40%	4 次	160%
杂货店	F. W. 伍尔沃斯公司	36%	4 次	144%
折扣零售店	凯马特连锁店	20%	8 次	160%

* 计算方法为毛利率 × 周转率，换句话说，就是每年通过历次库存周转获得的利润率总额。
资料来源：每个类别中的多家企业历年公布的企业年报。

折扣零售业的历史生动再现了小型钢铁厂的钢铁制造历史。

与小型钢铁厂一样，折扣零售商利用它们的成本结构优势进入高端市场，并以惊人的速度抢占了传统零售商的市场份额。它们首先在低端品牌耐用品市场（例如硬件、小型装置、行李箱）上站稳了脚跟，然后逐渐向坐标图东北角方向移动，进入了诸如家具、服装等高端市场。图 5.2 再现了折扣零售商惊人的发展速度，仅仅 6 年，它们的零售收入占同类商品销售总收入的份额就从 1960 年的 10% 上升至 1966 年的近 40%。

与硬盘和挖掘机市场一样，没有几家领先的传统零售商［特别是克雷斯吉（Kresge）公司、伍尔沃斯公司和代顿-哈德森（Dayton Hudson）公司］认识到破坏性技术变革的到来，因此它们也没有及早投资这种技术。其他主要的零售连锁店［包括

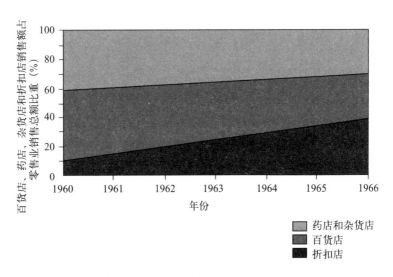

图 5.2　折扣零售商所占市场份额的增速，1960—1966 年

资料来源：《折扣零售商》（Discount Merchandiser）各期公布的数据。

　　　　　　　　　　　　　　　创新者的窘境（珍藏版）

西尔斯公司、蒙哥马利-沃德（Montgomery Ward）公司、彭尼（Penney）公司、梅西百货公司〕也都没有采取重大举措来发展折扣零售业务。克雷斯吉公司（旗下拥有凯马特连锁店）和代顿-哈德森公司（旗下拥有塔吉特连锁店）成功地渡过了这场变革。[10]两家公司都专门创建了独立于其传统业务部门的折扣零售机构，它们承认并利用了资源依赖理论。与它们相反，伍尔沃斯公司通过伍尔科（Woolco）连锁店进军折扣零售业的努力却以失败告终，因为公司管理者试图从伍尔沃斯零售店公司的内部来发展这项业务。详细比较克雷斯吉公司和伍尔沃斯公司所采取的方法后，我们发现，两家公司在启动折扣零售业务时的情况非常相似，这也进一步揭示，成立独立的机构来发展破坏性技术似乎是取得成功的一个必要条件。

1957 年，全球第二大杂货连锁店克雷斯吉公司开始探索折扣零售模式，当时市场上的折扣零售模式还处在萌芽阶段。到 1961 年，克雷斯吉公司及其竞争对手伍尔沃斯公司（当时全球最大的杂货店零售商）都公布了开展折扣业务的计划。两家公司在 1962 年先后建立了折扣店（伍尔沃斯公司成立了伍尔科连锁店，克雷斯吉公司成立了凯马特连锁店），时间间隔不超过 3 个月。但伍尔科连锁店和凯马特连锁店之后的表现却大相径庭，十年后，凯马特连锁店的销售额达到近 35 亿美元，而伍尔科连锁店的销售额则萎缩至 9 亿美元，并且出现了亏损。[11]

为了更好地发展折扣零售业务，克雷斯吉公司决定完全退出杂货店业务。1959 年，公司雇用了新首席执行官哈里·卡宁汉姆，他唯一的使命就是将克雷斯吉公司转变为折扣零售龙头企业。为此，卡宁汉姆建立了一支全新的管理团队，到 1961 年，从运营副总裁、区域经理到区域经理助理或区域业务经理的所有职位都是由新任命的人员来担任的。[12] 1961 年，卡宁汉姆终止了所有新建杂货店项目，并开始对克雷斯吉公司现有杂货店实施每年关闭大约 10% 的店面的计划，从而表明了克雷斯吉公司将工作重心全部转移到折扣零售业务上来的决心。

而伍尔沃斯公司则希望在投资破坏性折扣零售业务的同时，继续支持对其核心杂货店业务的技术、能力和设施进行延续性改善的计划。负责提高伍尔沃斯杂货店绩效的管理者还肩负了建立"全美最大的折扣连锁店"的重任。首席执行官罗伯特·柯克伍德宣称，发展伍尔科折扣店与公司发展和扩张传统杂货店业务的计划并不冲突，而且公司现有的任何零售店都不会被转变为折扣店。[13] 事实是，当折扣零售在 20 世纪 60 年代进入疯狂扩张阶段时，伍尔沃斯公司仍在按照它于 20 世纪 50 年代制订的计划，按部就班地开设新的杂货店。

不幸的是（但可以预见到），事实证明，伍尔沃斯公司根本无法在同一个机构内同时延续两种不同的文化和盈利模式，而这偏偏又是要同时在杂货店和折扣零售领域取得成功所必备的条件。到 1967 年，伍尔沃斯公司已经将伍尔科连锁店宣传广告上所有有关"折扣"的字眼抹掉，取而代之的是"促销百货店"。尽管伍尔沃斯公司最初为伍尔科连锁店配备了独立的管理者，但到 1971 年，一支更加理性、更具成本意识的管理团队重新占据了主导地位。

在一项本意是为伍尔科和伍尔沃斯各部门增加每平方英

创新者的窘境（珍藏版）

尺①销售额的计划中，两家子公司按地区合并了它们的经营业务。公司管理者表示，此次合并——涉及地区一级的采购办公室、物流分派中心和管理者——将有助于两家子公司打造更好的商品和更高效的门店。伍尔科将受益于伍尔沃斯的采购资源、物流分派中心的相应经验，以及在发展专卖店方面的其他专业经验。而作为回报，伍尔沃斯则能从伍尔科那里学习寻找、设计、推广和经营超过10万平方英尺的大型门店方面的知识。[14]

那么，此次以节省开支为目的的合并行动产生了什么样的影响呢？这再次证明，两种盈利模式无法在同一家机构和平共处。合并发生后不到1年，伍尔科连锁店便提高了对商品的加价幅度，最终使其毛利率达到折扣行业的最高水平——33%。在此过程中，它的库存周转率却从原来的7次下降到4次。这种与伍尔沃斯公司的传统一脉相承的盈利模式（利润率为35%，库存每年周转4次，库存投资回报率为140%）最终还是主导了伍尔科连锁店的经营活动（见图5.3）。因此，无论是从名义上说，还是从实际情况上看，伍尔科都不再是一家折扣零售店。意料之中的是，伍尔沃斯公司进军折扣零售领域的努力终究是失败了，它于1982年关闭了旗下最后一家伍尔科门店。

伍尔沃斯公司发展破坏性折扣零售业务的组织战略，与DEC开发个人电脑业务的战略如出一辙。两家公司都在母公司内部成立新机构，并要求新机构按照主流机构的规则盈利，而

---

① 1平方英尺约为0.09平方米。——编者注

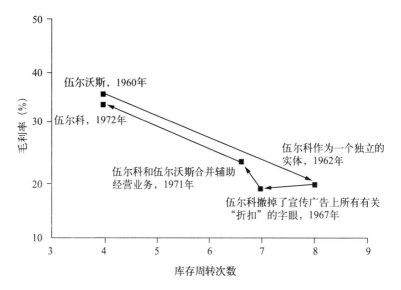

图 5.3 伍尔科与伍尔沃斯公司的业务整合对伍尔科的盈利模式的影响
资料来源：伍尔沃斯公司历年年报上的数据，以及《折扣零售商》各期公布的数据。

它们均未建立在主流价值网络内获得成功所必需的成本结构和盈利模式。

打印机行业：惠普公司自杀以求生存

　　惠普公司开发个人电脑打印机业务的经验表明，企业通过成立一个独立的分支机构来研发破坏性技术的举措，可能最终会挤垮其内部的另一个业务部门。

　　相比惠普公司在喷墨技术出现时所采取的管理措施，该公司在生产个人电脑打印机方面所取得的成功甚至更加令人称道。从

20世纪80年代中期开始，惠普公司便成功地将激光喷射打印技术发展为一项庞大的业务。激光喷射是对点阵打印技术（上一代占主导地位的个人电脑打印技术）的一次非连续性改善，惠普公司在这项技术上获得了绝对的市场领先地位。

当另一种将数字信号转变为纸上图像的技术（喷墨技术）刚刚出现时，关于到底是激光喷射还是喷墨打印将成为个人打印的主导设计的辩论便不绝于耳。专家们对此各执一词，不断向惠普公司灌输哪项技术将最终成为全球台式计算机首选打印机的建议。[15]

尽管在当时的大辩论中没有人提到这个观点，但喷墨打印其实是一项破坏性技术。它的打印速度要慢于激光喷射打印，其解决方案也不如激光喷射打印，每打印一张纸的成本也更高。但喷墨打印机的体积更小，因此其售价可能会远远低于激光喷射打印机。由于售价更低，每台喷墨打印机所能实现的毛利率也会低于激光喷射打印机。因此，相对于后者，喷墨打印机是一种典型的破坏性产品。

惠普公司当时既没有把所有希望寄托在其中一项技术上，也没有试图从当前打印机部门（位于爱达荷州的博伊西）内部来推广具有破坏性的喷墨打印技术，它反而在华盛顿州的温哥华市成立了一个完全独立的部门来负责喷墨打印机的开发。然后，惠普公司让这两项业务形成相互竞争的关系，两个业务部门都按照各自的方式运营。如图5.4所示，其激光喷射打印机部门大举进军高端市场时所实施的战略也让人联想到14英寸硬盘企业、大型计算机厂商和综合性钢铁厂采取过的战略。惠普公司的激光喷射打印机能以非凡的解决方案实现高速打印，能够处理数百种字体

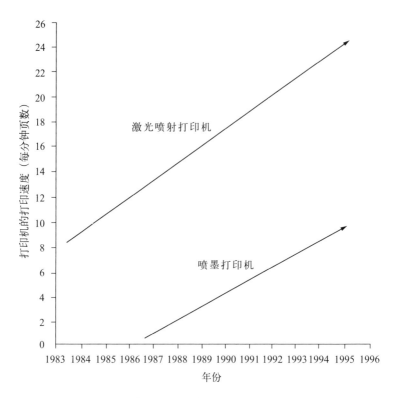

图 5.4　喷墨和激光喷射打印机的速度改善轨线

资料来源：惠普公司历年来的产品手册。

和复杂的图形，能够实现双面打印，还可以通过联网同时为多名用户提供服务。与此同时，激光喷射打印机的体积也在不断增大。

　　喷墨打印机的性能没有激光喷射打印机出色，而且它可能永远都无法超越激光喷射打印机，但最关键的问题是喷墨打印机是否能达到个人台式电脑市场对打印机的要求。答案似乎是肯定的，喷墨打印机的解决方案和速度尽管仍不如激光喷射打印机，但它已明显能够满足许多学生、职业人士和其他台式计算机的非联网用户的需求。

随后，惠普公司的喷墨打印机业务逐渐吸引了许多之前一直使用激光喷射打印机的用户。最终，对性能要求最高的最高端市场（这一市场正是激光喷射打印机部门目前的发展方向）的用户数量可能会逐渐萎缩。惠普公司的一项业务可能最终会挤垮另一项业务。但如果惠普公司没有针对喷墨打印机业务设立一个独立的机构，喷墨技术可能已经在主流激光喷射打印机业务的挤压下淡出人们的视野，并为其他积极参与喷墨打印机市场竞争的企业（例如佳能）创造了机会，使它们最终严重威胁惠普公司的打印机业务。由于继续保留了激光喷射打印机业务，惠普公司得以像IBM 的大型计算机部门和综合性钢铁企业一样，在退出高端市场的同时还能赚个盆满钵满。[16]

第6章

让机构规模与市场规模匹配

> 增长导向型大型企业还必须面对小市场无法满足大机构的短期增长需求这一难题。所有由破坏性技术催生的市场在最开始时的规模都很小，领先企业在这些市场上接到的第一笔订单也都是小订单，培育了这些新兴市场的企业所建立的成本结构也必须能使企业以很小的规模实现盈利。

在对破坏性技术进行商业化推广时，身处破坏性技术变革中的管理者必须成为领先者，而不是追随者。要做到这一点，企业管理者就必须让与目标市场的规模匹配的商业机构来负责研发破坏性技术项目。得出这些结论的依据是此项研究的两个关键发现：相比延续性技术，在应对破坏性技术的过程中，领先地位对企业而言显得更加重要；小型新兴市场并不能解决大型企业的短期增长和盈利要求。

硬盘行业的经验表明，对企业来说，相比进入竞争激烈的成熟市场，创造新市场的风险要低很多，而其回报率却要高很多。但随着企业不断发展壮大，并取得越来越大的成功，它们想要尽早地进入新兴市场的难度却越来越大。由于成长型企业每年需要大幅提高收入水平才能维持它们期望的增长率，因此，作为一种增长手段，这些企业越来越不可能通过小型市场来获取其所希望的这部分新收入。正如我们即将指出的那样，应对这一困境最直接的方法就是设立规模足够小并足以满足小型市场发展机遇的机构，由其来负责破坏性技术的商业推广项目，并将之确立为一种常规机制——即便是主体企业仍处在增长时期。

成为领先者还是追随者

创新管理中的一个关键性战略决策就是，成为技术变革的领先者是否非常重要，而追随者的角色是否也可以被接受。有关先发优势的论述已经有很多，而对于等待策略（即在领先企业已经解决了创新的主要风险后再进入市场）也有等量的描述。有一句管理上的老话是这样说的："你总是能判断出哪些企业是领先企业，它们就是那些时刻准备着的企业。"与大多数有关管理理论的争议一样，这两种策略（成为领先者或甘当追随者）不可能在任何时候都正确。对硬盘行业的一些研究发现给了我们一些启示，让我们可以更好地理解：引领变革何时事关重大，紧跟潮流何时更加有效。

引领延续性技术变革可能并不具有决定性意义

硬盘行业一项具有分水岭意义的技术就是薄膜读写磁头技

术，它的出现改变了硬盘制造商提高硬盘磁录密度的速度。我们在第 1 章已经提到，尽管薄膜技术与之前的技术截然不同，而且它具有性能破坏性，但鉴于 1 亿美元的研发费用和 5~15 年的研发周期，引领这项技术的企业都只能是领先的成熟硬盘制造商。

由于技术的研发存在风险，并且它可能对硬盘行业造成重要影响，20 世纪 70 年代末，商业媒体开始猜测哪家硬盘企业将引领薄膜磁头技术浪潮。传统的铁氧体磁头技术还有多大的发展空间？是否会有硬盘制造商因为没有及时理会或是不理会新型磁头技术而被淘汰出硬盘市场？但事实证明，无论企业在这项创新中是处于领先地位还是追随地位，它们的竞争状况都不会发生本质性的改变（如图 6.1 和图 6.2 所示）。

图 6.1 的横轴显示了每家领先企业推出首款使用了薄膜磁头的产品的时间，纵轴则显示了硬盘的磁录密度。每条线的底端表示的是每家公司在推出使用了薄膜磁头的产品前，所能实现的最大磁录密度；每条线的顶端代表了每家公司推出的首款使用薄膜磁头的产品所达到的最大磁录密度。需要注意的是，对于何时是推出该项新技术的重要时机，这些企业之间的看法存在着很大的差异。IBM 是业内的龙头企业，它是在新技术的磁录密度达到每平方英寸 3MB 之后，才推出带薄膜磁头的产品的。梅莫雷克斯公司和存储技术公司在这场技术变革中，扮演了相同的领先者的角色。另外，富士公司和日立公司则在继续完善传统的铁氧体磁头技术（IBM 首先推出这项技术的时候，富士公司和日立公司已将铁氧体磁头的性能提高了近 10 倍），并选择在研发薄膜技术的过程中扮演追随者，而不是领先者的角色。

在这场技术变革中，领先地位到底给这些企业带来了什么好

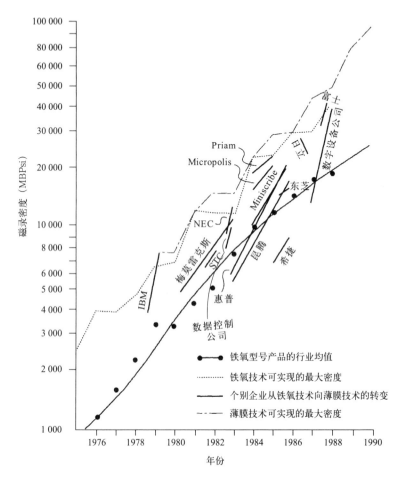

图 6.1　技术转变时期，领先硬盘制造商采用的薄膜技术相对于铁氧技术的性能所
能达到的磁录密度

资料来源:《磁盘／趋势报告》各期公布的数据。

处呢（如果确有好处的话）？没有证据表明领先者在与追随者的竞争中占据了明显的优势，也没有任何一家研发薄膜技术的领先企业因此抢占了更大的市场份额。此外，领先企业似乎也没能发展任何形式的学习优势，使它们可以利用在早期建立的领先优势，在产品中实现比追随者更高的磁录密度。有关这方面的情况见图6.2。图中横轴显示了各企业采用薄膜磁头的先后顺序，IBM 是第 1 家采用薄膜技术的企业，梅莫雷克斯公司是第 2 家，富士公

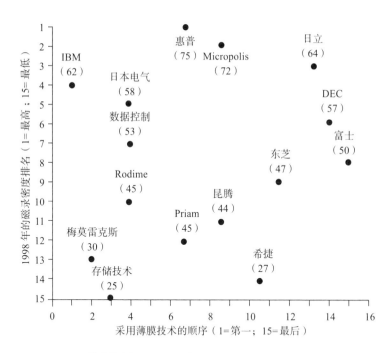

图 6.2　采用薄膜技术与 1989 年最高性能型号达到的磁录密度之间的关系

资料来源：Clayton M. Christensen, "Exploring the Limits of the Technology S-Curve. Part l: Component Technologies," *Production and Operations Management* 1, no. 4(Fall 1992): 347. 获准后再版。

司是第 15 家。纵轴显示的则是各家企业在 1989 年推出的最先进型号的磁录密度排名。相对于较晚采用薄膜磁头的企业，假如较早采用这项技术的企业能在技术应用经验上占据一定优势，我们应该会看到图中的数据点逐渐从左侧高位向右侧低位倾斜。但图 6.2 表明，在对薄膜磁头的应用上，处于领先或追随地位与之后的技术优势之间并没有必然的联系。[1]

硬盘行业史中的其他延续性技术也都呈现了类似的发展趋势。没有证据表明，研发和应用延续性技术的领先者能够在与追随者的竞争中建立明显的优势。[2]

在研发破坏性技术中处于领先地位能创造巨大的价值

上文论述过，从历史上看，在研发延续性技术中处于领先地位并不会给领先的硬盘企业带来什么优势。与之形成鲜明对比的是，有大量证据表明，引领破坏性技术非常重要。对于那些在新一代硬盘（指具有市场破坏性的硬盘）出现后的两年内进入由它生成的新价值网络的企业来说，它获得成功的概率是那些在两年后进入该网络的企业的 7 倍。

1976—1993 年，有 83 家企业进入了美国硬盘行业。其中 35 家企业的业务较为多样，除了硬盘，它们还生产计算机其他外部设备，或其他磁录产品，其中就包括梅莫雷克斯公司、Ampex 公司、3M 公司和施乐公司。有 48 家企业是独立的创业型企业，其中多数企业的资金源于风险投资，而且其创始人此前一般都有在行业内其他企业工作的经历。这些数据将所有设计过，或者据了解，宣称设计过硬盘的企业统计在内——不管这些企业是否实际销售过任何硬盘产品。在对企业进行抽样统计时，这些数据也没有偏向或忽略某些类型的企业。

这些企业所采取的市场进入策略可以用表 6.1 中的行和列来表示。列显示的是企业采取的技术策略：位于图表底部的企业只在它们的初始产品中使用经过市场检验的技术，而位于顶部的企业则会使用一种或多种新型组件技术。[3] 行描绘的则是各家企业采取的市场战略，位于左侧的企业已经进入了成熟的价值网络，而位于右侧的企业已经进入了新兴价值网络。[4] 另一种阐述该表特点的方法是，指出那些在进入市场时积极研发和应用延续性技术的企业位于顶部左、右两个方框内，而在进入时创建了新价值网络的企业则位于右边的上、下两个方框内。右边方框内的企业包括所有试图建立新价值网络——即便是那些没能在重大市场上被确立的价值网络（例如移动硬盘）——的企业。

每个四分之一区显示了采取各种策略进入市场的企业的数量。"成功"列显示的是至少有 1 年的收入成功达到 1 亿美元的企业数量，即使这家企业后来宣布破产，也被计算在内；"失败"列显示的是收入从未超过 1 亿美元，而且之后退出硬盘行业的企业数量；"无定论"列显示了尚无定论的企业数量，因为虽然这些企业在 1994 年还在继续经营，但它们的销售收入从未达到 1 亿美元；"合计"列则显示了每个类别中的企业总数量。[5] "成功率"列显示了销售收入超过 1 亿美元的企业占所有企业的比重。最后，图表下方的数列综合统计了位于它上方的区域中的数据。

根据图表下方的数据，在 52 家进入成熟市场的企业中，只有 3 家（6%）达到过 1 亿美元的收入水平。与之相反，在引领破坏性技术创新的企业（指进入刚刚形成不到两年的市场的企业）中，有 37% 的企业的收入水平超过了 1 亿美元（如表 6.1 的右侧所示）。不管这家企业是创业型企业还是多样化企业，其成功率都不会受到太大的影响。重要的似乎不是企业的组织形式，而是企业能否率先推出具有市场破坏性的产品，并为这些产品创造能够打开销路的市场。[6]

在进入市场时试图引领延续性组件技术的企业（位于图表的上半部分）中，只有约13%的企业（23家企业中有3家成功）取得了成功；而在处于追随者地位的企业中，却有约20%（61家企业中有12家成功）的企业获得了成功。很显然，位于右下角的这个四分之一区，为企业走向成功提供了最为肥沃的土壤。

每个四分之一区位于最右侧的累计销售额数据列，揭示了实行各种策略的所有企业累计实现的总收入，图表下方的数列概述了这些数据。结果令人大感意外。1976—1994年，率先推出破坏性产品的企业总计实现了约620亿美元的收入。[7]那些等到市场成熟以后再进入市场的企业总共只实现了约33亿美元的收入。这的确是创新者面临的一种窘境。通过进入小型新兴市场来寻求发展的企业所实现的收入，是那些为了相同目标进入大型市场的企业的近20倍。每家企业实现收入的差异甚至更加令人惊讶：在较晚进入破坏性技术市场的企业（位于图表的左半边）之中，平均每家企业创造的销售收入约为6 400万美元；而平均每家引领破坏性技术的企业创造的收入约为19亿美元。位于图表左侧的企业似乎做出了一个错误选择——用市场风险（即由破坏性技术创造的新兴市场可能中途"夭折"的风险）换取了竞争风险（即进入竞争错综复杂的市场的风险）。[8]

创新者的窘境（珍藏版）

表 6.1 1976—1994 年，至少有一年实现了 1 亿美元年收入的硬盘驱动器企业

技术策略	市场	企业类型	成功	失败	无定论	合计	成功率	销售额（百万美元）
新技术	成熟市场	创业型企业	0	7	3	10	0%	235.3
		相关技术企业	0	1	0	1	0%	0.0
		相关市场企业	0	3	0	3	0%	1.4
		前向综合性企业	0	1	0	1	0%	0.0
		合计	0	12	3	15	0%	236.7
新技术	新兴市场	创业型企业	3	4	1	8	37%	16 379.3
		相关技术企业	0	0	0	0	—	—
		相关市场企业	0	0	0	0	—	—
		前向综合性企业	0	0	0	0	—	—
		合计	3	4	1	8	37%	16 379.3
经过检验的技术	成熟市场	创业型企业	3	11	4	18	17%	2 485.7
		相关技术企业	0	4	0	4	0%	191.6
		相关市场企业	0	12	0	12	0%	361.2
		前向综合性企业	0	3	0	3	0%	17.7
		合计	3	30	4	37	8%	3 056.2
经过检验的技术	新兴市场	创业型企业	4	7	2	13	31%	32 043.7
		相关技术企业	4	2	0	6	67%	11 461.0
		相关市场企业	1	4	0	5	20%	2 239.0
		前向综合性企业	0	0	0	0	—	—
		合计	9	13	2	24	36%	45 743.7
所有企业（市场进入策略）	成熟市场	创业型企业	3	18	7	28	11%	2 721.0
		相关技术企业	0	5	0	5	0%	191.6
		相关市场企业	0	15	0	15	0%	362.6
		前向综合性企业	0	4	0	4	0%	17.7
		合计	3	42	7	52	6%	3 292.9
所有企业（市场进入策略）	新兴市场	创业型企业	7	11	3	21	33%	48 423.0
		相关技术企业	4	2	0	6	67%	11 461.0
		相关市场企业	1	4	0	5	20%	2 239.0
		前向综合性企业	0	0	0	0	—	—
		合计	12	17	3	32	37%	62 123.0

进入市场时的技术策略

所有企业的统计数据，不论采取何种技术策略。

资料来源：《磁盘／趋势报告》各期公布的数据。

企业规模 vs 增长率

尽管有证据表明，率先进行破坏性创新可以给企业带来诸多好处，但如本书前4章所述，成熟企业通常无法在这种类型的创新中占得先机。成熟企业会受制于客户，而理性、运行良好的资源分配流程又妨碍了它们对破坏性技术进行商业化推广。在成熟企业力图维持企业增长率的过程中，另外一个会对它们造成严重影响的因素是，企业发展得越大、越成功，就越难以找到理由在市场发展的早期进入新兴市场。而上述证据表明，此时进入市场对于企业今后的发展起着至关重要的作用。

好的管理者需要不断推动企业向前发展，其中的原因有很多。其中一个原因就是，增长率会对企业的股价产生重大影响。从某种程度上说，企业的股价代表了一些市场预测的企业未来盈利流的贴现现值，然后股价的水平（不管是上涨还是下跌）会受到预期盈利增长率变化的影响。[9] 换句话说，如果一家公司的当前股价是基于市场预测的20%的增长率计算得出的，而在市场对该公司增长率的预测下调至15%之后，该公司的股价可能会下跌，即使它的收入和盈利仍将以较快的速度实现增长。走势强劲且不断上涨的股价定然能使企业以更优厚的条件获得资本，心满意足的投资者可以说是企业非常宝贵的财富。

不断上涨的股价，使得优先认股权计划成为企业向有价值的员工发放奖励的一种较为节省成本的方式。当股价停滞或下跌时，优先认股权也就失去了它的价值。此外，企业的发展也为表现较好的员工获得更大的职业发展空间提供了机遇。企业在停止增长时，其最重要的人才资源也会开始流失，因为那些最有发展前途的未来企业领导将因此认为，企业已无法给他们提供更多的发展机遇。

最后，有大量证据表明，相比增长陷入停滞的企业，增长型企业的新产品和流程技术研发项目更容易获得投资。[10]

不幸的是，逐渐发展壮大的成功企业发现，维持企业增长率的难度变得越来越大。算法很简单：一家市值 4 000 万美元的企业如果需要达到 20% 的增长率才能实现盈利，以维持股价和企业的活力，那它就需要在第一年增加 800 万美元的收入，在第二年增加 960 万美元的收入。一家市值 4 亿美元的企业要实现 20% 的增长率，就需要在第一年增加 8 000 万美元的收入，在第二年增加 9 600 万美元的收入。一家市值 40 亿美元的企业要实现 20% 的增长率，就需要在第一年增加 8 亿美元的收入，在第二年增加 9.6 亿美元的收入。以此类推。

对于面临破坏性技术的大企业来说，这个问题尤为棘手。破坏性技术会催生新的市场，而没有任何一个新兴市场的规模能达到 8 亿美元。但对新兴企业来说，正是因为新兴市场规模较小，也就是在它对希望大幅提高收入水平的大型企业最不具吸引力的时候，进入这一市场的战略决策才具有如此至关重要的作用。

那么，在面临破坏性技术变革时，大型成功企业的管理者应如何应对市场规模与企业增长率这些现实问题呢？在对这一问题的研究过程中，我发现了三种应对之策。

1. 试图改变新兴市场的增长率，使这个市场变得规模足够大，发展足够迅猛，能对大型企业的利润和收入增长轨道产生足够的影响。

2. 等到市场已经出现，并且市场定位变得更加清晰，在市场"发展到一定规模"后再进入。

3. 将对破坏性技术进行商业化推广的职责交给规模足够小的机构，而且这些机构的表现从一开始就会受到破坏性业务的收入、利润和少量订单的重大影响。

正如下列案例研究所示，前两种方法存在很多的问题。第三种方法也有一些缺陷，但显然有更多证据表明这种方法更加行之有效。

牛顿 PDA：苹果如何创造新兴市场

苹果公司较早进入手提电脑或 PDA 市场的经历，有助于我们理解大企业在小市场面临的诸多困难。

苹果公司于 1976 年推出了 Apple I（第一代苹果机），它最多只能算是一种功能有限的初级产品，苹果公司在从市场撤下 Apple I 之前总共只卖出了 200 台（售价为 666 美元）。但 Apple I 并没有给苹果公司带来严重的财务危机，因为苹果公司在 Apple I 研发上的成本并不算高，而且不论是苹果公司还是它的客户，都从中学到了更多关于如何使用台式个人电脑的经验。苹果公司在总结研发 Apple I 的经验教训后，于 1977 年推出了 Apple II（第二代苹果机）电脑，并大获成功。苹果公司在 Apple II 上市后的头两年就卖出了 43 000 台，[11] Apple II 的成功也一举奠定了苹果公司在个人电脑行业的领先地位。借助 Apple II 大获成功的东风，苹果公司于 1980 年成功上市。

在推出 Apple II 电脑十年后，苹果公司成长为一家市值达 50 亿美元的企业。像所有成功的大企业一样，苹果公司也发现，为了保持其股票价值和企业活力，它每年都需要大幅提高收入水平。20 世纪 90 年代初，新兴的 PDA 市场逐渐显现了增长潜力。从很多方面来看，此次机遇都与 1978 年 Apple II 的上市给计算机行业带来的变化（推动了个人电脑行业的形成）有着很大的相似性。对于苹果公司来说，这可谓一个天赐良机，因为苹果公司独特的设计优势主要表现在它的用户友好型产品中，而用户友好型和便捷性正好构成了 PDA 的理念基础。

那么，苹果公司是如何利用这一机遇的呢？答案是主动出击。苹果公司投资了数百万美元来研发 PDA 产品，并将它命名为"牛顿"（Newton）。苹果公司通过有史以来最大规模的一次市场研究确定了牛顿产品的特色；利用了各种类型的跟踪调研和调查，来判断客户希望产品具有什么样的特色。PDA 具有计算机破坏性技术的许多特点。时任苹果公司首席执行官的约翰·斯卡利意识到了可能会发生的问题，因此他将牛顿产品的研发列为他个人的首选项目，并开始大规模地推广这种产品，以确保这个项目获得所需的技术和资金。

苹果公司在 1993 年和 1994 年（也就是在新产品上市后的头两年）卖出了 14 万台牛顿 PDA。但在当时，大多数观察家认为牛顿 PDA 是一款失败的产品。从技术上说，它的手写识别能力令人失望，而它的无线通信技术又大大增加了它的成本。最糟糕的是，虽然斯卡利公开表示牛顿 PDA 是延续公司增长趋势的关键性产品，但牛顿 PDA 第一年的销售额只占苹果公司总收入的约 1%。尽管付出了所有努力，牛顿 PDA 产品仍未给苹果公司带来其所期望的新增长空间。

但牛顿 PDA 是否真是一个失败的项目呢？牛顿 PDA 进入手提电脑市场的时机，与 Apple II 进入台式计算机市场的时机类似。它是一种创造市场型的破坏性产品，其针对的目标用户尚不明确，用户的需求无论是对用户自己还是对苹果公司来说都是一个未知数。以这个标准来看，牛顿 PDA 的销量应该好于苹果公司管理层的预期，它在上市后头两年内的销量是 Apple II 的 3 倍多。在 1979 年，对于当时规模尚小的苹果公司来说，43 000 台的销量就已经可以被看作争取上市资格的一次重大胜利。但到 1994 年，对于已经发展为行业巨头的苹果公司来说，牛顿 PDA 14 万台的销量却只能被视为失败。

正如我在第 7 章即将谈到的那样，破坏性技术经常导致之前不可能发生的一些情况最终发生。也正是基于这个原因，当破坏性技术刚刚出现时，不管是制造商还是客户都不知道如何使用这些产品，或者是为什么要使用这些产品，因此他们也不知道哪些具体的产品特色最后会受到重视，哪些不会受到重视。构建这样的市场就是客户和制造商共同发现的过程，而这需要时间。例如，在苹果公司开发台式计算机的过程中，Apple I 以失败告终，首款 Apple II 的销量较为平淡，Apple II+ 则获得了成功。Apple III 由于质量问题被市场抛弃，Lisa 电脑也遭遇了失败。前两代 Macintosh 电脑同样举步维艰，直到推出第三代 Macintosh 电脑，苹果公司及其客户才最终找到成功的秘诀：便捷、用户友好型计算机使用标准。计算机行业的其他企业最终都采用了这一标准。[12]

但在开发牛顿 PDA 产品时，苹果公司过于急切地希望缩短确定最终产品和市场匹配的流程。它假定客户了解自己需要什么，而且会花费大量的金钱去寻找他们自己想要的东西。（在下一章，我将说明这个假设是错误的。）然后，为了给客户提供公司认为客户想要的东西，苹果公司不得不在一个新兴产业中承担延续性技术领先者这样一个不确定的角色，花费巨资来研发当时最先进的移动数据通信和手写识别技术，到最后，它还投入了大量资金来向客户推销自己设计的产品。

由于新兴市场的规模较小，因此参与新兴市场竞争的机构必须能以较小的规模实现盈利。这一点至关重要，原因是，被认为具有盈利能力并获得了成功的组织和项目，能够继续从它们的母公司和资本市场吸引资金和人力资源；而被认定为失败的提案则很难再获得资金和人员的青睐。不幸的是，由于苹果公司为加速PDA 市场的形成在牛顿 PDA 产品上投入了巨额资金，公司已很难再获得具有吸引力的回报率。因此，市场普遍认为牛顿 PDA是一款失败的产品。

就像大多数商业失败案例一样，事后人们找出了苹果公司在牛顿 PDA 项目上所犯下的各种错误。但我认为，导致苹果公司在这个项目上遭遇失败的根本原因并不是管理不当。公司高管的行为揭示了一个更深层次的问题：小市场并不能满足大机构的短期增长需求。

希捷硬盘：发展到一定规模时再进入

许多大企业应对破坏性技术陷阱的第二种方式是，等到新兴市场"发展到一定规模"时再进入，有时这种策略的确行之有效，IBM 选择在 1981 年进入台式个人电脑市场便是其中一个成功范例。但这是一个颇具迷惑性的逻辑，而且最终可能引火烧身，因为创造了新市场的企业通常也培养出了与这些市场的要求密切吻合的能力，而且这些能力是后来进入市场的企业难以成功复制的。下面我将用硬盘行业的两个案例来阐述这一问题。

在于 1978 年进入微型计算机领域之后，Priam 公司便逐渐发展为 8 英寸硬盘市场的领先制造商，并逐步具备了每两年向市场推出一款新型硬盘产品的能力。Priam 公司这一推出新产品的频率与它的客户（微型计算机制造商）一致，后者也是以两年为一个周期来向市场推出新产品的。

希捷公司在 1980 年向新兴台式计算机市场推出了它的第一款 5.25 英寸硬盘。相比 Priam 公司销往微型计算机市场的硬盘的性能，5.25 英寸硬盘的速度较慢，并且具有市场破坏性。但到 1983 年，希捷公司和其他率先应用破坏性 5.25 英寸硬盘技术的公司，已经在台式计算机市场形成了每年推出一款新产品的能力。由于希捷公司和 Priam 公司在每一代新产品上实现的改善幅度非常相近，具备每年推出一代新产品能力的希捷公司很快便弥补了它与 Priam 公司之间存在的性能差距。

Priam 公司在 1982 年推出了它的第一款 5.25 英寸硬盘。但它在此之后推出 5.25 英寸硬盘产品的周期还是两年，这还是它在微型计算机市场上发展的每两年推出一款新产品的能力——而不是参与台式计算机市场竞争所需的每年推出一款新产品的能力。因此，Priam 公司从来没有从台式计算机制造商那里得到一份大订单，因为它的新产品自始至终都无法达到台式计算机制造商的设计要求。而希捷公司则由于采取了更多更具远见的措施（相比 Priam 公司），成功地弥补了它们之间的性能缺口。Priam 公司于

1990 年关门歇业。

第二个实例发生在下一代破坏性产品上。希捷公司在 1984 年成为业内第二家成功研发 3.5 英寸硬盘的企业。分析人士当时猜测，希捷公司最快可能会在 1985 年推出 3.5 英寸硬盘。而希捷公司也确实在 1985 年秋的世界计算机分销商展览会上展示了 10MB 产品的样机。但到 1986 年年底，希捷公司还未推出 3.5 英寸硬盘，对此，希捷公司的首席执行官艾伦·舒加特解释说："截至目前，这个市场还不够大。"[13] 1987 年，当 3.5 英寸硬盘市场的销售额已达到 16 亿美元，并已"发展到一定规模"时，希捷公司最终推出了自己的 3.5 英寸硬盘产品。但到 1991 年，尽管希捷公司已经销售了大量的 3.5 英寸硬盘，但它对便携式计算机制造商的销量却几乎为零，它所有型号的产品全部销往台式计算机市场，从而以防御性的姿态逐渐蚕食了它的 5.25 英寸硬盘的销量。为什么会发生这种情况呢？

造成这种现象的其中一个原因可能是，康诺公司从根本上改变了硬盘制造商进入便携式计算机市场的游戏规则——它率先将 3.5 英寸硬盘销往便携式计算机市场，并保持了它在这一市场上的领先地位。正如康诺公司的一名高管所描述的那样：

> 从 OEM 硬盘产业诞生时开始，产品研发一直是经以下三个步骤依次展开的：首先是设计硬盘产品；其次是生产硬盘产品；最后是销售硬盘产品。我们改变了这三个步骤的顺序：首先销售硬盘；然后设计硬盘；最后生产硬盘。[14]

换句话说，康诺公司开创了一种全新的硬盘销售模式——为便携式计算机市场上的主要客户提供客户定制服务，并且相应地完善了适宜于这种模式的市场营销、工程管理和制造流程。[15] 康诺公司的另一名高管表示："希捷公司从未弄清楚应该怎样在便携式计算机市场销售硬盘产品。它从未发现其中的窍门。"[16]

让小企业发展破坏性技术

每一种创新都是艰难的。而当项目实施机构内的大多数人员都在不断地询问为什么要开展这个项目时，实行创新项目的难度又将被无限扩大。只有那些能够满足重要客户的需求，能对机构的盈利和增长需求产生有利影响，而且能够提高参与其中的有能力的员工的职业发展前景的项目，才能得到机构内工作人员的理解和支持。当一个项目不具备这些特点时，管理者就需要花费很长的时间和巨大的精力来解释为什么该项目需要这些资源，因此他们也无法有效地管理这一项目。在这种情况下，最优秀的员工一般都不希望与这种项目发生关联。当情况恶化时，被认为无关紧要的项目也将首先被取消或推迟。

因此，当管理层能确保参与其中的人员都认为项目的实施将对机构未来的发展及盈利的实现起到至关重要的作用时，该项目获得成功的概率也将大大增加。在这些情况下，当不可避免地出现低于预期的状况、不可预知的困难和工作进度的延迟时，机构也更有可能找到办法来解决这一问题。

正如我们已经看到的那样，大企业基本上不会将在小型新兴市场研发破坏性技术的项目视为企业成功与否的关键。对大企业而言，与其不断地试图说服和提醒每个人，小型破坏性技术可能会在未来某个时候发展成一项关键性技术，或者至少发展为一项具有战略意义的技术，不如让规模足够小、足以为尚处于萌芽阶段的破坏性技术所带来的机遇而欢欣鼓舞的机构来负责项目的实施。具体方法可以是建立一个独立的分支机构，也可以是收购一家与破坏性市场规模匹配的小企业。指望那些希望在大企业一展宏图的员工全力支持（包括利用他们所掌握的资源，并让他们付出很多的时间和巨大的精力）规模较小、市场定位不明确的破坏性项目，无异于古人手缚羽翼、挥动翅膀的飞行痴梦。[17]

商界有很多使用这种方法取得成功的范例。例如，数据控制公司本来完全错过了 8 英寸硬盘带来的发展机遇，但它在俄克拉荷马市专门成立了一支团队来研发 5.25 英寸硬盘。除了需要远离主流客户的影响这一因素，数据控制公司还明确希望创立一家规模与市场发展机遇匹配的机构。公司的一名经理回忆说："我们需要一个能为 5 万美元的订单而欢呼雀跃的机构。在明尼阿波利斯（该部门通过在大型计算机市场销售 14 英寸硬盘而为公司贡献了近 10 亿美元的收入），你至少需要拿到 100 万美元的订单才能引起别人的注意。"事实证明，该公司在俄克拉荷马市的项目取得了巨大的成功。

另外一种使机构规模与市场规模匹配的方式就是，收购一家专门用来发展破坏性技术的小型企业，这也是艾伦-布拉德利公司（Allen Bradley Company）从生产机械电机控制器成功过渡到生产具有市场破坏性的电子电机控制器时所采取的战略。

在数十年的时间里，位于密尔沃基的艾伦-布拉德利公司是电机控制行业无可争议的龙头企业，它主要生产复杂的重型开关（这种开关能够控制大型电机，并在电压超负荷和电流猛增时起到保护电机的作用）。艾伦-布拉德利公司的主要客户是机床和起重机制造商，以及负责为工业用和商业用采暖、HVAC（通风与空调）系统安装风扇和泵的生产商。电机控制器是一种机电设备，其运行原理与家用电灯开关类似，只是其规模要大很多。在较为复杂的机床和 HVAC 系统中，电机及其控制器通常通过机电式继电器开关被连接在一起，按特定的顺序并在特定的条件下打开和关闭电机。鉴于它们所控制的设备的价值和设备发生故障后带来的高昂成本，控制器需要结实、耐用，能开闭几百万次，并能防震、防尘（这是由控制器的工作环境决定的）。

1968 年，创业企业莫迪康（Modicon）公司开始销售电子可编程电机控制器。从机电控制器主流用户的角度看，这是一种破坏性技术。德州仪器（TI）公司紧跟莫迪康公司推出了自己的电子控制器。由于早期的电子控制器无法像艾伦-布拉德利公司生产的控制器那样，在恶劣环境下也具有很强的耐用性，莫迪康公司和德州仪器公司均未能打开主流机床制造商和 HVAC 承建商市场。由于该类产品的性能指标是由主流制造商确立的，而且电子产品的性能不如传统控制器，因此几乎没有几家主流客户需要用到电子控制器提供的可编程功能。

因此，莫迪康公司和德州仪器公司被迫为它们的可编程电机控制器开发一个新的市场——工厂自动化市场。这个新兴市场所针对的客户不是制造商，而是刚刚开始尝试组装自动化生产设备零件的设备用户，例如福特汽车和通用汽车。

在 5 家领先的机电电机控制器制造商［艾伦-布拉德利公司、Square D 公司、卡特拉-汉莫（Cutler Hammer）公司、通用电气公司和西屋电气（Westinghouse）公司］中，只有艾伦-布拉德利公司在可编程电机控制器中改善了其耐用性，并在开始侵入核心电机控制器市场时，保住了自身在市场上的优势地位。艾伦-布拉德利公司仅落后莫迪康公司两年进入电子控制器市场，却在短短数年内便确立了它的市场领先地位，甚至还保持了在传统机电产品中的优势地位。随后，艾伦-布拉德利公司将自己转变为工厂自动化电子控制器的主要供应商。而其他4家企业很晚才推出自己的电子控制器产品，而且之后它们要么退出了控制器市场，要么其市场地位每况愈下。从技术能力角度来看，这一结果令人颇感意外，因为当时通用电气公司和西屋电气公司在微电子技术方面的专业能力，要远远高于没有任何微电子技术系统化应用经验的艾伦-布拉德利公司。

那么，艾伦-布拉德利公司采取了什么与众不同的措施呢？在1969年，也就是在莫迪康公司进入电子控制器市场一年后，艾伦-布拉德利公司的管理层收购了信息仪器公司（Information Instruments, Inc., 一家位于密歇根州安娜堡的刚刚起步的可编程控制器制造商）25%的股份。第二年，该公司又收购了邦克-拉莫（Bunker-Ramo）公司新成立的一个负责可编程电子控制器及其新兴市场的部门。艾伦-布拉德利公司将收购后的企业合并为一个部门，其运转流程完全独立于位于密尔沃基的主流机电产品业务部门。后来，随着企业内部不同部门的相互竞争，电子产品蚕食了机电控制器业务。[18]与之相反，其他4家企业都由主流机电部门来负责管理其电子控制器业务，而机电产品的客户起初并不需要或不想使用电子控制器产品。因此，这4家企业都未能在新技术领域抢占足够的市场份额。

强生公司采取了一种类似于艾伦-布拉德利公司的策略，从而极为成功地应对了破坏性技术（例如内窥镜外科设备和可抛式隐形眼镜）带来的挑战。尽管强生公司的总收入超过了 200 亿美元，但该公司旗下汇聚了 160 家独立运作的企业，其中既有像麦克尼尔（MacNeil）公司和杨森制药公司这样的大型企业，也包括年收入不到 2 000 万美元的小公司。强生公司的战略是通过专门收购规模非常小的企业来研发采用了破坏性技术的产品。

本章小结

追求增长和竞争优势的管理者不必在业务的各个方面都争当领先者。实际上，有大量证据表明，在延续性变革中，专注于扩展传统技术的性能，并选择在新的延续性技术出现时充当追随者的企业，也能继续保持其领先地位和竞争优势。但在破坏性技术变革中，情况则大不相同。在破坏性技术刚刚出现时，率先进入这些新兴市场的企业将赢得巨大的回报，并建立明显的先发优势。引领破坏性技术商业化潮流的硬盘制造商所实现的增长率，要远远高于在破坏性技术变革中处于追随者地位的企业。

尽管有证据表明，率先进行破坏性技术的商业化推广至关重要，但成功的大型创新企业却在争取领先地位的过程中，陷入了一个千回百转的迷局。除了要应对当前客户的影响（这部分内容已在第 1 章进行了探讨），增长导向型大型企业还必须面对小市场无法满足大机构的短期增长需求这一难题。所有由破坏性技术催生的市场在最开始时的规模都很小，领先企业在这些市场上接到的第一笔订单也都是小订单，培育了这些新兴市场的企业所建立的成本结构也必须能使企业以很小的规模实现盈利。这些因素都要求企业采取措施，将商业研发破坏性创新项目的职责交由小型机构，因为这些小机构会把这些项目视为通往增长与成功的必经之路，而不是企业主流业务之外的一根"鸡肋"。

当然，这种提法并不新鲜。许多管理学学者也认为，小型化和独立性在创新中反而更具备某些优势。我希望本书第 5 章和第 6 章的内容能为读者提供更多的启示，以便读者从更深层次了解在哪些情况下适宜采取这一策略。

第7章

发现新市场：先行动再制订计划

> 你无法对尚不存在的市场进行分析。因
> 此，管理者为应对破坏性技术变革而采
> 取的战略和计划应该是有关学习和发现
> 的计划，而不是事关执行的计划。

　　你无法对尚不存在的市场进行分析——供应商和客户应一同来探索这些未知市场。在研发破坏性技术时，破坏性技术的市场应用领域不仅是未知的，而且是不可知的。因此，管理者为应对破坏性技术变革而采取的战略和计划应该是有关学习和发现的计划，而不是事关执行的计划。这是非常重要的一点。因为自认为通晓市场未来发展状况的管理者所采取的规划和投资策略，与承认发展中的市场充满不确定性的那些管理者所采取的策略，存在很大的区别。

　　大多数管理者都是在延续性技术环境下形成自己的创新理念的，因为成熟企业研发的大多数技术在本质上都属于延续性技术。根据定义，延续性创新针对的是能基本掌握客户需求的已知市场。

在这种环境下，有计划地评估、研发和营销创新产品的方法不仅是可行的，而且是取得成功的关键。

但是这意味着，在成功的企业中，最优秀的管理者所具备的创新管理经验并不涉及破坏性技术。例如，大多数市场营销人员在大学里和工作岗位上被反复灌输的一个重要理念就是要倾听客户的意见，但几乎没有营销人员接受过关于如何发现尚不存在的市场理论或实践培训。这种不平衡的营销经验所带来的问题就是，如果营销人员在应对破坏性技术时，将在"延续性创新学校"学到的分析和决策流程付诸实践，则可能会给企业带来毁灭性的影响。这些流程需要在市场尚不存在时就提供较为准确的量化信息，在收入或成本都是未知数时就对财务收益率进行精确的预测，在尚无法制订详细的计划和预算时就根据空中楼阁般的计划和预算来进行管理。应用不恰当的市场营销、投资和管理流程，可能会使好的企业丧失创造新市场（首先使用破坏性技术的市场）的能力。

在本章，我们将看到，硬盘行业的专家能够非常准确地预测延续性技术市场，但在洞察破坏性创新催生的市场的出现，预测这个新市场的规模方面却存在很大的困难。摩托车和微处理器行业的历史进一步表明，在破坏性技术催生的新兴市场中，其应用领域还存在不确定性，即使是那些现在看来很明显的应用领域也是如此。

无法预测的破坏性技术

从硬盘产品最早出现时开始，人们就可以得到有关硬盘行业市场的海量信息，这就是对硬盘行业的研究能给人带来很多启示的主要原因。位于加利福尼亚州山景城的磁盘／趋势公司每年都会发布一份《磁盘／趋势报告》，里面列举了全球所有企业从1975年开始每年上市的每一种硬盘产品的型号。这份报告显示了每种型号的硬盘首次上市的时间，列明了硬盘的性能规格，并详细说明了其所采用的组件技术。此外，全球每一家硬盘制造商都会向磁盘／趋势公司提供它们销售的产品的型号，包括有关客户购买的硬盘类型方面的信息。《磁盘／趋势报告》的编辑会整理这些数据，以发现各个狭义上的市场部门的规模，并公布市场主要竞争企业所占的市场份额列表（会注意防止泄露各公司的专有数据）。硬盘行业的制造商发现这份报告具有极高的价值，因此，所有的硬盘制造商都继续与磁盘／趋势公司分享它们的专有数据。

　　每一版《磁盘／趋势报告》都会公布过去一年每个市场部门的实际设备销量和销售额（计价单位为美元），并会对每一类产品未来四年的销售情况进行展望。鉴于该报告在数据来源方面具有得天独厚的优势（可获得20年内的行业数据），读者可通过不断演变的行业历史来检测《磁盘／趋势报告》过去所做预测的准确性。总体来说，这份报告对成熟市场未来发展趋势的预测非常准确，但它似乎总是无法准确地预测破坏性硬盘技术催生的新市场的规模。

　　图7.1显示了每一种新型硬盘上市后，《磁盘／趋势报告》对它们前四年的销售总量的预测，并将这一预测与这四年实际实现的销售总量进行比较。根据这一比较，我们大致可以得出以上结论。为了便于比较，表示预测销量的柱状图的高度将被转化为较为普遍的百位数值，而表示实际销量的柱状图则用相对于预测数据的

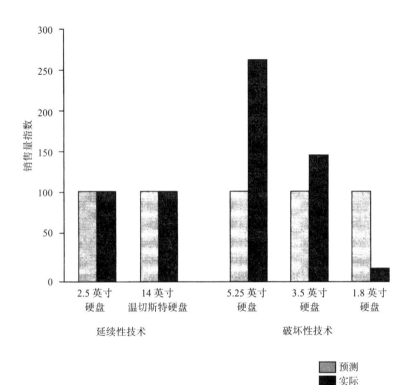

图 7.1 首款新型硬盘上市后的前四年：延续性技术与破坏性技术的比较

资料来源：《磁盘／趋势报告》各期公布的数据。

百分比来表示。在《磁盘／趋势报告》预测的五种新型硬盘中，14英寸温切斯特硬盘和2.5英寸硬盘属于延续性创新，因为这些产品与上一代硬盘一样是销往同一个价值网络的。其他三种硬盘（5.25英寸、3.5英寸和1.8英寸硬盘）都属于推动了新价值网络产生的破坏性创新。（《磁盘／趋势报告》没有单独发布对8英寸硬盘的预测。）

需要注意的是，《磁盘／趋势报告》对延续性的 2.5 英寸硬盘和 14 英寸温切斯特硬盘的预测，与行业实际销售数据的误差分别在 8% 和 7% 以内，但它对 5.25 英寸、3.5 英寸和 1.8 英寸硬盘的预测，却与实际数据分别相差了 265%、35%（实际上是个非常接近的值）和 550%。需要特别指出的是，1.8 英寸硬盘（《磁盘／趋势报告》对这种型号的硬盘的预测与实际数据相差甚远）是第一代主要应用领域为非计算机市场的硬盘产品。

《磁盘／趋势报告》的工作人员采用预测延续性技术的方法来预测破坏性技术：采访主要客户和行业专家，进行趋势分析，建立经济模型，等等。这种方法能够准确地预测延续性技术的发展情况，但被运用到尚不存在的市场或应用领域中时，却遭遇了重大的失败。

惠普经验：不能完全听信市场分析

延续性技术和破坏性技术在可预见性上的差异，对惠普公司具有革命性和突破性的 1.3 英寸 Kittyhawk 硬盘市场的形成，产生了深远的影响。[1]1991 年，惠普公司位于爱达荷州博伊西的 DMD（磁盘存储部）为母公司（当时市值为 200 亿美元）创造了约 6 亿美元的收入。那一年，DMD 的团队研发出了一种 1.3 英寸、20MB 的硬盘，并将这种微型硬盘的代码命名为 Kittyhawk。对惠普公司来说，这确实是一个突破性项目。之前 DMD 制造的最小的硬盘是 3.5 英寸的，而且 DMD 几乎是行业内最后一家推出 3.5 英寸硬盘的公司。1.3 英寸的 Kittyhawk 硬盘是惠普公司取得的一次重大技术飞跃，而且最重要的是，这是惠普公司首次尝试引领破坏性技术。

为了让这个项目能在一个拥有雄心勃勃的增长计划的机构内安身立命，惠普公司的高管要求 Kittyhawk 的收入必须在 3 年内达到 1.5 亿美元。幸运的是，一个巨大的微型硬盘市场正在前方等待着 Kittyhawk 项目的支持者去发掘，即便携式掌上电脑或 PDA 市场。在进行了相关市场预测后，Kittyhawk 项目的发起人认为，他们可以达到公司为其设定的收入目标。他们咨询了一家市场研究公司，这家公司进一步证实了惠普公司的想法，即 Kittyhawk 的市场潜力巨大。

惠普公司的营销人员与计算机行业主要企业〔例如，摩托罗拉、AT&T、IBM、苹果公司、微软、英特尔、NCR〕及一些不太知名的创业公司的高管建立了非常良好的关系。这些高管对 PDA 市场的开发投入了巨额资金。其中许多产品的设计都能看到 Kittyhawk 的影子，而 Kittyhawk 的设计也反映了这些客户（经过充分市场调研后得出）的需求。

Kittyhawk 团队总结说，研发一种能够满足这些客户需求的硬盘将是一件虽然很难但技术上可行的任务。他们花费了 12 个月来研发这种微型硬盘，结果令人欣喜（如图 7.2 所示）。第一种型号产品的容量为 20MB；第二种型号产品于一年后推出，容量为 40MB。为了满足目标市场对 PDA 和电子笔记本耐用性的要求，Kittyhawk 安装了一种碰撞传感器，功能相当于汽车使用的气囊碰撞传感器，这样机器即使从 3 英尺高的地方落在水泥地面上也不会损失数据。惠普公司最初对 Kittyhawk 的定价是每个 250 美元。

尽管 Kittyhawk 的技术研发是按计划进行的，但公司对其应

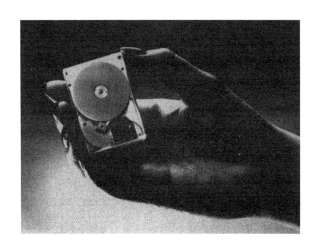

图 7.2 惠普的 Kittyhawk 硬盘

资料来源：惠普公司，经核准后使用。

用领域的开发却不尽然。PDA 市场未能发展成很大的规模，因为苹果公司的牛顿 PDA 及其他竞争产品的销量都低于预期。这一结果让计算机行业的许多专家感到意外，而惠普公司的营销人员正是在向这些专家征求意见时花费了巨大的精力。在市场开发的前两年，Kittyhawk 只实现了预计销量的一小部分。创业型企业和风险投资家可能会对这个销量感到满意，但对于惠普公司的管理层来说，这个销量远远低于预期，而且根本无法满足 DMD 对于增长和扩大市场份额的需求。更加令人意外的是，对 Kittyhawk 的销量贡献最大的应用领域根本不在计算机行业，而在日语便携式文字处理器、迷你现金出纳机、电子摄影机和工业用扫描器上，而这些应用领域均未出现在 Kittyhawk 的原始市场营销计划中。

更加令人失望的是，就在 Kittyhawk 上市两周年纪念日即将来临时，一些大型游戏机系统制造商询问惠普公司的市场营销人员，惠普公司是否能够以更低的价格生产另一种型号的 Kittyhawk，如果可以的话，它们就计划购买大量的 Kittyhawk 硬盘。在过去的两年中，这些企业一直在关注 Kittyhawk 产品，它们表示，它们花了很长时间才弄清楚这么小的存储设备的用途。

总的来说，惠普公司设计的 Kittyhawk 硬盘是对移动计算机技术的一次延续性创新。在移动计算机应用领域看重的许多指标上（即体积小、重量轻、能耗低、耐用性好），Kittyhawk 都相当于对之前的 2.5 英寸硬盘和 1.8 英寸硬盘做了非持续性的延续性改进。只有容量（惠普在这方面走了极端）是 Kittyhawk 的一大缺陷。但 Kittyhawk 产品最终接到的大量咨询和订单都属于真正的破坏性产品，有些产品的定价为每件 50 美元，而且功能有限。对于这些应用领域，10MB 是最为理想的容量。

不幸的是，由于惠普公司对 Kittyhawk 硬盘的定位是成本高昂的 PDA 市场，而不是将其作为真正的破坏性产品而设计，因此，它无法接受家用游戏机制造商提出的价格。由于已经投入了大量资金以达到原来为 PDA 应用领域设定的目标，惠普公司的管理层已经失去了耐心，而且他们也没有资金来重新设计一种更为简单的、一般化的 1.3 英寸硬盘，来满足最终浮出水面的新应用领域的需求。最后，惠普公司在 1994 年年底从市场上撤回了 Kittyhawk 产品。

惠普公司的项目经理后来承认，他们在管理 Kittyhawk 提案时犯下的最严重的错误，就是想当然地认为他们对市场的预测是正确的，而不是假定预测是错误的。他们按照对 PDA 市场的销量预测大举投资生产能力建设，并在对 PDA 市场进行详尽的调查后，融入了他们认为将对提高市场接受度起着关键作用的设计特点（例如碰撞传感器）。这样的规划和投资是在延续性技术变革中取得成功的关键，但惠普公司的项目经理在反思后认为，这种策略并不适用于像 Kittyhawk 这样的破坏性产品。如果有机会重新再来，他们会先假定，无论是他们自己还是其他任何人，谁都无法确定客户想要什么，或者产品销量能达到多少。这种策略将推动他们采取更具探索性、更加灵活的产品设计和基于生产能力的投资方法。如果再有一次机会，他们会在市场上摸着石头过河，预留足够的资源，以备在必要时根据他们已经了解的情况重新调整项目的发展方向。

当然，惠普公司的硬盘生产部门并不是唯一一家想当然地认为自己了解破坏性技术市场的制造商。这种情况在大型企业中非常普遍（如以下案例所述）。

抢占北美：本田的小型摩托车战略

本田公司成功地冲击并主导北美和欧洲摩托车市场的经验，经常被引用为清晰的战略思维与积极、统一的战略执行完美结合的范例。本田公司主动采取了一种基于经验曲线的生产战略——降低价格，增加产量，大幅削减成本，进一步降低价格，进一步削减成本，并在摩托车市场建立了不可动摇的基本产量的低成本制造优势。然后，该公司凭借这一优势开始逐渐向高端市场转移，并最终将几乎所有的知名摩托车制造商淘汰出摩托车市场，即便是硕果仅存的哈雷公司和宝马公司也在与本田公司的竞争中元气大伤。[2] 本田公司将生产上的优势与合理的产品设计、极具创意的广告和一张便捷、覆盖范围极广的分销和零售网（主要针对业余自行车运动爱好者，这也是本田公司的核心客户基础）结合。从这个角度来看，本田公司的历史就是一段所有管理者都梦想过的有关战略决策和经营业绩的成功史。但时任本田公司的业务经理却对我们讲述了一段版本完全不同的本田公司成功史。[3]

在日本战后重建、国家一贫如洗的年代，本田公司成长为一家生产小型、耐用型摩托车的供应商。这种产品的主要客户是拥堵的城市地区的经销商和零售商，他们利用这种摩托车来向当地客户运送一些体积较小的货物。本田公司在为这种摩托车设计小型、高效发动机方面积累了大量的经验，在日本市场的年销量从最初（1949 年）的 1 200 辆上升至 1959 年的 285 000 辆。

本田公司的高管希望利用公司较低的劳动力成本，将摩托车出口到北美，但北美市场并不需要在日本大受欢迎的"超级幼兽"（Supercub）送货车。本田公司的研究表明，在美国，摩托车主要作为长途交通工具被使用。因此客户对摩托车的体积、功率、速度等产品属性的要求特别高。为此，本田公司的工程师专门为北美市场设计了一种快速、大功率的摩托车。1959 年，本田公司派遣了三名员工到达洛杉矶，开始在北美市场推销这种大功率摩托车。为了节省生活成本，三人合租了一间公寓，而且每人都带了一辆"超级幼兽"摩托车，以节省市内的交通费用。

最开始的市场营销活动开展得很不顺利。除了成本，本田公司的产品无法为潜在的客户提供任何性能优势，而且大多数摩托车经销商都拒绝接受未经市场检验的产品。最后，他们终于成功地说服了一些经销商，并卖出了几百辆摩托车，但却带来了灾难性的结果。事实证明，本田公司的发动机设计并不适用于需要长时间高速行驶的公路摩托车，这种发动机在长时间高速行驶后会裂开，导致漏油，而且离合器会严重磨损，在日本与洛杉矶之间空运包换摩托车的费用几乎拖垮了整家公司。

在一个周六，本田公司负责北美业务的主管川崎喜八郎决定骑着他的"超级幼兽"摩托车到洛杉矶东部的山林兜风，以疏解烦闷的心情。在泥路上骑行了一段后，他感觉神清气爽。几周后，他再次来到野外放松心情，后来他还邀请他的两位同事和他一起骑着"超级幼兽"到野外放松。周围的邻居和其他人看到他们骑着摩托车在山林中兜风，开始向他们询问在哪儿能买到这种可爱的小摩托车，三人立刻提出帮他们从日本特别订购"超级幼兽"产品。这种摩托车后来被广泛地称为越野轻型摩托车。之后的几年，三人继续骑着"超级幼兽"在山林中舒缓心情。有一次，西尔斯公司的一名采购员希望能够为公司的户外动力设备部门订购"超级幼兽"，但本田公司忽视了此次机遇，并希望继续专注于销售大型、大功率的越野摩托车，而这个战略仍然没有取得成功。

最后，越来越多的人都希望拥有自己的小型本田"超级幼兽"，与他们的朋友一起在野外飙车，这与本田公司美国团队最初预计的市场截然不同。也许在北美存在一个尚未被开发出来的越野娱乐用摩托车市场，而本田的小型50cc（排量）"超级幼兽"恰好符合这个市场的需求。经过一番唇枪舌剑的内部辩论后，洛杉矶团队最终说服了在日本的高层。这样，尽管公司的大型摩托车战略注定将以失败告终，但本田公司意外地发现了一个截然不同的机遇，并由此创造了一个全新的市场领域。

小型摩托车战略一经正式采纳，洛杉矶团队便发现，在说服经销商销售"超级幼兽"上所面临的挑战，要远远大于说服他们购买大型摩托车。当时市场上没有一家零售商在销售这种类型的产品。最后，他们终于说服了几家体育用品经销商来销售这种类型的摩托车。随着他们成功地打开"超级幼兽"的销路，本田公司极富创新性的经销战略也呼之欲出。

当时本田公司没有资金进行周密的广告宣传。但美国加州大学洛杉矶分校（UCLA）的一个学生与朋友在野外飙车时，突然想到了一句广告宣传语——"本田好生活"（"You meet the nicest people on a Honda"），并把这句广告语用在了他的广告课程论文里。受到老师的鼓舞，这个学生将该理念卖给了一家广告机构，然后这家广告机构说服本田公司采用了这条广告语，这为本田公司赢得了一项广告大奖。当然，这些偶然事件的背后，是真正世界级的设计工艺和制造执行系统，正是有了这个坚实的后盾，本田公司才能不断地提高产品质量，增加产量，降低售价。

本田公司的 50cc 摩托车对北美市场来说是一种破坏性技术。本田公司的客户在做出购买决定时所依据的产品属性排序，决定了本田公司所建立的价值网络完全有别于哈雷公司、宝马公司和其他传统摩托车制造商参与竞争的成熟价值网络。

从生产低成本、耐用型摩托车起步，本田公司开始将目光转向高端市场（其采用的战略让人联想到本书前几章提到的硬盘、钢铁、挖掘机和零售业新兴企业对高端市场的冲击），并于1970—1988 年推出了一系列发动机功率更加强大的摩托车。

20 世纪 60 年代末到 70 年代初，哈雷公司试图与本田公司进行正面竞争，它收购了意大利摩托车制造商 Aeromecchania 公司的小发动机（150~300cc）摩托车生产线，以扩展其低端市场。哈雷公司试图通过它的北美经销商网络来销售这种摩托车。尽管本田公司对于小型发动机摩托车的生产能力明显高于哈雷公司，但导致哈雷公司未能在小型摩托车价值网络建立优势地位的主要原因，还是哈雷公司的经销商网络所施加的阻力。经销商在高端摩托车销售上获得的利润率要比小型摩托车销售的高得多，而且许多经销商认为，小型摩托车会影响哈雷公司在其核心客户心目中的地位。

本书第 2 章提到过这样一个发现，即在一个特定的价值网络内，硬盘企业和其计算机制造商客户各自发展了非常相似的经济模式或成本结构，这决定了它们判定哪些业务最有利可图的方式。我们在这里又看到同一种现象。在价值网络内，哈雷公司经销商的经济模式导致它们经常会与哈雷公司一起看好同一种业务。它们共存于一个价值网络，因而不管是哈雷公司还是其经销商都很难从底部退出这一价值网络。20 世纪 70 年代末，哈雷公司决定放弃小型摩托车生产线，并重新把业务重心转移到高端摩托车市场——这一战略让人联想到希捷公司在硬盘市场上的重新定位，以及缆索挖掘机企业和综合性钢铁厂向高端市场的战略性撤退。

有意思的是，与推测北美摩托车市场究竟在哪儿时一样，本田公司对这个市场潜在规模的预测同样与实际相差甚远。在 1959 年刚刚进入北美市场时，本田公司最初的预想是在这个年销量为 55 万辆、年增长率为 5% 的市场抢占 10% 的市场份额。1975 年，这个市场的年增长率已达 16%，年销量达到 500 万辆，而且这 500 万辆摩托车的应用领域大都不在本田公司的预测范围之内。[4]

英特尔：从 DRAM 业务转移到微处理器业务

英特尔公司成立于 1969 年，当时公司的创始人开创性地研

发了 MOS（金属-氧化物-半导体）技术，来生产世界上第一个
DRAM 集成电路。到 1995 年，英特尔公司已经发展为全世界利
润最高的大型企业之一。英特尔公司的成功具有传奇性，因为
1978—1986 年，英特尔公司在日本半导体制造商的猛烈冲击下，
逐渐丧失了最初在 DRAM 市场建立的领先优势，但此时，它却
从一家二线 DRAM 企业成功地转型为全球最大的微处理器制造
商。英特尔公司是如何做到这一点的呢？

当时，英特尔公司按照与一家日本计算器制造商签订的合同
研发计划，研发了原始微处理器。当这个项目结束时，英特尔公
司的工程团队劝说公司高管从这家计算器制造商那里买下微处理
器的专利权（按照与英特尔公司签订的合同条款，这家日本制造
商拥有专利权）。英特尔公司当时并没有为这种新型微处理器制
定明确的市场开发战略，只是将芯片卖给任何能用到这种产品
的人。

虽然微处理器后来无疑是一种主流产品，但它在刚刚出现时
还是一种破坏性技术。相对于大型计算机复杂的逻辑电路（这在
20 世纪 60 年代相当于计算机的中央处理器），微处理器的功能非
常有限。但微处理器的体积小、结构简单，而且能以较低的价格
实现逻辑和计算操作，而这在以前是不可能实现的。

20 世纪 70 年代，随着 DRAM 市场的竞争日趋激烈，英特尔
公司 DRAM 收入的利润率开始下滑，而它的微处理器产品则由
于竞争压力相对较小而使利润率持续强劲增长。英特尔公司产能
分配体系的运作模式是，按照每种产品类型实现的毛利率大小来
按比例分配产能。因此，这个体系悄无声息地开始将投资资本和
生产能力从 DRAM 业务转移到微处理器业务上来——在这一过

程中，管理层的决策并没有发挥明显的作用。[5] 实际上，即使是在公司的资源分配流程逐渐将资源从该项业务上撤出时，英特尔公司的管理层仍为 DRAM 产品倾注了大量的时间和精力。

英特尔公司自动运行的资源分配流程，推动了企业战略发生实质性改变，并给英特尔公司带来了好运。由于当时人们对微处理器市场几乎一无所知，明确的分析并不能证明冒险进入微处理器市场就是正确的策略。例如，英特尔公司的联合创始人和董事会主席戈登·摩尔就回忆说，IBM 选择英特尔 8088 微处理器作为新型个人电脑的"大脑"，在英特尔公司内部被视为一个"设计上的小胜利"[6]。即便是在 IBM 的个人电脑取得巨大的成功后，英特尔公司内部在预测下一代 286 芯片的潜在应用领域时，也没有将个人电脑列入预测的 50 种销售额最大的应用领域清单中。[7]

现在回想起来，将微处理器应用到个人电脑上，实在是一件水到渠成的事。但在激烈的竞争中，即便是英特尔公司敏锐的管理层也无法预知，在微处理器可能被应用的多种领域中，究竟哪种会成为最重要且能够实现最大销售额和利润的应用领域。

"不可知营销"法：以发现为导向做规划

对于在合理规划破坏性技术市场方面可能遭遇的困难，一些管理者的反应是更加努力地工作，更加合理地做规划。尽管这种方法对延续性创新较为有效，但它却与破坏性技术的特性背道而驰。在所有有关破坏性技术的不确定因素中，管理者总是可以遵循这样一条法则，即专家的预测总是错误的。要准确地预测破坏性产品的用途，或者是破坏性产品市场的规模，几乎是不可能完成的任务。我们从中可以得出一个重要的推论：由于破坏性技术市场具有不可预测性，企业在最初进入这些市场时所采取的战略通常都是错误的。

这一陈述与表 6.1 中的发现［进入新兴市场价值网络的企业（37%）与进入当前价值网络的企业（6%）取得成功的事后概率之间存在极大的差异］到底在多大程度上是吻合的？如果市场不能被预测，那么计划开发这些市场的企业如何才能取得更大的成功呢？事实是，当我把表 6.1 中的矩阵图展示给列席的管理者时，他们都特别惊讶于取得成功的数量和概率方面的差异。但有一点表现得非常明显，那就是管理者都不认为这些结果适用于他们自己的情况。这些发现违背了人们对创造新市场的直观感受——创造新市场是一种真正有风险的行为。[8]

失败的理念与失败的业务

本章的案例研究为解决这一难题提出了一个方案。在理念的失败和企业的失败之间存在一个巨大的差异。在英特尔公司内部盛行的许多关于破坏性微处理器应用领域的理念都是错误的。幸运的是，在正确的市场方向还不可知时，英特尔公司并没有集中所有的资源，来固执地坚持错误的市场营销计划。作为一家企业，英特尔公司在寻找主要的微处理器市场的过程中，有很多次从一开始便犯下了错误，但最后都得以安然度过。同样，本田公司关于如何进入北美摩托车市场的理念也是错误的，但它并没有倾其所有来实施大型摩托车战略，所以它能够在市场真正出现后大举投资正确的战略。惠普公司的 Kittyhawk 团队就没有那么幸运了。由于坚信自己已经找到正确的战略，惠普公司的管理者斥巨资进行产品设计和生产能力的开发，但它们预想的市场应用领域从未出现。当微型硬盘的终极应用领域终于开始浮出水面时，Kittyhawk 团队已经没有资源来抓住这次机遇了。

实际上，研究已经表明，绝大多数成功的新兴企业都在开始实施最初的计划，并在了解哪些计划行之有效、哪些只是纸上谈兵后，放弃了最初的商业战略。[9] 成功企业与失败企业的主要差别通常并不在于它们最初的战略有多么完美。在初始阶段分析什么是正确的战略，其实并不是取得成功的必要条件，更重要的是保留足够的资源（或是与值得信赖的支持者或投资者建立良好的关系），这样，新业务项目便能在第二次或第三次尝试中找到正确的方向。那些在能够调转航向，转而采用可行的战略之前便用尽了资源或信用度的项目，就是失败的项目。

失败的理念与失败的管理者

在大多数企业里，管理者个人没有资本进行反复尝试，以寻求正确的战略。不管是对还是错，大多数机构的管理者都认为他们不能失败。如果他们负责的项目因从一开始就步入歧途的市场营销计划而以失败告终，这将成为他们职业发展道路上的一个污点，并将阻碍他们在机构内的晋升。由于失败是为破坏性技术寻找新市场的必经之路，管理者不能或者不愿拿他们的个人职业生涯来做赌注的事实也构成了一股强大的阻力，妨碍了成熟企业进入由这些技术创造的价值网络。正如约瑟夫·鲍尔在他的一项经典研究（关于一家主要化工企业的资源分配流程）中所观察到的："来自市场的压力使犯错的概率和成本都有所降低。"[10]

鲍尔观察到的现象与本书关于硬盘行业的发现基本一致。在能够确认创新需求（例如对延续性技术的需求）时，硬盘行业的知名领先企业能够长期投入巨额风险资金，来开发市场或客户所要求的任何技术。当无法确定创新需求（例如对破坏性技术的需求）时，成熟企业甚至无法开展技术上较为简单的项目，来对这种创新进行商业化推广。这也就是 65% 的进入硬盘行业的企业都试图进入成熟市场而非新兴市场的原因。发现新兴市场的过程必将是一个与失败为伍的过程，大多数决策者都发现，他们很难下定决心去支持一个可能会因为没有市场而最终失败的项目。

学习计划与实施计划

由于失败是探寻破坏性技术最初的市场应用领域的必经之路，管理者需要采取一种截然不同的方法（相比在延续性技术创新中使用的方法）。总体而言，对于延续性技术来说，计划必须在采取行动之前被制订，预测应该是准确的，客户的意见应该是非常可靠的。在延续性技术创新中，认真规划、积极实施是通往成功的阳光大道。

但在破坏性技术变革中，管理者必须在制订详尽计划前采取行动。由于对市场需求或市场规模知之甚少，计划必须服务于一个非常不同的目的，它们必须是学习计划，而不是实施计划。在开展破坏性业务时，管理者需要时刻铭记市场应用领域是不可知的，如此就能判断出哪些是寻找新市场的最重要的信息，并能对信息的重要性进行排序。项目和业务计划应反映出这些优先顺序，这样，在需要投入大量资本、时间和资金时，人们就能拼凑出关键的信息片段，或应对重要的不确定因素。

以发现为导向的规划要求管理者提出一些假设，并根据这些假设来制订业务计划或设定业务目标。[11] 这种类型的规划能够很好地应对破坏性技术。例如，惠普公司在研发 Kittyhawk 硬盘时就与它的生产合作伙伴西铁城公司一同投入了大量资金来建设和安装一条高度自动化的生产线。两家公司之所以会做出这样大手笔的投资，是因为它们假设惠普公司 PDA 产品的目标客户对 Kittyhawk 硬盘的销量预测是正确的。如果惠普公司的管理者假设没有人知道 PDA 产品的销量到底能达到多少，他们可能会建立小型的生产能力模块，而不是一条单一的高产量生产线。这样，在关键性的事件证明他们的假设是正确或错误的时，他们就能够调整生产量。

同样，制订 Kittyhawk 产品的研发计划所依据的基础是，这种微型硬盘的主要应用领域是对耐用性要求较高的 PDA 产品这一假设。根据这一假设，Kittyhawk 团队采用了高端组件和复杂的产品结构，从而大幅提高了产品售价，使之无法满足新兴低端市场的、对价格敏感的电子游戏机制造商对价格的要求。以发现为导向的规划将迫使项目团队在投入巨额资金导致事情无法挽回前，对市场假设进行测试。对 Kittyhawk 团队来说，这可能就是创造一种模块化设计，这样，随着市场逐渐验证了假设的有效性，他们就可以重新配置产品，或去掉产品的某些特色，以应对不同的市场和价格需求。

鉴于它们吸引管理层重点关注的领域不同，目标管理、例外管理等基本原理经常阻碍管理层对新市场的发现。一般来说，在性能未能达到计划的要求时，这些体系会鼓励管理层填补计划实现的性能与实际实现的性能之间的缺口。也就是说,这些体系专注于出乎意料的失败。但本田公司在北美摩托车市场的经历表明,破坏性技术市场经常会伴随着始料未及的成功而出现,而这方面的许多规划体系并没有引起企业高层的关注。[12] 这样的发现经常伴随着观察人们如何使用产品,而不是听取人们表示他们将如何使用产品的情况而出现。

我将这种发现破坏性技术新兴市场的方法命名为"不可知营销"。根据这种方法进行市场营销,必须遵循这样一个明确的假设:没有人——不论是我们,还是我们的客户——能够在真正使用破坏性产品之前了解它是否能够被投入使用,怎样使用,或者使用量有多大。一些面临这种不确定性的管理者更倾向于在其他公司切实找到相关市场之后再行进入。但考虑到破坏性技术的领先者能够建立巨大的先发优势,面临破坏性技术创新的管理者应走出实验室和跟踪调研小组,去亲自调研,利用以发现为导向的方法进入市场,直接了解有关新客户和新应用领域的知识。

第8章
如何评估机构的能力和缺陷

要想持续获得成功，优秀的管理者就需要掌握足够的技巧。这种技巧不仅仅表现在挑选、培训、激励员工，使能者胜任上，还表现在要善于为需要完成的任务选择、创建并筹备适合的机构，使能者适得其所。

当管理者安排人员开展重大创新项目时，他们总是出于本能地将任务的要求与候选人的能力进行匹配。在评估员工是否能胜任某项工作时，管理者将考量他们是否具备必要的知识、判断力、技能、洞察力及精力，同时还会审视员工的价值观——员工在行动中进行取舍时所遵循的标准。事实上，衡量管理者能力的标准就是，他是否能够根据不同的任务安排合适的人员，并对员工加以培训，使员工能更好地完成所承担的工作。

不幸的是，有些管理者并不会审慎地考量他们所在的机构是否具备成功完成任务的能力。他们通常认为，只要项目的每位参与者都具备足够的个人能力，能够很好地完成任务，那么他们所在的机构也就具备同样的能力。但情况往往正好相反。我们可以挑选两组具备相同个人能力的员工，将他们安排在两个不同的机构中，他们的工作表现很可能会截然不同。这是因为机构本身也具有独立于机构内部人员或其他资源的能力。要想持续获得成功，优秀的管理者就需要掌握足够的技巧。这种技巧不仅仅表现在挑选、培训、激励员工，使能者胜任上，还表现在要善于为需要完成的任务选择、创建并筹备适合的机构，使能者适得其所。

本章的目标是阐述本书第5~7章所提到的经验主义观察背后所隐含的理论——尤其是那些有关"成功应对破坏性技术的企业，往往都是那些为破坏性机遇专门创立了规模相当的独立机构的企业"的发现。20世纪八九十年代一直广受关注的理念就是，机构也拥有自己的"核心能力"。[1]然而，在具体实践中，大多数管理者会发现这个概念非常模糊，各式各样的创新提案都会引用某些假定的"能力"，导致人们对"能力"一词的解读较为混乱。本章将为管理者建立一个框架，使其在面临必要的变革时，能够了解自己所领导的机构是否有能力应对眼前的变局。通过这个框架，我们将为"核心能力"这一概念进行更为准确的定义。

机构能力框架

机构的能力往往受到三个因素的影响：资源、流程及价值观。当被问及自己的机构可能成功实施哪一种类型的创新时，管理者可以分别就以上三个因素进行分析解答，进而充分了解其机构所具备的能力。[2]

资源

资源是影响机构能力的三个因素中最为直观的一个，其中包括人员、设备、技术、产品设计、品牌、信息、现金，以及与供应商、分销商和客户的关系等。资源通常表现为事物或资产的形态——它们可以被使用或闲置，被购买或出售，可贬值也可升值。与"流程"和"价值观"相比，资源更易于在不同机构间实现转移。毋庸置疑，获取大量的优质资源有助于提高机构应对变革时的胜算。

在评估机构是否有能力成功实施变革时，管理者要做的第一件事就是确认资源配备情况，但对资源配备进行分析而得出的数据并不足以代表一家机构的真正实力。事实上，我们可以试着为两家不同的机构配备相同的资源，最后这两家机构可能会利用这些资源创造出截然不同的成果，这是因为，将机构能力转化为增值产品和服务的过程，是由该机构的流程和价值观决定的。

流程

在员工将资源投入（人员、设备、技术、产品设计、品牌、信息、能源、现金等）转化为产品或更大价值的服务的过程中，机构也随之创造了价值。在实现这些转化的过程中，人们所采取的互动、协调、沟通和决策的模式就是流程。³流程不仅包括制造过程，还包括实现产品研发、采购、市场研究、预算、规划、员工发展和补偿，以及资源分配的过程。

不同流程的差异不仅在于目的性，还在于其可预见性。有些流程是"正式"的，也就是说有明确的定义、清晰的记录，并能促使人们自觉地遵循它。另外一些流程则是"非正式"的，因为这些流程是随着时间推移逐渐形成的习惯性的工作程序或方式，人们遵守这些程序只是因为"这就是我们工作的方式"。 还有一些工作方法和互动方式长久以来被证明非常有效，以至于人们会不自觉地遵守这些方式——它们也构成了机构文化的一部分。无论流程是正式的、非正式的，还是根植于文化的，它都决定着机构如何将上述投入转变为更有价值的东西。

对流程的定义或改变实际上都是为了执行特定的任务。这就意味着，当管理者在执行任务时，如果他使用了专为该任务设定的流程，那么他通常能有效地完成任务。但是，如果把看上去同等有效的相似流程应用于不同任务，这个流程就可能显得缓慢、死板且效率低下。换句话说，如果某个流程定义了完成某项特定任务的能力，那它就等于同时定义了无法完成其他任务的能力。[4]优秀的管理者之所以要努力引起其所在机构的关注，是因为他要使流程与相应的任务能够水到渠成地迅速匹配。[5]

从本质上看，管理者面临的其中一个困境就是，流程的建立是为了让员工持续不断地重复完成任务。要保持这种连续性，就意味着不要去改变流程——如果一定要改变，也必须在严格的程序控制下进行。这就意味着机构用以创造价值的机制从本质上说是排斥变化的。

评估机构的能力或缺陷的一些最关键的流程，往往并不是那些显而易见的增值流程（如物流、研发、制造、客服等），而是那些能够左右投资决策的辅助流程或后台流程。正如我们在第7章所看到的那样，那些导致优秀企业无法对变革做出反应的流程，往往涉及市场研究的常规操作方式是如何进行，分析结果是如何在财务预测上得到体现，计划和预算是如何被制订，数据是如何计算的，等等。这些典型的固定流程正是许多机构在应对变革时能力最为欠缺的地方。

价值观

影响机构能力的第三个因素就是企业的价值观。企业的价值观就是在确定决策优先级别时所遵循的标准。有些企业的价值观是以道德为基础的。例如，强生公司在做出决策时所遵循的价值观是确保患者的健康，而指导美国铝业公司做出决策的价值观则是厂房的安全性。但在资源—流程—价值观（RPV，即 Resource-Procedure-Value）框架中，价值观有更广泛的意义。一家机构的价值观指的是员工做出优先决策时所依据的标准——他们以此来判断一份订单是否有吸引力，某个客户是否比另外一个客户更重要，某个新产品理念是否具有吸引力，等等。各级员工做出的决策都会体现一定的优先级别。对高管来说，这些决定往往表现为是否投资新产品、服务和流程；对销售人员来说，这些决定则体现在每天在现场决定将哪些产品推荐给客户，对哪些产品不做重点推介。

一家企业变得越大越复杂，就越需要高管来培训各级员工，使他们学会遵照企业的战略方向和业务模式，来自主确定决策的优先级别。事实上，良好管理的一个关键衡量标准就在于，管理者是否在机构内部普及了这种清晰、统一的价值观。[6]

但也正是这种清晰、统一、广为员工所接受的价值观界定了这家机构无法参与的业务范围。一家企业的价值观势必会反映出它的成本结构和业务模式，因为这些因素决定了员工必须遵循什么样的规则才能使企业实现盈利。假如一家企业的管理成本结构决定了这家企业必须实现 40% 的毛利率，那么从中将演化出一种强大的价值观，或者说是决策规则，鼓励中层管理者扼杀那些无法实现 40% 毛利率的业务构想。这就意味着，这样的机构无法成功地实施针对低端市场的商业化项目。而与此同时，另一家机构的价值观（由完全不同的成本结构所决定）则可能会推动同一类项目的成功。

成功企业的价值观至少会在两个方面以可预见的方式进行演变。其一，这与可接受的毛利率有关。当企业为产品和服务添加新的特色和功能，以便在能够实现溢价的市场吸引更优质的客户时，管理费用也随之大幅增长。结果是，在某些阶段非常具有吸引力的毛利率，在后续阶段可能会丧失其吸引力。在市场迁移的过程中，企业价值观也会不断发生转变。例如，丰田公司凭借珂罗娜车型打入北美市场——该产品定位于低端市场。当入门级产品市场开始充斥着来自尼桑、本田及马自达公司的类似产品时，来自同样低成本竞争对手的竞争使毛利率大幅下滑。为了提高毛利率，丰田公司随之为更高级别的市场研发了更为复杂的产品。为应对这些市场竞争压力，卡罗拉、凯美瑞、普瑞维亚、亚洲龙及雷克萨斯系列轿车应运而生，通过转战高端市场，丰田公司因此维持了较高的毛利率。在这个过程中，丰田公司不得不增加运营成本来设计、制造和支持这一级别的轿车。成本结构发生改变之后，低端市场的利润变得形同鸡肋，丰田公司于是逐渐降低了对低端市场的关注度。

我们在第 4 章中详述过纽柯钢铁公司的历史。作为小型钢铁厂中的佼佼者，纽柯公司一路向上进攻，不断侵蚀综合性钢铁厂所占据的高端市场。在这一过程中，该公司同样经历了价值观的转变。随着对其产品类型的定位不断上调——从螺纹钢到角钢，再到结构钢梁，最后到板材，其管理重心也在不断转移。最终，该公司决定放弃其早期赖以生存的螺纹钢产品。

其二，根据价值观的转变可以预测一家企业需要发展到多大规模才能引起人们的注意。一家企业的股价反映了其预计盈利流的贴现现值，绝大多数管理者所承受的压力不仅仅来自要维持增长趋势，还来自要保持增长的速度。一家市值 4 000 万美元的企业要想保持 25% 的增长率，就必须新增 1 000 万美元的新业务收入。而对一家市值 400 亿美元的企业来说，要想保持 25% 的增长率，其新业务收入就必须达到 100 亿美元。这两家企业为完成各自的增长目标所需把握的市场机遇的规模是截然不同的。正如我们在第 6 章所指出的那样，使小企业欢欣鼓舞的市场机遇，对大企业来说可能就形同鸡肋。成功所带来的效应实则苦乐参半。当大企业不断发展壮大时，它们也基本丧失了进入小型新兴市场的能力。这种能力的缺失并不是由企业内部的资源发生改变而造成的——一般说来，这类企业往往坐拥庞大的资源。问题的关键在于其价值观改变了。

为了节省开支，企业高管和华尔街的金融家们会积极促成大企业的合并。但他们也需要考虑这一行为对合并后的企业价值体系所产生的影响。虽然合并后的机构可能有能力向创新活动投入更多的资源，但是它们的商业机构却可能丧失对（除特大机遇之外的）其他所有机遇的兴趣。巨大的规模反倒实实在在地成了创新管理的绊脚石。从很多方面来看，惠普公司就是意识到这个问题，才决定将自己拆分成两家公司的。

机构能力决定企业如何应对破坏性创新

对我来说，RPV框架是一个非常实用的工具，它有助于我了解我在研究各家企业应对延续性技术与破坏性技术的不同历史表现中的有关发现。让我们回忆一下在硬盘行业发展史中出现（经过我们的确认）的116项新技术。这当中有111项是延续性技术，它们所带来的影响就是提升了硬盘的性能，其中有一部分属于渐进式改善，而其他的技术（例如磁阻磁头技术）则代表了产品性能的非连续性跳跃式提升。在这111项延续性技术中，引领新技术的研发和推广潮流的企业都是原有技术领域的领头羊。成熟企业在研发和应用延续性技术方面可以说是战无不胜，成功率达到100%。

这116项新技术中的另外5项属于破坏性创新——在每一个案例中，相比主流市场使用的硬盘，这些破坏性硬盘的尺寸更小、速度更慢、容量更小。这些破坏性产品不涉及任何新技术，但当这些破坏性创新产品进入市场后，没有一家行业领先企业能够继续稳居鳌头——它们的"击球成功率"为零。

为什么在延续性创新与破坏性创新的对抗中，会出现如此明显的落差呢？答案就在机构能力的RPV框架中。行业领先企业不断地研发和推出延续性创新技术。月复一月，年复一年，这些企业为了在市场竞争中领先一步，不断推出改进后的新产品。最后，这些领先企业的技术潜力评估和客户需求调查流程都越来越偏向于延续性技术。按照本章的说法，这些机构培养了企业开展此类活动的能力，而且这种能力已经根植于企业的流程中。对延续性技术的投资也符合领先企业的价值观，因为向高端客户提供更好的产品本来就可以实现更高的利润率。

另外，破坏性创新的产生总是间歇性的，以至于没有哪家企业能专门为其制定一套程序化的流程。而且破坏性产品往往单价较低，不受最优质客户的青睐，相应的利润率也就比较低，从而与领先企业的价值观背道而驰。领先的硬盘企业所拥有的资源（包括人力、资金及技术资源）能够保证它们在延续性技术和破坏性技术创新上双管齐下，但这些企业的流程和价值观却决定了它们无法成功地进行破坏性技术创新。

事实上，具有市场破坏性的小企业更有能力抢占新兴市场，面对它们的冲击，大企业经常只能将这一市场拱手相让。虽然创业型企业缺少资源，但这并不重要，这些创业型企业的价值观就是为小市场量身打造的，小企业的成本结构能够包容更低的利润率。它们的市场研究和资源分配流程允许管理者凭直觉行事，而不是必须根据用PPT（演示文稿）呈现的严谨的研究和分析结果来做出决策。这些优势叠加起来，可能会带来绝好的机遇，但也可能预示着灾难的来临——结果如何，取决于你的看法。

然而，对于面临变革或创新需求的管理者来说，他们所要做的不只是根据任务需求正确分配资源，还要确保获得这些资源的机构有能力获得成功——而在进行评估时，管理者必须仔细分析机构的流程和价值观能否和任务匹配。

能力迁移：从资源到流程和价值观

在机构的初创阶段，大多数工作的开展得益于它的员工资源。几个关键人员的加入或离开，都可能对机构成功与否产生深远的影响。但随着时间的推移，机构的能力轨迹逐渐转向其流程和价值观。在员工们通力合作成功完成重复出现的任务的过程中，流程开始被确定。而随着商业模式的形成，成为发展重点的业务类型将逐渐被明确，价值观也将得以建立。事实上，很多创立不久的企业最开始都能凭借热门产品成功上市，其股价一路飙升，但最后却以惨败收场。其中一个原因就是，它们最初的成功是建立在资源（一起创业的工程师们）基础之上的，但它们未能建立能够帮助其不断推出热门产品的流程。

其中一个昙花一现的例子就是 Avid 科技公司——一家电视数据编辑系统制造商。Avid 公司的技术使得视频编辑不再是一项沉闷的工作。这项技术深受广大客户的喜爱，在其明星产品的支持下，Avid 公司的股价从 1993 年上市时的每股 16 美元，飙升至 1995 年年中的每股 49 美元。但当 Avid 公司面对日趋饱和的市场、逐渐增加的库存、应收账款及日益激烈的竞争时，便渐渐暴露了产品单一这个缺陷。虽然它的产品受到客户的热捧，但 Avid 公司缺乏有效的流程来不断推陈出新，也无法控制产品的质量、交付及售后服务。最终，公司的业务一落千丈，股票也惨遭抛售。

与之形成鲜明对比的是一些极为成功的企业，例如麦肯锡公司。麦肯锡公司建立了强有力的流程和价值观，因此，其员工无论被分配到哪个项目团队，都能工作得井然有序。每年都有上千个 MBA 毕业生加入这家公司，每年也有同等数量的员工离职。但是麦肯锡公司仍然能够年复一年地高质量完成工作，这是因为它的核心能力根植于流程和价值观，而不仅仅是资源。但我发现麦肯锡公司的这些能力同样也构成了它的缺陷。麦肯锡公司严格的分析和数据驱动型流程有助于它在成熟、相对稳定的市场为其客户创造价值，但在日新月异的科技市场面对飞速成长的公司时，它就不那么容易建立强大的客户基础了。

在企业流程和价值观的形成阶段，创始人的行为和态度会对企业产生深远的影响。创始人往往强烈要求员工按照既定的方式通力合作，以制定决策，并把事情做好。创始人同样会将他们对机构优先发展计划的观点强加给员工。当然，如果创始人的方法有缺陷，企业可能会遭遇失败。但如果这些方法行之有效，员工将会亲身体验创始人解决问题的方法和制定决策的标准到底多有效。这样随着他们成功地运用这些方法来共同完成常规任务，流程得以确定。同样，如果该企业根据创始人的标准来决定资源使用的优先次序，并成功实现了经济效益，那么该企业的价值观便会开始凝聚。

随着成功企业日趋成熟，员工逐渐认为，他们已经接受的优先次序，他们用于开展工作的方式及制定决策的方法，就是正确的工作方法。一旦企业成员开始根据假设而不是主观判断来选择工作方式和决策标准，那么这些流程和价值观就将构成企业的文化。[7] 随着企业的规模从几人发展到几百人、几千人，要让所有员工在需要做什么和如何做的问题上达成一致，以保证他们持续不断地开展正确的工作，即使是对最优秀的管理者来说，也是个严峻的挑战。在这些情况下，企业文化就成为一个强大的管理工具，它能够促使员工自主行动，并确保他们保持行动的统一。

因此，决定机构能力和缺陷的最为有力的因素，会随着时间的推移而不断发生改变——从资源变为可预见的、有意识的流程和价值观，然后转化为文化。只要机构一直面临同类型的问题，而且机构发展这些流程和价值观的目的就是解决这些问题，那么管理这家机构就会相对简单。但是，由于这些因素也决定了该机构在哪些方面会受到限制，因此当机构面临的问题发生变化时，这些流程和价值观就会成为机构成功应对这些问题的阻碍。当机构的能力主要体现在人员身上时，通过改革来解决新问题会相对简单，但当其能力开始根植于流程和价值观，尤其是当其能力已成为机构文化的一部分时，改变可能会变得异常困难。

案例：DEC 是否有能力在个人电脑市场取得成功

DEC 是 20 世纪 60 年代至 20 世纪 80 年代的一家非常成功的微型计算机制造商。我们可能要忍不住断言：当个人电脑市场在 20 世纪 80 年代初逐渐形成时，DEC 的"核心能力"就是制造计算机。但如果情况真是这样，DEC 又是因何折戟沉沙的呢？

很明显，DEC 绝对具备在个人电脑市场获得成功所需的资源。DEC 的工程师们一直就在设计比个人电脑更为复杂的计算机。DEC 拥有充裕的资金、强大的品牌和尖端的技术，但它是否拥有能在个人电脑业务上取得成功的流程呢？没有。微型计算机的设计和制造流程，涉及在机构内部完成对很多关键组件的设计，并将这些组件组装成具有自主知识产权的配置，光是新产品模型的设计周期就长达两三年。DEC 的制造流程使得它必须对大多数组件进行批量生产和装配，然后直接将产品销往各大公司的工程部门。这些流程极为适合微型计算机业务的运作。

然而，个人电脑业务完全不同。个人电脑业务的流程要求将最具成本效应的组件外包给全球最好的组件供应商。新型计算机产品采用了模块化组件，其设计周期也缩短到只有 6~12 个月。计算机通过大规模装配生产线被生产后，由零售商卖给客户和企业用户。这些流程是在个人电脑市场的竞争中取得成功的必备条件，但 DEC 并没有建立这一流程。换句话说，虽然 DEC 的员工完全具备设计、制造和销售个人电脑并实现盈利的能力，但是他们所在的机构却缺乏这种能力，因为该机构的流程设计和演化是为了很好地完成其他任务。而使得 DEC 在一项业务上大获成功的那个流程，恰恰就是使它在其他业务领域无所作为的根本原因。

那么 DEC 的价值观是什么呢？对于在微型计算机领域取得成功所需的管理成本，DEC 已经建立了一套主导价值观："如果毛利率达到 50% 以上，这就是一单好生意；如果毛利率低于 40%，就没必要去做了。"管理层必须确保所有的员工优先完成符合这一标准的项目，否则公司就赚不到钱。由于个人电脑的利润率较低，"不符合"DEC 的价值观，因此在资源分配流程中，符合该公司标准的高性能微型计算机业务便比个人电脑早一步获得了资源。在 DEC 内部，任何想要进入个人电脑业务领域的尝试，都必须定位在个人电脑市场利润率最高的一级，因为只有在这些级别的市场上获得的收益率才能为公司的价值观所接受。但由于第 4 章提及的模式——低成本商业模式的竞争者都有向高端市场转移的强烈倾向，DEC 的价值观使得该公司最后丧失了追求成功策略的能力。

正如我们在第 5 章所看到的那样，DEC 可以通过"另建"一个机构，针对个人电脑市场的市场规则来量身打造合适的流程和价值观。位于马萨诸塞州梅纳德的公司总部所具备的超凡能力，使得公司在微型计算机业务上取得了巨大的成功，但同时也使得公司无法在个人电脑领域再立新功。

三种方法创造新能力

如果认为某个员工无法完成指定的任务，那么管理者就会另觅人手，或者认真培训该员工，使其有能力完成任务。培训通常都是有效的，因为一个人通常有能力掌握多种技能。

尽管时下流行的"变革管理"和"重建计划"产生了许多理念，但流程并不像资源那样"灵活"或者是"可培训的"，价值观更是如此。使得企业擅长外包组件的流程，不可能同时帮助企业获得在内部研发和生产组件方面的能力。使得企业优先研发高利润率产品的价值观，不可能同时推动企业去重点研发低利润率产品。这就是为什么目标专注的企业往往强于目标不够专注的企业：它们的流程和价值观与需要完成的任务紧密匹配。

正是基于这些原因，如果管理者确定机构的能力不适于执行新的任务，那他们就可以选择采取以下三种方法来创造新的能力。

- 收购另一家流程和价值观与新任务极为匹配的公司。
- 试图改变当前机构的流程和价值观。
- 成立一个独立的机构，在这个机构内针对新问题开发一套新的流程和价值观。

通过收购来壮大能力

管理者往往觉得，和自主研发能力相比，不论从竞争力和财务角度来看，收购一事都更具可行性。对于整合已收购公司的问题，RPV 模型可以是应对这一挑战的有效方式。收购方的管理者首先应该自问："是什么东西构成了这种让我急于斥资购买的价值观？我是因为它的资源（人员、产品、技术、市场定位等）才觉得这个价格合理吗？或者因为其价值的很大一部分在于其流程和价值观？是否正是这独特的工作和决策方式，使该公司能够理解和满足客户，并能及时研发、制造并推出新产品和服务？"

如果被收购公司的流程和价值观是其获得成功的真正驱动力，那么收购方的管理者千万不能试图将其合并到母公司中。合并会使许多被收购公司的原有流程和价值观化为乌有，因为它的管理者必须采用收购方的经营方式，他们也要按照收购公司的决策标准来评估他们的创新建议。如果被收购公司的流程和价值观正是其过去取得成功的原因，那么保持它的独立性，由母公司向它的流程和价值观提供资源，则是更好的策略。这一策略实质上真正构成了企业对新能力的收购。

而如果被收购公司的资源是母公司进行收购的主要目的，那么将其并入母公司自然无可厚非——即将被收购公司的人员、产品、技术和客户群完全并入母公司的流程中，从而提升母公司的现有能力。

例如，我们可以通过 RPV 模型更好地了解发生在 20 世纪 90 年代末的戴姆勒-克莱斯勒并购危机。与竞争对手相比，克莱斯勒公司的特色资源少之又少。该公司之所以能够在 20 世纪 90 年代取得成功，是因为它的流程——尤其是快速、极具创意的产品设计流程，以及对子系统供应商的业务整合流程。完成收购后的戴姆勒公司如何才能最充分地利用原克莱斯勒公司的这些能力呢？华尔街开始不断向管理层施压，要求这两家公司合并，以削减成本。但两家公司一旦合并，克莱斯勒公司的许多关键流程就将受到损害，而这些流程才是当初戴姆勒公司收购克莱斯勒公司的价值所在。

这一情景让人不禁回想起1984年IBM对罗尔姆（Rolm）公司的收购。罗尔姆公司资源库里所拥有的东西，IBM也都有。罗尔姆公司能够取得成功的真正原因，就是它开发PBX产品和为PBX产品寻找新市场的流程。1987年，IBM决定将罗尔姆公司全面整合到自己的企业结构当中，并试图将罗尔姆公司的资源（其产品和客户群）纳入为大型计算机业务量身打造的流程中来。这一尝试使罗尔姆公司的业务一落千丈。对于一家只热衷于18%的经营利润率的计算机企业来说，要想让它的高管改变价值观，开始对经营利润率低于10%的产品产生兴趣，并优先考虑此类产品的研发计划，无异于痴人说梦。IBM对罗尔姆公司的整合决定实际上破坏了这桩收购交易的价值来源。截至本章成稿时（2000年2月），曾经屈服于投资委员会的游说（以满足其有效降低成本的要求）的戴姆勒-克莱斯勒公司，如今也同样站在了悬崖边上。

看来，财务分析师一般对资源的价值有着良好的直觉，但对于流程的价值的直觉却不尽然。

相形之下，思科（Cisco Systems）公司的收购流程就运转得很好，因为思科公司的管理者总是从正确的角度来看待资源、流程和价值观。1993—1997年，思科公司收购的主要是成立不到两年的小公司，这些早期机构的市场价值主要体现在它们的资源上——特别是工程师、产品等资源。思科公司有着界限明确、详尽周密的流程。通过这个流程，思科公司能将这些资源完全融入母公司的流程和体系。它还精心发展了一套方法，能够使被收购公司的工程师与母公司的员工和谐共处。在相互融合的过程中，思科公司还舍弃了随着收购出现的所有不成熟的流程和价值观，因为这些流程和价值观并不是思科公司收购的目的。思科公司有几次收购了更大、更成熟的机构（特别是在 1996 年收购的 StrataCom 公司），但思科公司并没有将它们合并入母公司。相反，思科公司保持了 StrataCom 公司的独立性，并向其注入了大量的资源，以帮助它更快速地成长。[8]

强生公司至少利用了三次收购机会，在一波非常重要的破坏性技术浪潮中成功确立其市场地位。强生公司的可抛型隐形眼镜、内窥镜手术及血糖仪业务都是从小企业收购而来的。强生公司保持了这些企业的独立性，并对其注入资源，最后它们都发展出价值几十亿美元的业务。朗讯科技（Lucent Technologies）公司和北电集团（Nortel）也采取了相似的策略，它们成功地把握了基于分组交换技术的路由器，从而颠覆了传统的电路交换设备。但它们的收购行动晚了一步。在分别收购恒升通信（Ascend Communications）公司和海湾网络（Bay Networks）公司时，朗讯科技公司和北电集团都付出了极为高昂的代价，因为这两家公司已经与规模更大的思科公司一道创建了新的市场应用领域——数据网络，而且即将取得语音网络的重大突破。

在内部创造新能力

不幸的是，那些尝试在成熟机构部门内部开发新能力的企业也鲜有胜绩。用加大资源投入力度的方法来改变现有机构的能力是一种非常直接的做法。企业可以雇用新型人才，购买新技术，募集资金；可以收购产品线、品牌和信息。但这些资源几乎总是被生搬硬套到一成不变的流程中，因而结果也不会发生什么改变。例如，从 20 世纪 70 年代到 80 年代，丰田公司通过在研发、生产、供应链等流程上的创新（并没有大举投资诸如先进的制造技术、信息处理技术等资源）颠覆了全球汽车行业的发展。通用汽车公司则投入了近 600 亿美元来改善资源——使用电脑自动化设备来降低生产成本，提高产品质量。尽管通用汽车公司使用了如此先进的技术资源，但由于它沿用了陈旧的流程，公司的绩效并没有得到明显的改观，其主要原因就在于，机构的流程和价值观才是企业最基本的能力。流程和价值观决定了企业将如何整合资源（企业可以购买和出售、使用和放弃许多资源）以创造价值。

改变流程的难度非常大，这主要有两个原因。第一，确定机构的界限通常是为了促进当前流程的运作，这些界限能够防止打破机构界限的新流程的建立。当新的挑战要求不同的人员或团队以不同于他们习惯的方式进行协作，也就是利用不同于以往的时机来应对不同的挑战时，管理者就需要从现有机构中抽调相关人员，并围绕新团队划定新的界限。新团队的界限有助于促使新的合作模式产生，并最终促使新的流程产生——能够将投入转化为产出的新能力。史蒂文·威尔莱特教授和金·克拉克教授称这种机构结构为重量级团队。[9]

第二，有时候管理者并不想放弃现有的流程——原有的工作方法能很好地解决它们在产品设计之初所面临的问题。就像我们在前文提到的那样，资源很灵活，可以被应用到各种环境中；流程和价值观从本质上来说却是固定的，其存在的价值就在于让人们以固定的方式反复完成同一项任务。流程就意味着"不可改变"。

当破坏性变化出现在人们的视野中时，管理者需要在主流机构受到影响之前，获得相应的能力来应对变革。换句话说，他们需要在可能导致原有机构（这个机构的流程只能应用于现有的业务模式）发生翻天覆地的变化的危机真正到来之前，成立一个新的机构来应对新挑战。

由于流程的本质都是针对具体的任务，因此我们不可能用同一个流程来开展两种截然不同的工作。我们可以参考一下本书第7章中提到的例子。适宜于向现有成熟市场推出新产品的市场研究和计划流程，根本无法引导企业进入不确定的新兴市场。而对于企业尝试凭直觉进入新兴市场时建立的那些流程，一旦被应用到成熟的现有业务领域，则与自杀无异。企业如果需要同时开展这两类业务，那就需要建立两套完全不同的流程。而在同一个机构内应用两套在本质上完全不同且相互对立的流程，几乎是不可能完成的任务。如下文所示，这就是管理者需要创建不同团队的原因。在不同的团队里，管理者可以定义和重新定义应对各种新问题的不同流程。

通过分支机构创造新能力

创造新能力的第三种机制——在分支机构中培育新能力，是管理者们在不断寻找针对互联网的应对之策时比较常用的一种方式。在创造新能力以应对变革的过程中，何时创建分支机构才是一个关键性的步骤？需采用什么样的方式来管理分支机构？当一家企业主流机构的价值观致使其无法将资源集中投入创新项目时，它就需要成立独立的机构来完成这一使命。我们不能指望大型机构毫无顾忌地投入关键的财务和人力资源，只为了在小型新兴市场建立巨大的领先优势。如果一家企业的成本结构是专为高端市场的竞争而量身打造的，那么这家企业很难在低端市场实现盈利。当破坏性技术的威胁要求企业采用不同的成本结构才能实现盈利、保持竞争力，或者在当前新市场的规模无法满足主流机构对增长的需求时，那么此时——也只能是此时——成立分支机构就该成为解决方案的一部分了。

分支机构需要享有多大程度的独立性呢？最基本的要求是，分支机构的项目不能被迫去和主流机构的项目争夺资源。机构的价值观是制定优先决策所依据的标准，因此和企业的主流价值观不一致的项目往往最不可能受到重视。独立机构是否在形式上实现了独立其实并不重要，真正重要的是它是否独立于常规资源分配流程而存在。

在对这一问题的研究中，我们从来没有发现哪一家企业能够在没有首席执行官参与的情况下，成功应对颠覆其主流价值观的变革。其原因正是在于流程和价值观的力量，尤其是常规资源分配流程的运行逻辑。只有首席执行官能保证新机构顺得到其所需要的资源，并不受干扰地创建适合应对新挑战的流程和价值观。如果首席执行官仅仅把成立分支机构视为一种摆脱破坏性创新威胁的工具，那么几乎可以肯定的是，等待他的将是失败的命运。我们目前还没有发现这一法则有失效的时候。

图 8.1 所示的框架旨在帮助管理者利用当前的流程和价值观中所蕴含的能力（如果可能的话），并在当前机构不具备相关能力时另行创造新能力。图中的左轴衡量了机构的现有流程（即当前机构使用的互动、沟通、协调和决策模式）将在多大程度上确保新任务的有效完成。如果答案为"是"（朝向图的下端），那么项目经理就可以利用机构现有的流程和组织结构来争取成功。如

果处在图中右轴上的相应位置，机构就可以有效地利用职能团队或轻量级团队等结构，来发展现有能力（见克拉克和威尔莱特的描述[10]）。在这类团队中，项目经理的职责就是推动和协调大都在职能性机构中开展的工作。

另外，如果主流业务的运作和决策方式对新团队的工作起的不是促进作用，而是阻碍作用的话——因为在新团队里，不同的人员需要在不同的任务上按照不同于以往的进度开展合作——那就需要建立一个重量级团队结构了。重量级团队是创建新流程的一种工具——人们通过新的方式共同合作，而这也形成了新的能力。在这些团队里，成员所代表的不仅仅是团队的利益和技能，他们还需要承担总经理的角色，从最有利于项目的角度出发，来做出决策，进行取舍。他们通常会为实现特定的使命而集结。

图 8.1 中的横轴要求管理者评估机构的价值观是否会允许其向新业务注入所需的资源，以推动新业务项目取得成功。如果答案是"匹配度低，具有破坏性"的话，那么主流机构的价值观将给予该项目以较低的优先级别。因此，创建独立机构来进行破坏性技术的研发和商业化推广，将是成功的必经之路。如果答案是"匹配度高，具有延续性"的话，那么管理者将发现，主流机构将会优先满足他对人力和资源的需求。在这种情况下，管理者就没有理由再去成立专门机构或分支机构了。

图 8.1 中的 A 部分表示管理者面对的是一次技术性突破，但该项创新仍属于延续性技术变革，这符合机构的价值观。但这也表明，机构需要去解决不同类型的问题，因而需要在团队和个人之间建立新型互动和合作关系。管理者需要建立一支重量级开发团队来应对新任务，不过这个项目可以在母公司内部进行。这就

是克莱斯勒公司、礼来公司及美敦力（Medtronic）公司能够以超乎想象的速度缩短产品研发周期的原因。[11]IBM硬盘部门的管理者也曾经使用重量级团队这种组织机制，来学习如何更加有效地在其产品设计中整合各种组件，以期将所使用组件的性能提高50%。微软公司研发和启动互联网浏览器的项目位于框架图A区。这代表了一种非同凡响、难度极高的管理成就，它要求不同的微软员工以不同于以往的新模式，在公司内部实现协同合作。但这对微软公司来说属于一种延续性技术，客户需要这种产品，而这种产品也强化了公司的整体商业模式。因此，公司不需要另成立一个完全不同的机构来实施这一项目。

B区表示的是，当项目符合企业的流程和价值观时，一个轻量级开发团队便足以取得成功。在这样的团队中，管理者需要在主流机构内部实现跨部门合作（即跨越部门职能的界限进行合作）。

C区表示的是，处于该区域的管理者面对的是与机构现有流程与价值观并不匹配的破坏性技术变革。要确保这类项目的成功，管理者就需要创建自主经营的机构，并专门成立重量级开发团队来应对这一挑战。除了第5~7章提到的实例，很多企业在应对由互联网带来的经销渠道冲突问题时，都应该以这种方式来进行管理。例如，康柏公司于1999年开始通过互联网向客户直接销售电脑，以便更有效地与戴尔公司进行竞争。在数周内，零售商的强烈抗议迫使康柏公司不得不放弃这一策略，因为这种营销模式完全颠覆了康柏公司及其零售商的价值观或盈利模式。解决这一冲突的唯一办法就是成立一家独立的分公司，并通过这家分公司来启动直销业务。为了缓解这种对立情绪，康柏公司甚至可以重新注册一个品牌。

有人曾经指出，沃尔玛公司通过在硅谷创建一家独立的机构来管理它的在线零售业务，实则为鲁莽之举。因为这家分支机构无法利用沃尔玛公司卓越的物流管理流程和基础设施。但根据图8.1的规律，我认为这是个明智的举措。事实上，在线零售业务的物流流程与传统运营模式存在很大的不同。传统运营模式是通过卡车货运来运送货物的；在线零售商则是从库存中取出客户订购的货品，再用小包裹将货品投递到各个地点。这项业务颠覆了沃尔玛公司的价值观，同时它还需要创建专门的物流流程。因此，这项业务的确应该由分支机构来独立开展。

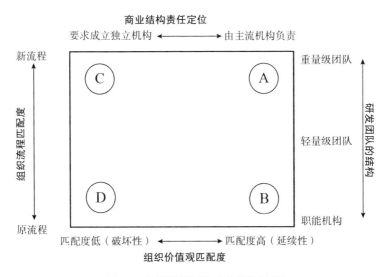

图8.1　使创新的要求与机构的能力匹配

注：左轴和底轴反映的是管理者需要就当前状况提出的问题。右侧的说明反映的是对左轴情况的合理应对之策。顶部的说明反映的是对管理者如何回答底轴提出的问题的合理应对之策。

D区所代表项目的产品或服务虽然与主流机构类似，但它们需要通过完全不同的、管理成本较低的业务模式来进行销售。沃尔玛公司旗下的山姆会员店就可被归于此类。事实上，这些项目可以采用与母公司类似的物流管理流程，但其预算、管理及损益责任则完全不同。

企业成立职能型和轻量级团队是拓展现有能力的有效途径，而组建重量级团队则是创造新能力的有力工具。同样，分支机构也是打造新型价值观的工具。不幸的是，大多数企业都采用了一样的组织策略——无视项目的规模和性质，统统以轻量级团队来实施项目。在少数几家接受了"重量级团队行为准则"的企业中，也有不少企业试图将旗下所有的开发团队都配置成重量级团队。理想的状况是，每一家企业都应根据不同项目对流程和价值观的具体要求，来量身打造团队结构，确立机构定位。

从很多方面来说，破坏性技术模型是一种相对理论，因为一项技术对这家企业来说可能属于破坏性技术，但对另一家企业则可能具有延续性影响。例如，戴尔公司以电话销售电脑起家。对戴尔公司来说，开始通过互联网销售和接受订单属于延续性创新。互联网销售只是沿着已有的结构模式给戴尔公司带来更大的利润。然而，对于康柏、惠普和 IBM 来说，通过互联网直接对客户进行营销将会给企业带来强烈的破坏性影响。在股票经纪领域，情况也是如此。对于 Ameritrade 公司和嘉信理财（Charles Schwab）公司这种通过电话处理大部分订单的折扣券商来说，在线证券交易不过是使它们更加有效地降低了成本，而且这种创新技术甚至强化了它们原有的服务能力。而对于靠佣金维生的全服务券商企业，如美林证券（Merrill Lynch）来说，在线交易代表了一种巨大的破坏性威胁。

本章小结

当机构遭遇变革时，管理者必须首先确定，他们是否具备成功所需的资源。然后，他们需要再问一个不同的问题：机构是否具备成功所需的流程和价值观。对于大多数管理者来说，他们出于本能都不会询问第二个问题，因为他们的工作流程和员工在做决策时所依赖的价值观，一直以来都运转得非常良好。但我所希望的是，这个框架能进一步推动管理者深入思考，机构所具备的能力是否也决定了它将在哪方面无所作为。只要花一点儿时间思考这个问题的确切答案是什么，管理者就能从中受益良多。机构惯有的工作流程是否适合于解决这一新问题？机构的价值观会将这一新提议置于优先发展的位置，还是会将其搁置？

如果对以上问题的答案都是否定的也没有关系。解决问题的关键步骤就是理解问题。在上述问题上抱有一厢情愿的想法，将会使负责研发和实施创新项目的团队遭遇重重困难，陷入相互猜忌的泥沼，并最终以失败收场。对成熟企业来说，创新之所以总是看起来困难重重，是因为它们聘用了能力很强的人，并将设计初衷与他们肩负的使命不匹配的流程和价值观强加给他们。在我们所处的这个日新月异的时代，应对变革的能力已成为事关企业成败的关键一环，确保能者适得其所亦是企业肩负的一项重要责任。

第 9 章
产品性能、市场需求和生命周期

当产生性能过度供给现象时，破坏性技术的机遇也呼之欲出，然后开始从价值网络的下方冲击成熟市场。当性能过度供给给破坏性技术带来威胁或机遇时，这还会导致产品市场的竞争基础发生根本性变化。

本书的图表表明，技术和市场轨线的交会，有助于解释领先企业是怎样从行业领先地位上陨落的。在本书探讨的每一个行业中，技术人员都有能力使性能改善的速度超过市场要求或能够消化的性能改善速度。从历史来看，当产生性能过度供给现象时，破坏性技术的机遇也呼之欲出，然后开始从价值网络的下方冲击成熟市场。

当性能过度供给给破坏性技术带来威胁或机遇时，这还会导致产品市场的竞争基础发生根本性变化。客户选择产品或服务时所遵循的各种标准的排序将发生变化，从而标志着产品生命周期从一个阶段（管理学理论学家对此给出了不同的定义）过渡到另一个阶段。换句话说，企业提供的性能轨线和市场要求的性能轨线的交会，是引发产品生命周期从一个阶段过渡到另一个阶段的根本原因。有鉴于此，轨线图（例如本书所描绘的那些轨线图）能够有效地说明，行业的竞争态势和竞争基础可能会随着时间的推移发生怎样的改变。

和前几章一样，本章的讨论也以对硬盘行业的分析开篇，阐述当行业提供的产品性能超出市场的需求时，行业将会发生什么样的变化。同样的现象也发生在会计软件和糖尿病护理产品市场，这表明，这一模式与产品生命周期所处的阶段之间存在明显的联系。

性能过度供给：从容量竞争到体积竞争

图 9.1（截自图 1.7 的一部分）描述了性能过度供给的现象。该图表明，到 1988 年，普通 3.5 英寸硬盘的容量终于达到主流台式个人计算机市场所要求的容量水平，而那时普通 5.25 英寸硬盘的容量已经比主流台式计算机市场所要求的容量超出近 300%。也就在当时，自台式计算机市场出现以来，计算机制造商首次有了另一种购买选择，因为 5.25 英寸硬盘和 3.5 英寸硬盘都能为客户提供足够的容量。

结果是什么呢？台式个人计算机制造商纷纷开始使用 3.5 英寸硬盘。图 9.2 说明了这一点——图中的纵轴衡量的是售出的新、旧技术产品所占的比重。在 1985 年，3.5 英寸硬盘市场的这项指标是 0.007，表明不到 1%（0.0069）的台式计算机制造商开始使

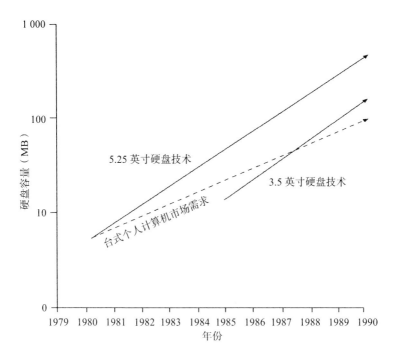

图 9.1　市场要求的容量轨线与硬盘提供的容量轨线开始交会

资料来源:《磁盘 / 趋势报告》各期公布的数据。

用 3.5 英寸硬盘。到 1987 年，这一比率已经增长至 0.2 以上，这意味着在计算机市场出售的所有硬盘中，16.7% 为 3.5 英寸硬盘。到 1989 年，这项指标是 1.5。也就是说，仅仅在 3.5 英寸硬盘产品出现 4 年后，3.5 英寸硬盘就已经从市场雷达荧幕上一个模糊的光点发展到占据了硬盘销量的半壁江山（60%）。

　　为什么 3.5 英寸硬盘能够如此迅速地抢占台式个人计算机市场呢？一种标准的经济学观点猜测，可能是 3.5 英寸硬盘结构代表了一种更具成本效益的结构。如果两种产品之间不再具有明显

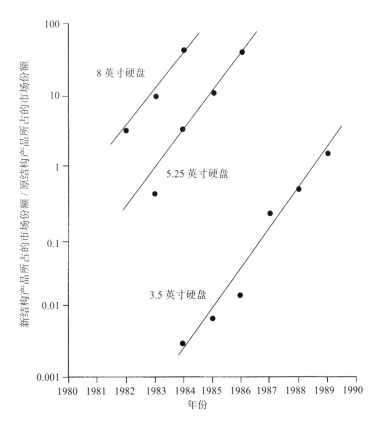

图 9.2 30~100MB 8 英寸、5.25 英寸、3.5 英寸硬盘的替代情况

资料来源:《磁盘／趋势报告》各期公布的数据。

的差异（都能提供足够的容量），价格竞争将会加剧。但这显然不是当前的情况。的确，计算机制造商如果要使用 3.5 英寸硬盘，那么他们平均需要为每兆字节容量支付 20% 的溢价，但它们仍然对这种产品趋之若鹜。而且，计算机制造商在自身的产品市场面临激烈的价格竞争时，仍然倾向于使用更为昂贵的硬盘。这究竟

创新者的窘境（珍藏版）

是为什么？

性能过度供给引发了竞争基础的变化。一旦对容量的需求得到满足，其他属性（这些属性的性能尚不能满足市场的需求）的价值便开始显现，硬盘制造商也会开始针对这些属性来将它们的产品与其他产品区别开。从理论上说，这意味着图 8.1 等图表的纵轴所衡量的最重要的属性发生了变化，而产品性能的新轨线（相对于市场需求）已经成形。

具体而言，1986—1988 年，在台式个人计算机市场，相对于其他特征，硬盘的体积成了一项越来越重要的属性。体积更小的 3.5 英寸硬盘使得计算机制造商能够减小计算机的尺寸或计算机在桌面所占的空间。例如，在 IBM，较大的 XT/AT 计算机则让位于体积小得多的新一代 PS1/PS2 计算机。

有一段时间，小型硬盘的产量无法满足市场的需求，台式计算机制造商会继续支付高溢价来购买 3.5 英寸硬盘。实际上，使用第 4 章提到的特征回归分析法来分析可知，1986 年，硬盘产品每减小 1 立方英寸体积的影子价格是 4.72 美元。但是，一旦计算机制造商在新一代台式计算机的配置中采用了体积更小的硬盘，它们对体积甚至更小的硬盘的需求也将达到饱和。因此，到 1989 年，市场给予体积更小的硬盘的影子价格为：每减少 1 立方英寸，溢价降至 0.06 美元。

一般来说，一旦某项特定属性达到客户所要求的性能水平，客户便不会再像以前那样愿意为该项属性的持续改善支付溢价，这表明客户对这项属性的需求已经得到满足。因此，性能过渡供给导致竞争基础发生转变，而客户用来选择产品的标准也被转移到市场需求尚未得到满足的属性上。

图 9.3 显示出台式个人计算机市场似乎已经发生了的情况，图中纵轴所衡量的属性在不断发生变化。容量属性方面的性能过度供给引发了对纵轴的第一次重新定义，即从容量过度至体积。当这一项新属性的性能足以满足市场需求时，纵轴对性能的定义再次发生了改变，以反映市场对可靠性的需求。因此，相比其他产品，能够提供超强抗震性和有竞争力的平均故障间隔时间（MTBF）的产品，一度享有很高的溢价。但当平均故障间隔时间的值接近 100 万个小时时[1]，市场给予平均故障间隔时间每减少100 个小时的影子价格接近零，这表明产品在这项属性上的性能出现过度供给。当时和之后的阶段是激烈的价格竞争，在某些情况下，毛利率会降至 12% 以下。

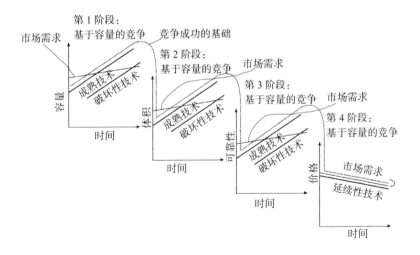

图 9.3　硬盘行业的竞争基础发生的变化

　创新者的窘境（珍藏版）

产品演变成商品

硬盘的商品化流程是由市场需求轨线与技术供应轨线之间的相互作用来决定的。大约到 1988 年，5.25 英寸硬盘已经演变成台式计算机市场上的一种以价格为导向的商品，而当时 3.5 英寸硬盘仍然享有溢价。此外，即便是作为台式计算机领域的一种商品，5.25 英寸硬盘当时在更高端市场的定价相对于 8 英寸硬盘仍存在较高的溢价。正如第 4 章所述，这也解释了为什么成熟企业总是会采取积极的高端战略。

当不断改变的竞争基础（如上所述）终于变动完毕时，也就是说，当不止一种产品能够完全满足市场对每种属性或性能方面的需求时，产品也就演变成了特定市场部门中的一种商品。顾问、经理和研究人员经常能听到在价格谈判中铩羽而归（遭到客户杀价）的销售人员满腹牢骚地说："这些人还以为我们的产品只是一种商品呢。难道他们看不出我们的产品比其他产品好许多倍吗？"性能过度供给框架可能有助于他们理解这些销售人员的抱怨。实际上，这可能是因为在竞争对手向市场提供的产品中，产品相互之间仍然存在差异。但是，当产品特色和功能已经超出市场需求时，差异化也就失去了意义。

购买等级：从重功能到重价格

市场营销文献提供了有关产品生命周期和（特定类别的）产品特征长期以来的演变方式的很多描述。[2] 本书的发现表明，对于其中很多的演变模式来说，性能过度供给是推动产品生命周期由一个阶段向另一个阶段过渡的一项重要因素。

例如，加利福尼亚州旧金山市的温德米尔联合公司（Windermere Associates）就创造了一种被称为"购买等级"的产品演变模式。这一模式将产品演变划分为四个阶段：功能性、可靠性、便捷性和价格。起初，当没有产品能够满足市场对功能性的要求时，竞争的基础或选择产品的标准一般就是产品的功能性。有时市场（例如在硬盘市场）可能会同时围绕几个不同的功能层面展开竞争。但一旦有两种或两种以上的产品能够很好地满足市场对功能性的需求，客户将不再根据功能性来选择产品，转而倾向于根据可靠性来选择产品和供货商。只要市场对可靠性的需求超出供货商所能提供的可靠性，客户就将基于这个特性来选择产品——而且销售最可靠产品的最可靠供货商可能将因此享受溢价。

但当两个或两个以上的供货商经过不懈努力，具备了提供超出市场需求的可靠性时，竞争的基础将转向便捷性。客户更喜欢那些使用起来最方便的产品和最容易打交道的供货商。另外，只要市场对便捷性的需求超出了供货商所能提供的便捷性，客户就将基于这项特性来选择产品，而为客户提供便捷产品和服务的供货商将因此享受溢价。最后，当多家供货商都能提供一系列能够完全满足市场需求的便捷产品和服务时，竞争的基础就会随之转向价格。推动购买等级从一个阶段向另一个阶段转变的因素，就是性能过度供给。

杰弗里·摩尔（Geoffrey Moore）在他所著的《跨越鸿沟》（*Crossing the Chasm*）[3]一书中，介绍了另外一种有关行业演变的实用概念。这一概念有着类似的基本逻辑，但它是从用户而不是产品的角度来阐述产品演变的不同阶段的。摩尔表示，产品最初的用户是创新者和行业内的早期适用者——只根据产品的功能性来选择产品的客户。在这一阶段，性能最好的产品能够享受较高的溢价。摩尔发现，在主流市场对功能性的需求得到满足后，市场会大幅扩展，然后供货商开始满足早期绝大多数客户（按照摩尔的说法）对可靠性的需求。第三轮增长发生在产品和供货商的可靠性问题得到解决，创新和竞争的基础转向便捷性的时候。因此，在这一阶段晚期，绝大多数客户开始加入其中。摩尔提出的基本模式是，技术发展到一定阶段，市场对某种特定性能层面的需求将得到满足。

竞争基础的这一演变模式——从功能性到可靠性和便捷性，最后到价格——发生在目前讨论过的许多市场中。实际上，破坏性技术的一个基本特征就是，它预示了竞争基础即将发生改变。

关于破坏性技术的两条规律

破坏性技术的其他两项重要特征，可能会对产品生命周期和竞争态势产生长期影响：首先，破坏性产品在主流市场几乎没有价值的属性，通常成为它们在新兴市场最大的卖点；其次，相比成熟产品，破坏性产品一般更简单、更便宜，也更可靠、更便捷。管理者必须了解这些特性，以有效地制定用来设计、制造和销售破坏性产品的战略。即便破坏性技术特定的市场应用领域是无法被预知的，管理者仍然可以利用以下两条规律。

1. 破坏性技术的劣势正是其优势

破坏性技术和行业竞争基础之间的关系较为复杂。在性能过度供给、产品生产周期和破坏性技术出现的相互作用下，破坏性技术在主流市场几乎没有价值的属性恰好构成了它们在新市场的价值。

一般来说，成功地进行了破坏性创新的企业最初会想当然地认为，破坏性技术的特征和能力都是合理的，而且企业会努力为这项新技术寻找或创造一个看重或能接受这些属性的新市场。因此，康诺公司在便携式计算机领域为小型硬盘创造了一个市场——在这个市场，小型化是一个很重要的属性。杰西博公司和 J. I. 凯斯公司在民用建筑承建商当中为挖掘机创造了一个市场——在这个市场，小型铲斗和牵引车的机动性实际创造了价值。纽柯公司为它的薄板连轧板材找到一个不计较表面瑕疵的市场。

与之相反，被这些破坏性技术拖垮的企业则认为，成熟市场的需求才是正道，而且它们并不打算在这些技术足以满足主流市场的需求之前对产品进行市场推广。因此，希捷公司的市场营销人员会将刚刚研发的 3.5 英寸硬盘送到 IBM 进行评估，而不是询问哪个市场最终需要一种体积更小、容量更小的硬盘。当比塞洛斯-伊利公司在 1951 年收购 Hydrohoe 液压挖掘机生产线时，公司的管理者并没有问"哪个市场实际上需要一种只能挖掘窄沟的步行式挖掘机"这个问题。相反，他们认为，市场需要铲斗体积更大、工作半径更长的挖掘机；他们为 Hydrohoe 装配了缆索、滑轮、离合器和绞车，并计划将 Hydrohoe 卖给普通挖掘承建商。当美国钢铁公司在评估薄板连轧技术时，它并没有问对表面外观要求较低

创新者的窘境（珍藏版）

的低价板材市场在哪儿。另外，它想当然地认为，市场需要质量最高的表面抛光技术，因而它投入了更多资金来研发传统的连铸机。它实际是用研发延续性技术的思维来研发破坏性技术。

在本书研究的案例中，面临破坏性技术创新的成熟企业，通常将技术性挑战看作它们面临的首要发展挑战，即改善破坏性技术，使其足以满足已知市场的需求。与之相比，在对破坏性技术的商业研发中做得最成功的企业，是那些将市场营销挑战（构建或发现一个新市场，其中的产品竞争主要围绕着产品的破坏性属性展开）视为它们面临的主要发展挑战的企业。[4]

面临破坏性技术变革的管理者应该遵守这一原则，这一点至关重要。如果历史可以提供任何指导，相比从一开始就积极发展破坏性技术特性的企业，那些只在实验室里研究破坏性技术，等到破坏性技术符合主流市场的需求之后才对其进行改善的企业，将无法复制前者的成功。相对于将破坏性技术看作一种实验室挑战（指技术挑战）而非市场营销挑战的企业，积极发展破坏性技术的企业通过建立商业基础，然后进军高端市场，最终将更加有效地满足主流市场的需求。

2. 相比成熟技术，破坏性技术通常更简单、更便宜，也更可靠、更便捷

当出现性能过度供给，而且破坏性技术开始冲击主流市场的薄弱环节时，破坏性技术通常都能取得成功。因为根据购买等级的原理，破坏性技术满足了市场对功能性的需求，而且它相比主流产品更简单、更便宜，也更可靠、更便捷。例如，我们可以回想一下，液压挖掘机技术是如何冲击主流下水道和普通挖掘市场

的（如第 3 章所述）。一旦液压挖掘机的铲斗具备了处理 2~4 立方码土方的能力（超过了主流市场对性能的要求），承建商便会很快地开始采用这些产品——即使缆索挖掘机每铲能够挖掘更多的土方。由于两种技术所提供的铲斗容量均超出了他们的需求，承建商将更倾向于选择更加可靠的技术——液压技术。

由于成熟企业特别倾向于研发高性能、高利润的产品并开发具有同样特性的市场，它们发现自己经常在首款破坏性产品中加入了过多的特色和功能，而且要想阻止这一趋势的发生可谓困难重重。惠普公司设计 Kittyhawk 硬盘的经历便是一个明证。由于无法设计一种真正简单、价廉的产品，Kittyhawk 项目的参与者将这种硬盘的容量发展到这项技术的极限，并在产品中加入了一定的抗震和低能耗功能，使其具备了作为一种延续性产品的竞争力。当市场真正的大规模应用领域，即价格低廉、结构简单、功能单一的 10MB 硬盘开始出现时，惠普公司的产品并不具备足够的破坏性来抓住这一轮变革所带来的机遇。苹果公司在研发牛顿 PDA 产品时犯了同样的错误，即没有在一开始就瞄准简单性和可靠性。

会计软件竞争

直觉公司（Intuit）是一家财务管理软件制造商，它主要因其大获成功的个人财务软件包 Quicken 而声名远播。Quicken 软件使用简单、便捷，从而主导了个人财务软件市场。Quicken 的绝大多数用户无须阅读使用说明手册，只需要购买软件，在电脑上启动程序，然后就可以开始使用软件了。对此，Quicken 的研发者深感骄傲。他们会观察用户如何使用产品，而不是询问用户或"专家"需要用什么来提高软件使用的便捷性，并继续将产品设计得更简单、更便捷。通过观察用户在使用产品的过程中可能会在哪些地方碰到困难或感到迷惑，研发者把主要精力放在了不断地使产品变得更简单、更方便上，以期为客户提供包含足够的功能而不是超强功能的产品。[5]

不太为人所知的一个事实是，直觉公司占据了北美小型企业会计软件市场 70% 的份额。[6] 作为一家较晚进入这一市场的新兴企业，直觉公司是通过推出 Quickbooks 软件实现这一目标的。Quickbooks 产品的开发源于三个简单的启示。第一个启示是，之前市场上可用的小型企业会计软件包是在注册会计师的密切指导下被研发的，因此它要求使用者具备基本的会计知识（借贷、资产、负债等知识），而且每项会计分录都需要记录两次（因此它为每次交易提供了审计追踪）。第二个启示是，大多数现有的软件包都面面俱到地提供了一系列复杂的报告和分析数据，而且软件每升级一次，数据就会变得更加复杂和专业，因为软件开发者希望提供更多的功能，并以此将他们的产品与其他产品区别开。第三个启示是，85% 的美国企业规模都很小，而且雇不起会计师，因此，它们的账目都是由业主或家人来记录的。这些人员不需要也不理解主流会计软件提供的大多数条目和报告。他们不知道审计追踪是什么，更不用说如何使用这一功能。

直觉公司的创始人斯科特·库克推测，这些小企业大多是由业主自己来经营的。他们在经营企业时更多是依靠自己的直觉和对所从事业务的第一手知识，而不是包含在会计报告中的信息。换句话说，库克认为，小型企业会计软件的制造商过度满足了这一市场所要求的功能，因此为破坏性软件技术（即提供足够而不是超强的功能，并且使其使用起来更加简单、便捷）的兴起创造了机遇。直觉公司具有市场破坏性的 Quickbooks 软件，将产品竞争的基础从功能性转变为便捷性，并在产品推出两年内占据了70% 的市场份额。[7] 实际上，到 1995 年，Quickbooks 在直觉公司的收入中所占的比重已经超过了 Quicken。

可以预见的是，在面对直觉公司的冲击时，成熟小型企业会计软件制造商的反应是，继续推出功能更强大的软件包，以进一步向高端市场转移。这些软件主要针对特定的市场部门，目标客户是更高端市场上对信息系统的要求更高的高端用户。在三大主要的小型企业会计软件供应商中（每一家在 1992 年占据的市场份额约为 30%），一家已经破产；第二家的业务正在萎缩；第三家推出了一种经过简化的产品来应对 Quickbooks 的冲击，但它只在市场占据了很小一部分份额。

胰岛素市场竞争

另一个由性能过度供给和破坏性技术引发竞争基础变化，并导致行业格局发生变化的案例，是全球胰岛素行业。1922 年，4名来自多伦多的研究人员首次成功地从动物胰脏中提取出胰岛素，将其成功地注射到糖尿病病人体内，并取得了极佳的疗效。由于胰岛素是从已被碾碎的牛和猪的胰脏中提取的，提高胰岛素的纯度（以 ppm，即每百万容量中含有污染物的量来衡量）就成为一种至关重要的性能改善模式。得益于全球领先胰岛素制造商礼来公司的不断投资和不懈努力，胰岛素中所含的污染物的量，

创新者的窘境（珍藏版）

从 1925 年的 50 000 ppm 下降到 1950 年的 10 000 ppm，再下降至 1980 年的 10 ppm。

尽管纯度得到极大的改善，但动物胰岛素仍与人类胰岛素存在细微的差别，这也导致少数糖尿病病人的免疫系统对动物胰岛素产生了免疫力。因此，礼来公司于 1978 年与基因泰克（Genentech）公司签订协议，合作研制能产生胰岛素蛋白的基因重组细菌。这种胰岛素蛋白的结构与人类胰岛素蛋白相同，而且纯度能够达到 100%。这一项目在技术上取得了成功。20 世纪 80 年代初，在投入了近 10 亿美元的资金后，礼来公司的优泌林胰岛素终于问世。优泌林的售价比动物萃取胰岛素高 25%，因为它的结构与人类胰岛素相同，而且纯度达到 100%。优泌林是生物科技行业推出的第一种作用于人体的商业规模产品。

但市场对这一技术奇迹的反应却不那么热烈。礼来公司发现它很难让优泌林胰岛素与动物胰岛素保持一定的价差，优泌林的销量增长率也出人意料地低。礼来公司的一名研究员指出："现在回想起来，市场对猪胰岛素并没有任何的不满。实际上，猪胰岛素还非常受市场的欢迎。"[8] 礼来公司花费了巨额资金，投入了巨大的公司资源，到头来却过度满足了市场对产品纯度的需求。而优泌林则成为市场并没有给予溢价的又一款差异化产品，因为它所提供的性能超出了市场的需求。

与此同时，一家来自丹麦的规模更小的胰岛素制造商诺和（Novo）公司，正在全力研发一种胰岛素注射笔——一种更为便捷的注射胰岛素的解决方案。一般来说，糖尿病病人都会携带一种独立的注射器，他们将注射器的针头插入装有胰岛素的玻璃药水瓶，拔出注射器的柱塞将胰岛素抽入注射器（抽入的胰岛素应比实际用量稍高一些），针头朝上握住注射器轻弹几次，以挤出附着在针筒壁上的气泡。他们一般还需要对第二种慢效类型的胰岛素重复这一操作。只有在将柱塞推入一些以便挤出注射器内剩余的气泡后（这项操作将不可避免地挤出一些胰岛素），他们才能给自己注射胰岛素。这一过程通常要持续一两分钟。

与之相比，诺和笔（一种胰岛素注射笔）内有一支笔芯，笔芯内含有好几周用量的胰岛素——通常是快速作用和慢效类型胰岛素的混合液。糖尿病病人在使用诺和笔时，只需找到一个小剂量选择环，选择他们需要注射的胰岛素的剂量，然后将诺和笔的针头插入皮下，并按下注射键。完成整个过程只需不到 10 秒。与礼来公司苦苦维持优泌林所享有的溢价不同，诺和笔很轻易地延续了每单位胰岛素 30% 的溢价。到 20 世纪 80 年代，受诺和笔和预混胰岛素笔芯取得成功的推动，诺和公司在全球胰岛素市场上所占的份额大幅上升，并且实现了盈利。礼来公司和诺和公司的经验进一步证明，性能超出市场需求的产品将被迫接受与商品层级相同的价格，而重新定义了竞争基础的破坏性产品则可以获得溢价。

我曾在哈佛商学院向企业管理者和 MBA 学生讲授有关礼来公司的案例。这段授课时间是我教学生涯中最有意思的一次经历。在每堂课上，绝大多数学生都会抨击礼来公司竟然忽视了如此明显的信息，即只有很少一部分糖尿病病人会对猪胰岛素产生免疫力，而且纯度达到 10 ppm 的猪胰岛素和纯度达到 100% 的优泌林之间的差别并不明显。当然，他们宣称，组织几个简单的跟踪调研小组，询问病人和医生是否需要纯度更高的胰岛素将给予礼来公司足够的信息指导。

但是，在每一次讨论中，思维更缜密的学生很快就提出，现在看起来非常明显的趋势，在竞争达到白热化时，也许并不会表现得那么明显，这个观点一举扭转了整个课堂的观点（这种情况总是一再发生）。例如，在礼来公司的市场营销人员咨询的所有医生中，哪些医生的意见将受到最大程度的重视？答案是主攻糖尿病治疗，同时也是胰岛素制药行业主流客户的内分泌学家。而哪些病人最有可能听取这些专家的治疗方案呢？答案是那些病情最罕见、最严重，对猪胰岛素的免疫力最强的糖尿病病人。因此，当礼来公司的市场营销人员询问他们应该做些什么来改善下一代胰岛素产品时，这些主流客户可能会向他们提供什么建议呢？主流客户的权力和影响，的确是导致企业的产品研发过度满足主流市场需求的一个主要原因。

另外，思维缜密的学生发现，大多数营销经理甚至不会去问纯度为 100% 的人工胰岛素是否可能超出市场需求这个问题。对于一家建立了根深蒂固的文化体系的成功企业来说，50 多年来，"更高的纯度"就是更好的产品的终极定义。推出更高纯度的胰岛素一直都是礼来公司维持竞争优势的主要模式。更高的纯度一直是企业销售人员在向医生推销自己的产品时屡试不爽的法宝。在这家公司的发展史上，什么能促使它基于企业文化做出的假设突然发生变化，并促使它的管理者开始询问之前从来不需要回答的问题呢？[9]

市场需求与技术供给

图 9.4 简要描述了性能过度供给的模型。这个模型描绘了一个多级市场，其中市场要求的性能改善轨线较技术人员所能提供

的改善轨线更浅一些。因此，每一级市场的发展都会经历一个演变周期，其中周期的不同发展阶段是以产品选择的基础发生转变为标志的。尽管有关产品生命周期的其他解释也会产生类似的结果，但图9.4使用了温德米尔联合公司首创的购买等级理论。根据这一理论，竞争首先集中在功能性上，然后是可靠性、便捷性，最后是价格。在本章提到的每一个案例中，预示着竞争基础将发生改变、即将进入产品生命周期的下一个阶段的产品都是破坏性产品。

图9.4显示了可供面临性能过度供给的企业选择的战略性方法，以及之后破坏性技术改变行业竞争性质的可能性。第一种一般性选择（即图中的"战略1"，也是本书探讨的各行业最常用的战略）就是将延续性技术的轨线提升到市场的更高级别，从而在更简单、更便捷或是更便宜的破坏性方法出现时，最终选择放弃更低端的客户。

第二种选择，也就是图9.4中的"战略2"，就是在一个特定的市场级别上，时刻与客户的需求保持步调一致，从而紧跟每一轮竞争基础的变革浪潮。从历史经验来看，这一点似乎难以做到（我已在前面的章节中阐述了所有的原因）。例如，在个人电脑行业，随着台式计算机的功能性足以满足较低级别市场的需求，诸如戴尔公司、捷威2000公司等新兴企业开始进入这一市场，并提出了以购买和使用的便捷性为中心内容的价值主张。面对新兴企业的冲击，康柏公司的应对之举是在积极实施第二种方法，即根据更低级别市场的需求生产出功能适度的低价计算机系列产品，以竭力抑制企业进入高端市场的趋势。

应对这些变化态势的第三种战略选择，就是利用市场营销计

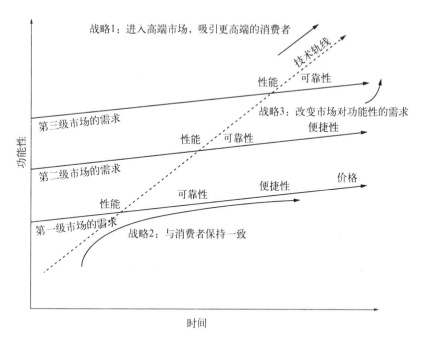

图 9.4　管理竞争基础发生的转变

划来加深市场轨线的坡度，使客户的需求能够跟上技术人员所能提供的性能改善速度。由于发生这些变化趋势的一个必要条件是技术轨线的坡度大于市场轨线的坡度，因此，当两条轨线平行时，性能过度供给，以及产品生命周期从一个阶段的情况过渡到另一个阶段的情况便不会发生，或者至少会延迟发生。

　　计算机行业的一些分析人士认为，微软公司、英特尔公司和硬盘企业非常有效地执行了最后一种战略。微软公司利用其行业主导地位，成功研制并营销了需要占用巨大硬盘内存，且需要速度更快的微处理器来运行的软件包。微软公司最终提高了客户要求的功能改善轨线的坡度，并使之与微软公司技术人员提供的功能改善坡度平行。图 9.5 描绘了这一战略的影响，说明了硬盘行业近期发生的事件（本图将图 1.7 中描绘的硬盘发展轨线图更新到 1996 年）。需要注意的是，中等价位的台式和笔记本电脑部门所要求的容量轨线在 20 世纪 90 年代出现上扬，并最终与 3.5 英寸和 2.5 英寸硬盘制造商开辟的容量改善轨线平行。鉴于此，这些市场在那几年并没有发生性能过度供给的情况。2.5 英寸硬盘仍然被困在笔记本电脑市场，因为台式计算机市场所要求的容量增速实在太快。基于同样的原因，3.5 英寸硬盘在台式计算机市场上的地位仍然非常稳固，而 1.8 英寸硬盘也没能在笔记本电脑市场得到广泛应用。在这种情况下，产品定位最接近高端市场的企业（例如希捷公司和 IBM）获利最为丰厚，因为在没有出现技术过度供给的情况下，产品生命周期的不同阶段的转变在高端市场受到了抑制。

微软、英特尔和希捷公司成功地创造了市场需求，并使市场需求轨线与其技术人员所能提供的功能轨线始终保持平行，但目前还不清楚它们的成功能持续多久。例如，微软公司于 1987 年推出的 1.2 版 Excel（电子表格软件）需要 1.2MB 的硬盘存储容量，1995 年发布的 5.0 版 Excel 则需要 32MB 的硬盘存储容量。一些行业观察家认为，如果微软公司的研发团队注意观察一般用户是如何使用 Excel 软件的话，那么他们就会发现 Excel 所提供的功能已经大大超出主流市场的需求。如果情况确实如此，这将为破坏性技术——从互联网上选择小型应用程序，然后在简单的互联网工具而不是功能齐全的计算机上使用这些小程序——从价值网络的下方冲击这一市场创造一个机遇。

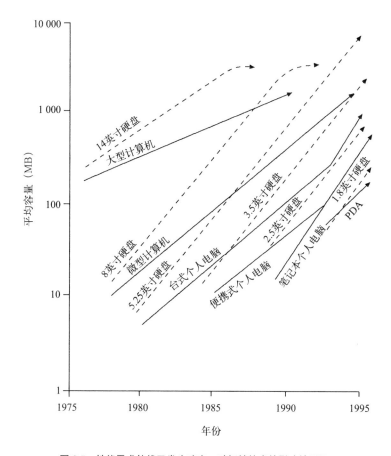

图9.5 性能需求轨线已发生改变，破坏性技术的影响被延迟

资料来源：有关该项数据的更早版本见 Clayton M. Christensen, "The Rigid Disk Drive Industry: A History of Commercial and Technological Turbulence," *Business History Review* 67, no. 4 (Winter 1993): 559.

最佳战略

在图 9.4 描述的三种战略中，哪一种是最佳战略呢？本项研究发现，有明显的证据表明没有所谓的最佳战略，着力采取任何一种战略都有可能取得成功。惠普公司在发展激光喷射打印机业务时采取的是第一种战略，并获得了巨大的利润。在这个案例中，第一种战略也是一种安全的战略，因为惠普公司正在用具有破坏性的喷墨打印技术来冲击自己的市场领先地位。康柏公司，以及英特尔公司、微软公司和硬盘制造商的三位一体组合，至少从20世纪90年代末来看都分别成功地实施了第二种和第三种战略。

这些成功的战略实施者有一个共同的特点，那就是不管是有意识的还是出于本能，他们都深刻理解了客户的需求曲线和技术人员的供给曲线。到目前为止，理解这些曲线是他们获得成功的关键。但能够长期做到这一点的企业屈指可数。大多数运行良好的企业都会不自觉地向坐标图的东北角方向移动，从而导致自己身陷竞争基础发生改变的旋涡，并招致破坏性技术从价值网络下方发起攻击。

第 10 章
假如让你负责电动汽车项目

在一个熟悉但充满挑战的环境里，管理者怎样才能通过提出一系列问题（这些问题可能会引出一个合理且实用的答案）来转换他们看待类似问题的思维方式。

随着本书进入接近尾声的第 10 章，读者应该对优秀企业失败的原因有了更深层次的了解。能力不足、官僚作风、傲慢自大、管理队伍老化、规划不合理和投资短视，显然是导致许多企业最终失败的主要原因。但我们已经知道，即使是最优秀的管理者也会受到某些法则的制约，而且这些法则会加大破坏性创新的难度。当优秀的管理者不能理解或者试图抗拒这些法则的力量时，他们领导下的企业距离失败也就为期不远了。

本章将利用本书中前几章提到的力量和原则来阐述管理者怎样才能成功地应对破坏性技术变革。为了便于说明，我采用了一种案例研究模式，以第一人称来表明我——假设我是一个在一家汽车生产主流企业工作的员工——可能会怎样去管理一项创新项目：研发和推广当前最让人头疼的电动汽车。我撰写本章的目的，显然不是提供应对这一特定挑战的任何所谓的正确答案，也不是为了预测研发和推广电动汽车是否可能成功，或者如何才能取得商业上的成功。相反，我的目的是表明，在一个熟悉但充满挑战的环境里，管理者怎样才能通过提出一系列问题（这些问题可能会引出一个合理且实用的答案）来转换他们看待类似问题的思维方式。

预测电动汽车市场规模

20世纪初，电动汽车在"何种设计能成为汽车的主流设计形式"的竞争中，输给了汽油动力汽车，自那以后，电动汽车就一直徘徊在传统汽车市场的边缘。但随着越来越多的决策者发现电动汽车具备减少城市空气污染的特性，人们对电动汽车的研究在20世纪70年代开始迅速升温。加州空气资源管理委员会做出强制性规定，从1998年开始，在加州的汽车制造商都要确保电动汽车的销量至少达到加州汽车总销量的2%，否则它们在加州销售汽车的资格将被取消。受政策影响，电动汽车行业在20世纪90年代迎来了一个前所未有的发展良机。[1]

假设我的职责是管理一家汽车生产企业的电动汽车项目，我要做的第一件事就是提出一系列问题：我们认为电动汽车在市场上获得成功的概率有多大？也就是说，除了加州的强制性法令，电动汽车是否能对汽油动力汽车制造商构成真正的破坏性威胁？这是否是企业实现盈利增长的一个机遇？

要回答这些问题，我就需要绘制一条市场所要求的性能改善轨线，并将它与技术能够提供的性能改善轨线进行比较。换句话说，我需要为电动汽车绘制一张与图 1.7 或图 9.5 类似的轨线图。据我了解，这些图表是用来识别破坏性技术的最佳方法。

绘制本图的第一步就是确定主流市场的需求，并将其与电动汽车当前所具备的能力进行比较。为了评估市场需求，我应该认真观察客户实际上是如何使用产品的，而不仅仅是听他们描述自己是如何使用产品的。相比组织访谈或跟踪调研小组来收集信息，观察客户实际如何使用产品能够获得更多更可靠的信息。[2] 因此，观察结果表明，汽车客户需要大约 125~150 英里 ① 的续驶里程（即汽车在再次加油之前能够行驶的距离）；大多数电动汽车只能提供 50~80 英里的续驶里程。同样，汽车驾驶者似乎需要能在 10 秒之内时速从 0 提升至 60 英里的汽车（在高速路入口坡道行驶时，一辆汽车只有达到这个加速度才能安全地并入高速行驶的车流）；大多数电动汽车则需要将近 20 秒才能将时速从 0 加速至 60 英里。此外，主流市场的购车者希望能够拥有多种选择，但电动汽车制造商最初能够实现的产量很小（这也是由这项业务的特性决定的），因此它无法像汽油动力汽车制造商那样，为客户提供那么多的选择。[3] 根据几乎所有对功能性的定义（在我计划描绘的图表中，功能性构成了图中的纵轴），电动汽车所能提供的功能都逊色于汽油动力汽车。

但这一信息并不足以说明电动汽车具有破坏性产品的特性，只有在我们发现其性能改善曲线在日后有可能会与主流市场的需求交会时，我们才能说电动汽车是一种破坏性产品。为了评估这

---

① 1 英里约为 1.6 千米。——编者注

种可能性,我们需要绘制轨线,并将市场要求的性能改善轨线与电动汽车技术可能提供的性能改善轨线进行比较。如果这两条轨线是平行的,那么电动汽车就不太可能成为主流市场上的一分子;如果电动汽车技术的发展速度快于市场要求的性能改善速度,那么这种技术就真的会给市场带来破坏性威胁。

图 10.1 表明,市场要求的性能改善轨线(不管是按所要求的加速时间、续驶里程还是最高行驶速度来衡量)较为平缓。这是因为交通法规对动力更加强大的汽车的使用施加了限制,而且人口、经济、地理等因素也将普通驾驶者行驶英里数的增幅限制在每年不到 1%。[4] 与此同时,电动汽车性能的改善速度则更快——每年 2%~4%。这表明,如果技术的发展势头得以延续,电动汽车的市场地位可能确实会得到提升。也就是说,虽然电动汽车当时还无法参与主流市场的竞争,但日后还是有可能在主流市场占据一席之地的。[5]

换句话说,作为汽车企业的一名主管,我之所以对电动汽车的未来感到担忧,并不是因为投资环保型技术符合政策上的需要,而是因为电动汽车具有破坏性技术的特性。电动汽车无法进入主流市场,因为这种汽车的属性与汽油动力汽车价值网络所关注的属性大相径庭,而且电动汽车技术的发展速度高于市场需求轨线的发展速度。

但由于电动汽车不是延续性创新,主流汽车制造商会很自然地怀疑市场是否需要这种产品——破坏性创新的另一种表现形式。福特电动汽车项目的主管就说过这样一段话:"漫步者电动汽车的销量大概能达到 3 万辆,车中配备的铅酸电瓶能使汽车续驶 50 英里……1998 年版电动汽车的销售形势将会很严峻,即将推出的产

创新者的窘境(珍藏版)

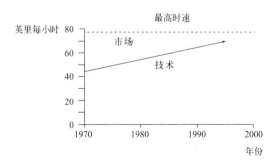

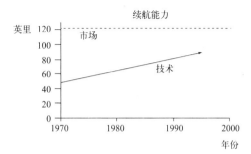

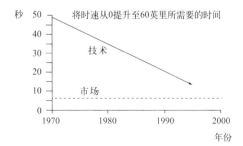

图 10.1　1970—2000 年电动汽车技术发展轨线

资料来源：W. 艾尔顿·琼斯基金会的高级能源研究员保罗·米勒，以及多篇有关电动汽车的文章提供的数据。

品将无法达到客户对续驶里程、成本或实用性的期望。"[6]确实，考虑到电动汽车当时在这些参数方面的表现，在主流汽车市场销售电动汽车的难度，相当于 1980 年在大型计算机市场销售 5.25 英寸硬盘的难度。

在评估这些轨线时，我会尝试不断地提出正确的问题：电动汽车的性能改善轨线能否最终与市场要求的轨线交会（主要体现在客户使用汽车的方式上）？行业专家在比较两种技术的性能轨线后可能会坚持认为，电动汽车的性能将永远无法达到汽油动力汽车所达到的高度。他们的观点可能是正确的，但我们回想一下硬盘行业专家的经历就知道，他们只是对错误的问题提出了正确的答案。我还注意到，许多专家断言，如果电瓶技术无法取得重大突破，电动汽车市场将永远无法形成足够的规模。这样的观点可谓不胜枚举，但我并不会就此退缩。理由是什么呢？如果电动汽车被看作成熟市场价值网络中的一种延续性技术，那这些专家的观点无疑是正确的。但因为专家在预测破坏性技术的性质和市场规模时总是与实际情况相差甚远，因此我强烈质疑这些专家的疑虑的合理性，虽然我对自己的结论也不是很确信。

制定市场营销战略

在确定电动汽车是一种潜在的破坏性技术后，我的下一项挑战就是制定市场营销战略，领导我的企业进入一个可以率先使用电动汽车的、正统的、没有补贴性质的市场。在制定这些市场营销战略时，我将运用我在本书前几章阐述过的三大原则。

第一大原则是，我承认，电动汽车在初始阶段并不能应用于主流应用领域，因为它不能满足市场对汽车性能的基本要求，参与我的项目的每一个人也都了解这一点。尽管对于市场到底在哪儿，我们尚无头绪，但我们所能确定的一件事就是，这个市场绝非当前的成熟汽车市场。具有讽刺意味的是，我认为，鉴于资源依赖理论和"小市场无法满足大企业的增长或盈利需求"的原则，大多数汽车制造商都会非常短视地将注意力全部集中在主流市场上。因此，在寻找潜在客户的过程中，我不会去效仿其他汽车制造商，因为我认为，它们的直觉和能力都用在了错误的目标上。[7]

而我的任务是尽快找到一个能使用电动汽车的市场，因为率先进入破坏性技术市场的企业明显要比后来进入这一市场的企业更占优势。这样的企业在抢占破坏性技术市场，并在这一市场建立能实现盈利的业务基础后，将全力投资相关的延续性创新，并能非常成功地面向主流市场逐级提高破坏性技术的市场定位。而迟迟不进入破坏性技术市场（例如等待实验室的研发人员研发具有突破性的电瓶技术）是管理者遭遇阻力最小的一条道路。但事实证明，这一战略很难成为破坏性创新取得成功的一条可行的道路。

正如历史不断向我们展示的那样，使得破坏性技术在主流市场不具备竞争力的属性，实际上正是新兴价值网络所注重的属性。在硬盘行业，5.25英寸硬盘体积小的特点，使得这种型号的产品无法在大型计算机上被使用，但这一特点正好符合台式计算机的需求。尽管早期液压挖掘机较小的铲斗容量和较短的工作半径，使其无法满足普通挖掘项目的基本需求，但它们所具备的精确挖掘狭长沟渠的能力，却大受民用建筑承建商的欢迎。尽管听起来有些奇怪，但我将引导我的市场营销人员去寻找那些潜在的购车需求尚未得到开发的购车者，也就是那些需要加速时间较慢，续驶里程不超过 100 英里的汽车的购买者。

我在制定市场营销策略时所要遵循的第二大原则是，没有人能通过市场研究了解到电动汽车的早期市场到底在哪儿。我可能会聘用顾问，但我唯一能确定的事就是，他们的发现将是错误的。客户自己也无法告诉我们他们是否需要电动汽车，或者他们可能会如何使用电动汽车，因为在客户发现他们将如何使用电动汽车的同时，我们也将发现这种产品的使用方式——就像本田公司的"超级幼兽"摩托车打开了一个不曾被预料的新型应用领域一样。市场上唯一有价值的信息就是，通过真正进入市场，通过测试和探索，通过反复尝试，通过向真正愿意掏腰包的实际客户销售实际的产品，我们能够从中得到些什么。[8]顺便提一句，政府的强制性指令可能会影响市场的打开，而不是解决发现市场的问题。因此，我将强迫我的机构凭借自己的能力和智慧来求得生存，而不是依赖于变化不定的补贴，或是加利福尼亚州的（并不是按照经济规律来制定的）法规来发展我的业务。

第三大原则是，我的创业计划必须是一个学习计划，而不是一个实施预先制定的战略的计划。尽管我们将竭尽所能地在首次尝试中就利用正确的产品和战略来开发正确的市场，但在实现业务计划最初设定的目标的过程中，很有可能会出现一个更好的业务发展方向。因此，我必须为错误做好准备，并尽快了解什么才是正确的发展道路。[9]我不能像苹果公司在牛顿 PDA 项目或是惠普公司在 Kittyhawk 项目中所做的那样，将我所有的资源，或是我的机构所有的信誉孤注一掷地投入首次尝试中。我们需要保存实力，以备在第二次或第三次尝试中找到正确的市场。

这三大原则便构成了我的市场营销战略的基石。

潜在的市场：一些推测

电动汽车的价值网络将首先在哪里出现呢？尽管我们不可能对此进行准确的预测，但几乎可以肯定的是，这一价值网络将出现在电动汽车能将其劣势转化为优势的地方。我的一个学生建议说，中学生的父母可能会成为电动汽车的一个潜在的巨大的客户群体，因为他们会为孩子购买汽车以便于孩子从家往返于学校、朋友家和学校活动的地点。[10] 考虑到孩子们的基本交通需求，这些父母可能会认为，对于青少年使用者来说，电动汽车简单的产品结构、较慢的加速时间和有限的行驶里程均是非常理想的属性——特别是如果汽车的外形符合青少年的审美习惯的话。倘若采用了正确的市场营销方法，谁知道最终会产生什么样的结果呢。早期本田公司的市场营销人员就是骑着本田摩托车遇到他们未来的客户的。

另一个可能发展为电动汽车早期市场的应用领域，可能是南亚一些城市的出租车或小包裹送货车。电动汽车非常适合南亚城市的情况，因为这些城市还在不断发展，它们日益拥堵、嘈杂，且污染状况十分严重。曼谷每天的交通拥堵状况都非常严重，当地汽车的时速永远超不过30英里，而电动汽车被堵在路上时并不会消耗电瓶的电力。另外，这种小型汽车便于操作和停车的特性，也将进一步提高它对客户的吸引力。

不管这些或其他类似的市场理念最终是否可行，它们至少都符合破坏性技术出现和发展的规律。

汽车企业应如何销售电动汽车

上文提到的发现和定义电动汽车最初的市场的战略，与 20 世纪 90 年代末的主流汽车制造商正在采用的市场营销方法形成了鲜明的对比。主流汽车制造商都试图在主流市场销售电动汽车，而这种方法正是成熟企业在应对破坏性技术时一再犯下的错误。1995 年，克莱斯勒公司的销售总经理威廉·格劳布在谈到该公司1998 年的新车上市计划时，曾发表了以下言论。[11]

> 克莱斯勒公司计划在 1998 年及时推出一款全新的小型电动货车。在认真研究专门建设一个汽车平台和对现有平台进行修改这两种方案后，现在看来，对我们来说，选择利用电动平台生产小型货车显然是最佳选择。我们的经验表明，车队可能是销售电动汽车的最好机遇……我们面临的问题不在于创造具有吸引力的一揽子计划——新型小型货车就是一个有吸引力的计划。真正的问题是这种汽车并不具备足够的能量存储能力。[12]

为了在主流市场销售电动汽车，克莱斯勒公司必须为新型小型电动货车配备重达 1 600 磅的电瓶。这当然会增加电动货车的加速时间，缩短其行驶里程，并增加其制动距离，而且这三项指标均低于任何一种汽油动力汽车。鉴于克莱斯勒公司对电动汽车的市场定位，行业分析人士很自然地会按照主流价值网络最看重的指标来比较小型电动货车与小型汽油动力货车。克莱斯勒公司小型电动货车的预期成本是 10 万美元，而汽油动力货车的成本是 2.2 万美元，任何有理性的人都不会考虑购买该公司的电动汽车产品。

因此，尽管政府法令要求它必须这么做，但对能否在加利福尼亚州卖出任何一辆小型电动货车，克莱斯勒公司的市场营销人员仍感到忧心忡忡。例如，威廉·格劳布就继续谈到以下现象。

> 市场之所以能够获得发展，就是因为客户希望拥有优质的产品。没有哪位销售人员能在主流市场上推销边缘产品，并且抱有建立可持续的客户基础的希望。销售人员不能强迫客户购买他们不想要的产品，政府法令并不能作用于以客户为导向的自由市场经济。要在市场上为电动汽车找到一个应用领域，电动汽车就必须发展为能与今天的汽油动力汽车相媲美的高品质产品。[13]

考虑到市场营销人员看待这一挑战的方式，克莱斯勒公司的结论无疑是正确的。[14] 在破坏性技术发展的初期，主流客户从来都不会选择使用破坏性产品。

产品技术和经销策略

破坏性创新的产品研发

指导工程师设计我们的第一款电动汽车将是一个不小的挑战，因为这里涉及一个经典的有关鸡生蛋还是蛋生鸡的问题：没有市场就无法获得足够的或是可靠的客户信息；没有能够满足客户需求的产品就不会有市场。在这样一种真空状态下，我们要怎样做才能设计好产品呢？幸运的是，本书阐述的原则给我们提供了一些有用的启示。

最具指导价值的是第 9 章的内容，因为这一章指出，竞争的基础会随着产品生产周期的变化而发生改变，而变化周期本身则受到性能过度供给这一现象（即技术所能提供的性能超出了市场的实际需求）的推动。一直以来，性能过度供给为更简单、更便宜、更便捷，且几乎总是具有破坏性的技术进入市场打开了一扇门。

性能过度供给现象似乎确实发生在了汽车行业。汽车车身和发动机的尺寸，时速从 0 提升至 60 英里所需的时间，以及客户应对过多选择的能力都面临许多实际的限制。因此，我们几乎可以断定，产品竞争和客户选择的基础将从这些功能性指标转向其他属性，例如可靠性和便捷性。这一趋势也在过去 30 年间（指 20 世纪 60 年代至 90 年代）在成功进入北美市场的大多数新兴企业身上得到了验证。这些新兴企业之所以能获得成功，并不是因为它们推出了具有超强功能的产品，而是因为它们参与竞争的基础是可靠性和便捷性。

例如，丰田公司就是凭借功能简洁、性能可靠的珂罗娜车型，成功进入北美市场，并在低端市场占据了一席之地。然后，面对高端市场恒久不变的吸引力，丰田推出了诸如凯美瑞、普瑞维亚、雷克萨斯等特色更加鲜明和功能性更强的车型，从而在低端市场创造了竞争真空，通用土星公司、韩国现代公司等新兴企业正是利用这一真空成功进入北美市场。通用土星公司的战略就是为客户的购车和用车体验提供可靠、便捷的一条龙服务。但根据该公司晚些时候发布的报告[15]，通用土星公司很快也将转战高端市场，从而为更新的新兴企业进入低端市场提供更简单、更便捷的交通服务，由此创造了新的竞争真空。

因此，在电动汽车发展的第一阶段，成功的设计理念很可能是那些以简单性和便捷性为主要特征，并且能在新兴价值网络（在这个价值网络中，电动汽车的这些属性成了重要的价值指标）中发展壮大的设计。相比之前的产品，本书探讨过的每一种破坏性技术的体积都更小，且结构更为简单，使用更为方便。每一种破坏性技术最初的应用领域都是更加注重简洁性和便捷性的新型价值网络。这种情况曾发生在体积小、结构更简单的硬盘产品上；曾发生在台式和便捷式计算机上；曾发生在液压反铲挖掘机上；曾发生在小型钢铁厂上（相对于综合性钢铁厂）；曾发生在胰岛素注射笔上（相对于注射器）。[16]

以这些特性作为指导原则，我将指导我的设计工程师按照以下三个标准来进行电动汽车的设计。

第一，这种汽车必须具有简单、可靠和便捷的特性。例如，这可能意味着，我们一个长期的技术目标就是，利用较为普遍的供电服务，来寻找一种给电瓶快速充电的方法。

第二，由于没有人知道产品的最终市场在哪儿，或者市场最终将如何使用这种产品，我们必须设计出一个能够以较低的成本迅速对产品的特色、功能和外形进行变更的产品平台。例如，假设电动汽车最初的客户是青少年学生的父母，他们购车的目的是让他们的孩子开车往返于学校、朋友家和学校活动地点，那么第一款车型的特色和外观就应该定位于青少年。尽管我们可能会首先以这个市场为目标，但事实很有可能证明我们最初的想法是错误的。因此，我们应该尽快推出第一款车型，并将这种车型小规模地投放市场——一旦得到市场的反馈，我们仍然拥有足够的预算来研发正确的车型。[17]

第三，我们必须确定一个较低的定价点。采用了破坏性技术的产品的标价通常应该低于主流市场上的产品，尽管前者的使用成本通常更高。体积小的硬盘之所以能够应用于台式计算机，并不是因为它们的尺寸更小，而是因为它们的单价较低，这符合个人电脑制造商对总体价格点的要求。体积更小的硬盘的单位容量价格通常要高于体积更大的硬盘的。同样，在挖掘机市场，早期液压挖掘机的价格要低于成熟的缆索挖掘机，但每小时挖掘每立方码土方的总成本则要高得多。相应地，即使每英里行驶成本更高，我们的电动汽车的标价也必须低于汽油动力汽车的普遍价格。从历史数据来看，客户一直在为便捷性支付更高的溢价。

破坏性创新的技术战略

在通往成功的道路上，我们的技术规划并不能要求这一项目在技术上取得任何突破，这一点至关重要。从历史上看，破坏性技术一直不涉及新技术。相反，构成破坏性技术的各个组件所采用的都是经过验证的技术，破坏性技术只是将这些组件组合成一种全新的产品结构，并且为客户提供了他们从未体验过的一些新属性。

截至 20 世纪 90 年代末，参与电动汽车研发的主流汽车制造商都认为，电瓶技术的突破是将电动汽车推向市场的一个至关重要的前提条件。福特公司的约翰·R.华莱士就这样说过：

　　　　当前的困境是，今天的电瓶并不能满足这些消费需求。任何熟悉当前电瓶技术的人员都会告诉你，电动汽车还没有为它的黄金时期做好准备。预计将在1998年上市的所有的电瓶都无法达到客户要求的100英里的续驶里程。对于续驶里程和成本问题，唯一的解决方案就是改善电瓶技术。为了确保电动汽车能够取得商业上的成功，我们应集中资源来研发电瓶技术。汽车行业的努力（例如美国先进电瓶联盟开展的研发活动），再加上电动汽车的所有利害相关人士（例如公益事业、电瓶企业、环保主义者、监管机构和改变看法的人士）的通力合作，将是确保电动汽车实现市场化的最为有效的方式。[18]

克莱斯勒公司的威廉·格劳布也持类似的观点："即将投入使用的先进铅酸电瓶给电动汽车提供的能量，还不及两加仑汽油的燃料存储容量，这就像是每天开着'燃油不足'指示灯还在闪烁的汽车离开家门。换句话说，电瓶技术还不成熟。"[19]

当然，这些企业之所以将电瓶技术的突破视为电动汽车通往商业化成功道路上的一个重大瓶颈，是因为这些企业的管理者将他们的注意力和对产品的定位都放在了主流市场。对克莱斯勒公司来说，这指的是小型电动货车；对福特公司来说，这就是电动漫步者汽车。考虑到这一市场定位，它们要求本质上属于破坏性技术的电动汽车能产生延续性技术的影响；它们要求电瓶技术取得突破，因为它们选择将电动汽车视为一种延续性技术。如果企业的管理者选择利用或遵守破坏性技术的基本原理，并创造一个能将电动汽车的劣势转化为优势的市场，那么他们领导下的企业可能就不会对电瓶技术的突破提出要求了。

那么电瓶技术的进步最终将由哪些企业来创造呢？回顾历史，我们就能得出以下结论：最终成功地实现电瓶技术突破，并将电动汽车的续驶里程提高到 150 英里（如果具备这样功能的电动汽车最终能够被研发的话）的企业，将是那些率先利用经检验的技术创造了一个新价值网络，然后通过发展所需要的延续性技术，将产品推向更具吸引力的高端市场的企业。[20] 我们的发现是，经营状况良好的企业通常都具有向上移动的倾向，却很难实现向下流动。这表明，最有动力实现电瓶技术突破的实际上是破坏性创新者。他们在试图进入规模更大、利润更丰厚的主流市场之前，已经为电动汽车构建了一个低端市场。

破坏性创新的经销战略

破坏性产品将会重新定义主要经销渠道，这几乎已成为一条定律，因为经销商所遵从的经济学原理（他们获取利润的方式）与制造商一样，在很大程度上是由主流价值网络决定的。索尼公司破坏性地推出了便捷、可靠的便携式晶体管收音机和电视机，从而将主流零售渠道从销售支持和现场服务网络成本高昂的家电和百货店（销售真空管家电的必要条件）转变为销量导向型的低成本折扣零售商。本田公司具有市场破坏性的摩托车，遭到主流摩托车经销商的拒绝，却在体育用品零售商那里创建了一条新的销售渠道。实际上，我们认为，哈雷公司的小型摩托车计划遭遇失败的一个主要原因，就是经销商拒绝销售这种摩托车：哈雷公司收购的意大利品牌（小型摩托车）的形象和经济价值，并不符合经销商网络对市场的定位。

实际上，破坏性技术和新的经销渠道经常能步调一致，还是出于经济方面的原因。正如第 4 章提到的克雷斯吉公司和伍尔沃斯公司的发展史所表明的那样，零售商和经销商的盈利模式通常非常明确。一些零售商和经销商主要销售利润率较高的高价产品，这样即便产品销量较低，他们仍能实现盈利。其他零售商和经销商则主要销售利润率非常低、只能勉强抵消营业成本的产品，但他们能通过较高的产品销量来实现盈利。还有一些零售商和经销商则通过为已经售出的产品提供售后服务来获取利润。由于破坏性技术并不符合成熟企业提高盈利的经营模式，因此它也不符合成熟企业的经销商的营销模式。

因此，我为我的电动汽车项目设置了一个基本的战略前提，即我需要为电动汽车寻找或创造新的经销网络。除非有确凿的证据证明我的想法是错误的，否则我敢保证汽油动力汽车的主流经销商都不会像我们这样，将具有市场破坏性的电动汽车视为取得成功的关键要素。

创建独立机构

在将电动汽车看作一种潜在的破坏性技术，为寻找潜在的市场设定一个较为现实的方向，并为产品的设计、技术和经销网络确定战略参数之后，作为项目经理，我将把我下一步的工作重心转移到机构建设上来。创造一个有利于项目发展的机构环境至关重要，因为不管高管是否公开表示支持这一项目，成熟企业内合理的资源分配流程总是会使破坏性技术无法得到赖以生存的资源。

设立一个独立的分支机构

正如我们在第 5 章对资源依赖理论的探讨中所看到的那样，

成功地在破坏性技术变革中建立市场优势地位的成熟企业，一般都是那些从母公司分离出一个独立、自主经营的机构的企业。昆腾公司、数据控制公司、IBM 的个人电脑部门、艾伦-布拉德利公司和惠普公司全都取得了成功，因为这些企业都设立了符合破坏性技术商业化运作模式的独立机构。也就是说，这些企业在新兴价值网络内成立了一个专门的机构。

作为项目经理，我将极力敦促公司管理层成立一个独立的机构——不管是像通用土星公司或 IBM 个人电脑部门那样的自主经营的业务部门，还是由母公司持有大部分股份的独立公司——来对电动汽车技术进行商业化研发。在一个独立的机构中，我最能干的员工可以集中精力研发电动汽车，而不必不断分神去帮助当前客户（作为我们当前收入的主要来源）解决他们面临的棘手问题。另外，来自我们自己的客户的需求也将有助于我们集中研发自己的项目，并为项目的发展提供动力和支持。

一个独立的机构不但能使资源依赖理论为我所用——而不是阻碍项目的进程，而且能更好地利用"小市场无法满足大企业的增长或盈利需求"这一原则。在未来很多年内，电动汽车市场的规模将会很小，因此它不太可能为主流汽车制造商损益表上的收入或收益做出太大的贡献。由于预计这些企业的高管不会优先关注或将资源优先提供给电动汽车项目，公司内最优秀的管理者和工程师也就不太可能会愿意加入我们的项目，因为他们会不可避免地将我们的项目视为一个对公司财务无足轻重的项目。为了确保他们在公司内的发展前途，他们会很自然地倾向于参与主要项目，而不是边缘项目。

在这项新业务开展的早期，订单数量可能只有寥寥数百，而不是数以万计。如果我们非常幸运地获得了一些收益的话，我们也几乎可以肯定，这些收益会比较小。在一个独立的小型机构，这些较小的收益就能够激发员工的能量与热情。而在主流机构，这样的小收益只会引发对是否应开展这项业务的质疑。我希望我所在机构的客户能够回答这一问题——我们是否应该开展这项业务。作为项目经理，我不希望把宝贵的时间和精力花费在不断地向主流机构的效率分析师解释这项业务存在的意义上。

创新的过程总是充满各种困难和不确定性。鉴于此，我总是希望能够确保在我管理下的项目能够朝着正确的方向前进，而且项目的每一位参与者都认为机构必须走这条道路，才能实现更高的增长率和更多的利润。一方面，如果大家普遍认为我的项目就是在沿着这样一条道路发展，那么在发生不可避免的问题时，我确信机构将与我一道采取一切必要的举措来解决问题，并取得成功。另一方面，如果公司内的关键性人物认为我的项目对机构的增长和盈利无足轻重，或者（甚至更糟）认为我的项目会对公司的盈利产生不利的影响，那么，即使这项技术很简单，这个项目也不会取得成功。

我可以采取两种方式来应对这一挑战：我可以努力说服机构内的每一个人，使他们完全确信破坏性技术是可以实现盈利的；我可以另行创建一个规模足够小、成本结构较为合理的机构，而且机构内的每一个人都认为我的项目是通往成功的必经之路。两种方法都在管理上面临挑战，但后一种方法显然容易处理得多。

在小型独立机构，我可能更容易培养对待失败的正确态度。我首次进入市场的尝试可能不会取得成功，因此我需要灵活变通地看待失败，但只允许小范围的失败，这样我们就能在信誉不受损的情况下重新起步。这里仍然存在两种培养对待失败的正确态度的方式：一种是改变主流机构的价值观和文化，另一种是创造一种新的机构价值观和文化。一般来说，要求主流机构更加容忍风险和失败所面临的问题是，我们在投资延续性创新时，我们通常无须面对市场营销上的失败（这种情况非常普遍）。主流机构通常会直接参与市场营销活动，以期在主要由已知的客户（他们的需求是可以通过调研得出的）构成的现有市场中，推广延续性技术创新。在首次尝试中遭遇失败并不是这些流程的一个内在属性，延续性创新的风险可以通过认真地规划和协同实施来加以避免。

最后，我并不希望我领导的机构拥有太多的财富和资产。尽管我不希望我的员工感受到来自母公司的压力——要为母公司创造巨额利润（因为这将迫使我们徒劳地寻找一个能即刻产生较多利润的大市场），但我希望他们时刻处于另一种压力之下：要找到某种方式、某些客户群体，来尽快使我们这个小机构实现现金净流入。我们需要强大的动力来推动我们通过反复尝试加快对新市场的培育进程。

当然，不容置疑地要求成立一家独立的分公司也会带来一个危险，那就是一些管理者可能会矫枉过正，不分青红皂白地实施这一补救措施，将专案工作小组和分公司看作一个万能的解决方案——一种包治百病的超级特效阿司匹林。现实情况是，成立分公司这一举动，只有在面临破坏性技术创新时才是一个适宜的步骤。有大量证据表明，大型主流机构在研发和实施延续性创新方面能够表现得极富创造力。[21] 换句话说，创新到底具有多强的市场破坏性，将非常清楚地表明，主流机构的创新项目可能在何时取得成功，或可能在何时遭遇失败。

电动汽车不仅是唯一一项破坏性技术，而且涉及大量的结构性重置——不仅是产品本身，还有整条价值链都需要进行重新配置。从采购到经销，与跟踪调研小组的互动也要与之前的互动形式区别开来。因此，我需要在一个独立于母公司之外的机构内，将我的项目当作一个重量级项目来进行管理。这个机构的组织结构不能确保我们的电动汽车项目取得成功，但这个结构至少能确保我的团队在一个尊重而不是违背破坏性创新原理的环境里开展工作。

第 11 章
本书观点回顾

> 在单纯追求利润和增长率的过程中，一些伟大企业的伟大管理者因为使用了最佳管理技巧而导致了企业的失败。但企业不应该仅因为这些管理技巧无力应对破坏性技术所带来的威胁，而放弃这些曾使它们在主流市场大放异彩的能力、组织结构和决策流程。

本书所阐述的这项研究最让人称道的一个结果是，管理得更好，工作得更努力，同时不要犯那么多愚蠢的错误，对于创新者面临的窘境而言其实并不是解药。这一发现之所以令人称道，是因为我从未遇到比我认识的这些管理者更加聪明、更努力，或会做出更多正确决策的人。如果说找到比他们更优秀的人才就是应对破坏性技术问题的解决之道，那么这种窘境实际上是一盘无解的棋局。

我们已从本书了解到，在单纯追求利润和增长率的过程中，一些伟大企业的伟大管理者因为使用了最佳管理技巧而导致了企业的失败。但企业不应该仅因为这些管理技巧无力应对破坏性技术所带来的威胁，而放弃这些曾使它们在主流市场大放异彩的能力、组织结构和决策流程。企业面对的绝大多数创新挑战在本质上都属于延续性创新，而应对此类创新挑战正是企业培育这些能力的初衷。企业的管理者需要认识到，这些能力、文化和方法只在某些特定的条件下才具有价值。

我发现，生命中许多最具价值的洞见通常都十分简单。回想起来，本书的许多发现也都适用于这一模式。起初，这些洞见似乎都有些不合常理，但随着理解的深入，最后我发现这些洞见是简单而睿智的。在这里，我将梳理这些洞见，希望能给那些可能身陷创新者的窘境的读者以启发。

第一，市场要求的或者能够消化的发展速度，也许会与技术能够达到的发展速度存在差异。这就意味着，今天似乎对客户来说不太有实用价值的产品（即破坏性技术），日后可能足以满足他们的需求。认识到这种可能性，我们就不能指望客户会引导我们研发他们当前并不需要的创新。因此，尽管密切关注我们的客户是应对延续性创新的一个重要管理范式，但它可能会在我们应对破坏性创新时给我们提供具有误导性的数据。轨线图有助于我们分析各种状况，并了解企业面临的形势。

第二，创新管理反映了资源分配流程。能够获得所需要的资金和人员的创新计划可能会取得成功；而那些不管是在形式上还是在实际操作中都得不到重视的创新计划，则无法获得足够的资源，因而获得成功的概率也很低。企业难以进行创新管理的一个重要原因就是，管理资源分配流程是一项非常复杂的工作。做出资源分配决策的似乎是企业的管理者，但真正实施这些决策的则是中层管理者或普通员工，而员工的智慧和直觉则是在企业的主流价值网络中形成的，他们知道企业应该做些什么来提高盈利能力。维持一家成功的企业需要员工继续发展并利用他们的智慧和直觉。但这意味着，在从财务数据上看更具吸引力的其他选择消失或被放弃之前，管理者将发现他们很难集中各种资源来发展破坏性技术。

第三，正如每个创新问题都有资源分配方面的原因一样，市场与技术的匹配是这个问题的另一个方面。成功企业在延续性技术的市场化推动方面可谓身经百战，因而它有充足的能力为客户提供他们想要的更多更好的产品和服务。在处理延续性技术时，这是一种能使企业收之东隅的宝贵能力；但在应对破坏性技术时，这往往使得企业失之桑榆。如果一家企业像大多数成熟企业一样试图强行改变破坏性技术，使之符合当前主流客户的需求——正如我们在硬盘、挖掘机和电动汽车行业所看到的那样，那它几乎注定将以失败告终。从历史上看，更成功的方法是为破坏性技术找到一个看重其当前特性的新市场。破坏性技术应被看作一种市场营销挑战，而不是技术性挑战。

第四，尽管人们不太愿意承认，但大多数机构所具备的能力要比大多数管理者预想的细化，能力还要依赖于具体的环境，因为能力都是在价值网络内形成的。因此，机构有能力将某些新技术应用到某些市场，但没有能力以其他方式来完成这项使命；机构有能力容忍某些方面的失败，但没有能力容忍其他类型的失败；机构有能力在毛利率处在某个水平时实现盈利，但没有能力在毛利率处于另一个水平时赚取利润；机构可能有能力在销量和订单数量处在某个特定区间时实现盈利，但没有能力凭借不同的销量或客户规模来赚取利润。它们的产品研发周期和可调节的生产斜坡的坡度，通常都是由所在的价值网络决定的。

这些能力——不管是机构的能力，还是个人的能力——都是由过去处理的问题的类型来决定和改进的，这些能力的性质也是由这些机构和个人一直以来参与竞争的价值网络的特性所决定的。而破坏性技术催生的新市场通常要求机构在这些方面具备截然不同的能力。

第五，在许多情况下，当面对破坏性技术时，企业进行具有决定性的重大投资并没有可供借鉴的参考信息。信息只能通过对市场和产品进行快速、低成本和灵活的创造性尝试才能逐渐累积。事实极有可能证明，任何有关产品属性或破坏性技术的市场应用领域的特定想法并不可行。因此，失败和不断地学习是探索破坏性技术成功之道的必经之路。那些不应也不能容忍延续性创新失败的机构，将发现自己也很难承受破坏性创新上的失败。

尽管破坏性技术理念失败的概率很高，但从总体上说，为破坏性技术创造新市场并不一定是一项不可完成的任务。倘若不在第一个理念上孤注一掷，并在策略上为尝试、失败、迅速学习和再次尝试预留空间，管理者还是有可能成功地加深对目标客户、市场及技术的理解，进而将破坏性创新推向市场的。

第六，采取一成不变的技术战略（或者永远争当领先者，或者一直甘做追随者）是不明智的。企业根据要应对的是破坏性技术还是延续性技术，需要采取截然不同的战略。破坏性创新具有显著的先发优势，因而领先地位至关重要，但延续性创新通常没有这方面的优势。有大量证据表明，那些采取了渐进式战略（即通过不断的渐进式改善来提高传统技术的性能）的企业，几乎表现得与那些采取了突破式战略（即力争取得行业领先的重大技术突破）的企业一样好。

第七，本书概述的研究表明，市场准入和市场流动经常会遭遇非常强大的壁垒，而且这种壁垒与经济学家之前定义和关注的壁垒类型存在很大的不同。经济学家详细探讨过进入和流动壁垒及其运作方式。但几乎所有的表述都具有一个特性，那就是它们都涉及诸如资产、资源等难以被获取或复制的事物。[1]也许，在为破坏性技术创建新兴市场的过程中，小型新兴企业所能获得的最有力的保障就是，它们正在做成熟企业认为不值得去做的一些事情。尽管在技术、品牌、生产能力、管理经验、经销网络、单纯的现金数量等方面都具有优势，但人才济济的成熟企业的确在应对不符合其盈利模式的问题时举步维艰。由于破坏性技术在投资最佳时期大都没有引起成熟企业太多的关注，因此成熟企业的传统管理智慧便构成了创业者和投资者可以依赖的进入和流动壁垒，这一壁垒分布广泛，且具有强大的阻力。

但成熟企业还是有能力跨越这些壁垒的。面对延续性技术和破坏性技术相互对立的需求所造成的窘境，创新者仍可以找到"飞龙再生"的法宝。首先，管理者必须理解这些冲突的本质是什么；其次，他们需要创造一个良好的环境，在这个环境里，每家机构的市场定位、经济结构、发展能力和价值都能与它们的客户所具备的能力紧密地联系起来，这样客户就可以帮助——而不是阻碍——延续性创新者和破坏性创新者履行他们截然不同的使命。我希望本书能在这方面给你带来一些启示和帮助。

▌致 谢

　　尽管本书只列出了一位作者的名字，但实际上还有许多具有远见卓识的同事无私地为本书提炼了许多观点。首先，我要感谢吉姆·克拉克教授、约瑟夫·鲍尔教授、杰伊·莱特教授和约翰·麦克阿瑟教授在 1989 年顶住压力，允许当时已人到中年的我参加哈佛商学院的博士生课程，并给予我经济资助。除了上述导师，理查德·罗森布鲁姆教授、霍华德·史蒂文森教授、多萝西·莱昂纳德教授、理查德·沃尔顿教授、鲍勃·海耶斯教授、史蒂夫·惠尔赖特教授和肯特·鲍恩教授也在我的整个博士生课题研究过程中为我提供了许多帮助，使我能够保持敏锐的头脑，能高标准地提取实证，并将我的研究课题与前人在这方面已做出的优秀研究成果联系起来。实际上，他们根本没有义务花费宝贵的时间来指导我的研究，正是他们的教诲让我认识到学术研究的真谛，找到通往真知的道路，对此我将永远心怀感激。

　　我还要感谢硬盘企业的许多领导和员工。他们为我提供了许多数据和记录，正是有了他们的帮助，我才能够理解是什么推动了这一行业的发展。我还要特别感谢《磁盘／趋势报告》的编辑詹姆斯·波特。他允许我翻阅他规模庞大的数据文件，这使我能够完整、准确地了解硬盘行业到底发生了什么。没有他的帮助，我是不可能做到这一点的。在他们的帮助下，我终于构建出硬盘行业的发展和变化模式，而这一模式也构成了本书的理论基础。我希望这一模式能够成为帮助他们了解过去的一项实用工具，并能为他们在未来做出某些决策时提供些许指导。

在哈佛商学院任教期间，其他同事也帮我进一步完善了本书的观点。麻省理工学院的丽贝卡·亨德森教授和詹姆斯·厄特贝克教授，斯坦福大学的罗伯特·伯格尔曼教授，以及哈佛商学院的大卫·加尔文教授、加里·皮萨诺教授和马尔科·扬西蒂教授给了我特别大的帮助。助理研究员丽贝卡·沃尔希斯、格雷格·罗杰斯、布雷特·贝尔德、杰里米·丹恩、塔拉·多诺万和迈克尔·奥弗多尔夫，编辑马乔里·威廉姆斯、史蒂夫·普罗克希和芭芭拉·范伯格，以及助理谢丽尔·德鲁肯米勒、梅雷迪斯·安德森和玛格丽特·多尔，同样做了很多工作，为本书贡献了很多的数据、建议和洞见。

感谢我的学生，我和他们一起讨论和改进了本书中的各种观点。在大多数日子里，当我离开课堂时，我总在想为什么我能得到报酬而我的学生却要付学费，我感觉在我们的互动中，最受益的人是我。每年，他们带着学位离开学校，奔向世界各地，殊不知他们在学校里也教给了他们的老师很多东西。我爱他们，也希望本书的读者能够从中看到他们困惑的表情，看到他们提出的问题、评论和批评意见，以及由此产生的成果。

我要将我最深的敬意献给我的家人——我的妻子克里斯汀和我的孩子马修、安、迈克尔、斯宾塞和凯瑟琳。在繁杂的家庭生活中，他们毫无保留的鼓励和支持激励着我不断追寻成为一名教师的毕生梦想。我对破坏性技术的研究实际上也给他们带来了"破坏性"影响，因为研究工作占用了我大量的时间，为此我很少有时间陪伴他们。对于他们的爱与支持，我将永远心怀感激。克里斯汀是我认识的最聪明、最有耐心的人。在过去的 5 年里，我总是带着一些尚未成形的模糊理念回到家中，但到第二天早上我回到哈佛时，我脑海中的这些理念就已经变得清晰明了。正是在这些夜晚与她秉烛探讨，我书中的绝大多数观点才得以成形，并付诸文字。她是一名卓越的合作者和支持者，也是一位伟大的朋友。在此，谨以此书献给我的妻子和我的孩子们。

克莱顿·克里斯坦森

哈佛商学院

马萨诸塞州波士顿

1997 年 4 月

▌注 释

引 言

1. John McDonald, "Sears Makes It Look Easy," *Fortune*, May, 1964, 120—
   121.

2. Zina Moukheiber, "Our Competitive Advantage," *Forbes*, April 12, 1993,
   59.

3. Steve Weiner, "It's Not Over Until It's Over," *Forbes*, May 28, 1990, 58.

4. *Business Week*, March 24, 1986, 98.

5. Thomas J. Peters and Robert H. Waterman, *In Search of Excellence* (New
   York: Harper & Row,1982).

6. *Business Week*, May 9, 1994, 26.

7. Jeffrey Pfeffer and Gerald R. Salancik, *The External Control of
   Organizations: A Resource Dependence Perspective* (New York: Harper &
   Row, 1978).

第一部分　为什么优秀的大企业会失败？

第1章　从硬盘行业获得的启示

1. 有关硬盘行业更加详尽的历史，可以参考 Clayton M. Christensen, "The Rigid Disk Drive Industry: A History of Commercial and Technological Turbulence," *Business History Reivew* (67), Winter, 1993, 531—588。这段历史仅关注刚性磁盘或硬盘（将资料储存在刚性金属盘上的产品）制造商。从历史上看，生产软盘（可移动的聚酯薄膜磁盘，上面涂有一层氧化铁，可用于储存资料）的企业不同于那些生产硬盘的企业。

2. 这一分析所使用的大部分数据源于《磁盘／趋势报告》。这是一份极具权威性的市场研究年度刊物，其内容包括从硬盘制造商那里得到的更加详细的产品规格表。我要感谢《磁盘／趋势报告》的编辑和工作人员对本项目的长期大力支持。

3. 乔瓦尼·多西研究过技术进步轨迹的概念："Technological Paradigms and Technological Trajectories," *Research Policy* (11), 1982, 147—162。

4. 该项研究建立在一些早期学者对技术变革的研究成果之上，但它又有别于其他一些学者的研究发现。有关其中的详情将在第2章进行探讨。

5. 制造磁头的第一项技术是在氧化铁（铁氧体）磁芯外缠绕一条细铜线，制成电磁铁。铁氧体磁头便由此得名。该工艺的增量改进涉及不断学习铁氧体研磨技术，使之达到更精良的尺寸，采用更好的抛光技术，通过钡涂层来强化铁氧体的性能，等等。薄膜磁头是通过光刻法制成的，采用的是类似于在硅片上制成集成电路的技术，即在磁头表面蚀刻电磁铁。这是非常困难的，因为它所涉及的材料层比集成电路制造中的常见材料层更厚。在 20 世纪 90 年代中期，第三项技术即磁阻磁头开始被采用。磁阻磁头也是通过薄膜光刻法制成的，但运用的原理是，磁头电路的电阻率会随着盘片表面磁通量场的变化而变化。磁阻磁头测量的是电阻率的变化，而不是电流方向的变化，因而与以往技术相比，它在性能上更加灵敏，亦允许更密集的数据记录。就盘片技术的演化过程来看，最早的盘片是通过在平滑的铝盘表面涂覆细小针状氧化铁颗粒物制成的。这里的氧化铁颗粒实际上就是铁锈。因此，这类盘片被称为氧化物盘片。该技术的增量改进涉及制造精细的氧化铁颗粒，采用更均匀的方式涂覆氧化铁颗粒，减少铝盘表面的涂层空隙，等等。这项技术后来被溅射技术取代。值得一提的是，溅射技术也源于半导体工艺，即在铝盘上涂覆仅有几埃厚的金属薄膜。由于它采用的是连续型材料而不是颗粒型材料，而且其材料层极薄，再加上该工艺在涂覆具有高矫顽力的磁性材料方面所具有的灵活性，使得薄膜盘片的记录密度高于氧化物盘片。

6. Richard J. Foster, *Innovation: The Attackers' Advantage* (New York: Summit Books, 1986).

7. 图 1.1 和图 1.2 中描绘的技术变革范例介绍了有关"非连续性"这个不规范术语的两种释义。[参见 Giovanni Dosi, "Technological Paradigms and Technological Trajectories," *Research Policy*（11）1982; Michael L. Tushman and Philip Anderson, "Technological Discontinuities and Organizational Environments," *Administrative Science Quarterly*（31）, 1986, and others。] 图 1.4 中所描绘的磁头和磁盘技术变革代表了成熟技术轨线的正向非连续性，而图 1.7 中所描绘的破坏性技术轨线则代表了反向非连续性。正如下文将谈到的那样，成熟企业在面临正向非连续性时似乎总是能够引领行业潮流，但在面对反向非

连续性时却往往丧失了其行业龙头地位。

8. 这一趋势发生在多个行业。理查德·罗森布鲁姆（Richard S. Rosenbloom）和克莱顿·克里斯坦森均表示 ["Technological Discontinuities, Organizational Capabilities, and Strategic Commitments," *Industrial and Corporate Change*（3），1994, 655—685]，领先企业被技术上更加简单的破坏性创新颠覆的情况发生在多个行业，其影响范围之广远远大于本书的涵盖范围。

9. 对生成图1.7时所使用的数据和程序的简要介绍见附录1.1。

10. 1978年，微型计算机算不上是一种新产品，但它对于使用温切斯特技术的硬盘来说却是一个全新的应用领域。

11. 这一论断只适用于在OEM上打拼的独立硬盘制造商。一些垂直型的综合性计算机制造商，例如IBM，则因为具备一个受到约束的内部市场而安然度过了这些技术创新阶段。但即使是IBM，也需要通过建立多个独立的"创业型"硬盘机构来应对各个时期出现的不同硬盘的新兴市场。例如，它设在圣何塞的机构便专注于高端（主要是大型计算机）应用领域，而设在明尼苏达州罗彻斯特市的另一个独立机构则专攻中端计算机和工作站。IBM还在日本藤泽创建了一个不同的机构，来为台式个人电脑市场生产硬盘。

12. 这一发现与瑞贝卡·亨德森（Rebecca M. Henderson）的研究结果全然不同 (参见 *The Failure of Established Firms in the Face of Technological Change: A Study of the Semiconductor Photolithographic Alignment Industry*, dissertation,Harvard University,1988)。亨德森发现，成熟制造商生产的新型结构的光刻机的性能要低于新兴企业的产品。造成这一差异的其中一个原因可能是：亨德森所研究的PLA（照相平版印刷光刻机）产业中的新兴企业成功地从其他市场引入了先进的技术和经验，并将这些技术和经验应用到新产品的研发中。而在此处研究的案例中，没有哪家新兴企业引入了这样先进的技术。实际上，它们大多数是合成型的创业企业，企业的管理者和工程师都是从知名硬盘制造企业离职的员工。

13. 这一发现与约瑟夫·L.鲍尔观察到的现象类似。他发现，作为一种动力源，明确的客户需求在资源配置过程中发挥着巨大作用："若以成本和质量定义差异（问题可通过拟议投资解决），项目就会失去活力。就这4个案例而言，当觉察到销售能力不足时，定义过程已经趋于完成……简而言之，市场压力降低了出错的可能性和代价。"虽然鲍尔特指的是制造能力，但同样的基本现象——已知客户的已知需求在组织和指导公司投资方面发挥的作用——也影响着人们对破坏性技术的反应。参见 Joseph L. Bower, *Managing the Resource Allocation Process* (Homewood, IL: Richard D. Irwin, 1970) 254。

14. 在收获1.13亿美元收入的同时，康诺公司也创造了一项纪录，成为美国历史上在成立第一年收入最高的制造业企业。

15. 这一发现同罗伯特·伯格尔曼观察到的现象一致。他指出，企业创业者遇到的最大困难之一就是找到合适的"贝塔测试地点"，通过与客户的互动实现产品的开发与改进。一般来说，初创公司的产品是由该公司既有产品线上的销售人员推广给客户的。这有助于公司为成熟市场开发新产品，但无从确定新技术的新应用。参见 Robert A. Burgelman and Leonard Sayles, *Inside Corporate Innovation* (New York: The Free Press, 1986) 76—80。

16. 我认为这一观点——攻击型企业在破坏性创新，而不是在延续性创新中具有优势——证明了福斯特关于攻击型企业的优势的论断，而不是与之冲突。福斯特用于阐述他的理论的历史事例似乎都是破坏性创新。参见 Richard J. Foster, *Innovation: The Attacker's Advantage* (New York: Summit Books, 1986)。

第 2 章　价值网络决定创新驱动力

1. 参见 Rebecca M. Henderson and Kim B. Clark, "Architectural Innovation: The Reconfiguration of Existing Systems and the Failure of Established Firms," *Administrative Science Quarterly* (35), 1990, 9—30。

2. Tracy Kidder, *The Soul of a New Machine* (New York: Avon Books, Inc., 1981).

3. 一些学者试图推算出突破式技术进步与渐进式技术进步之间的比例。例如，在对炼油程序的一系列改善过程进行经验性研究后，约翰·伊诺斯发现，新技术带来的经济效益有一半源于新技术投入商业化运行后实现的流程改善。参见 J. L. Enos, "Invention and Innovation in the Peroleum Refining Industry," in *The Rate and Direction of Inventive Activity: Economic and Social Fators*, National Bureau of Economic Research Report (Princeton, NJ:Princeton University Press，1962)，299—321。我对硬盘行业的研究得到了同样的结果。磁录密度（每平方英寸磁盘表面的兆字节数）的提高有一半可归因于新的元件技术，另一半可归因于现有元件和系统设计的持续改善和提高。参见 Clayton M. Christensen, "Exploring the Limits of the Technology S-Curve," *Production and Operations Management* (1), 1992, 334—366。

4. 克拉克认为，早期的汽车工程师选择了汽油，而不是蒸汽或是电动引擎，从而为后来的汽车工程师确定了技术变革的方向。也就是说，他们因此不会再去追求电力或蒸汽推进技术的改进。克拉克因此认为，当今企业所掌握的设计技能和技术知识，都源自前辈工程师们对应解决或放弃什么问题所做出的累积性选择。克拉克指出，那些要求企业根据现有累积知识体系或通过扩展现有累积知识体系来进行的技术改善活动，对行业里的成熟企业更加有利。相反，当技术变革要求企业具备一个完全不同的知识体系时，相比那些已经积累了不同等级的知识体系（很可能是关于另一行业的知识）的企业，成熟企业将处于劣势。参见 Kim B. Clark, "The Interaction of Design Hierarchies and Market Concepts in Technological Evolution," *Research Policy* (14), 1985, 235—251。

5. 例如，参见 Michael L. Tushman and Philip Anderson, "Technological Discontinuities and Organizational Environments," *Administrative Science Quarterly* (31), 1986, 439—465; 以 及 Philip Anderson and Michael Tushman, "Technological Discontinuities and Dominant Designs," *Administrative Science Quarterly* (35), 1990, 604—633。

6. 价值网络的概念是以吉奥瓦尼·多西（Giovanni Dosi）的"技术范式"理论（technological paradigms）为基础建立的。多西对什么是技术范式的描述是："建立在某些自然科学和材料技术原理基础之上的，对某些技术问题的解决方法。"新的范式说明，之前的范式所确定的技术改善轨道已发生断裂。这些新范式将重新定义技术进步的本来意义，并为技术人员指明（为确保正常的技术发展）所需解决的新一类问题。多西所探讨的问题——如何选择和保留新技术——与企业（作为这些变革的受益人）为什么会成功或失败这一问题密切相关。参见 Giovanni Dosi, "Technological Paradigms and Technological Trajectories," *Research Policy* (11),1982, 147—162。

7. 如本书中所述，价值网络的概念绝大部分源自本人与理查德·罗森布鲁姆教授共同提出并延伸的理念。对于罗森布鲁姆教授对这些观点的形成所做出的贡献，我深表感谢。参见 Clayton M. Christensen and Richard S. Rosenbloom, "Explaining the Attacker's Advantage: The Technological Paradigms, Organizational Dynamics, and the Value Network," *Research Policy* (24), 1995, 233—257; 以及 Richard S. Rosenbloom and Clayton M. Christensen, "Technological Discontinuites, Organizational Capabilities, and Strategic Commitments," *Industrial and Corporate Change* (3),1994, 655— 685。

8. 参见 D. L. Marples, "The Decisions of Engineering Design," *IEEE Transactions on Engineering Management* EM8, 1961, 55—71; 以及 C. Alexander, *Notes on the Synthesis of Form* (Cambridge, MA: Harvard University Press, 1964)。

9. 在这一点上，价值网络的概念与多西的"技术范式"理论之间有异曲同工之妙。价值网络的范围和界限，是由主要的技术范式和价值网络更高层次所呈现的相应的技术轨线来决定的。正如多西所阐述的那样，价值可被定义为主要技术范式在价值网络终端应用系统内所具有的一种功能。

10. Michael Porter, *Competitive Advantage* (New York: The Free Press, 1985).

11. 关于该分析的更完整的报告，参见 Clayton M. Christensen，*The Innovator's Challenge: Understanding the Influence of Market Environment on Processes of Technology Development in the Rigid Disk Drive Industry*, thesis, Harvard University Graduate School of Business Administration, 1992，第 7 章。

12. D. Sahal, *Patterns of Technological Innovation* (London: Addison

Wesley, 1981).

13. 这一观点最广为人知的支持者是理查德·福斯特。参见 Richard Foster, *Innovation: The Attacker's Advantage* (New York: Summit Books, 1986)。

14. 这里总结出的洞见还有更明确、更完整的论述。参见 C. M. Christensen, "Exploring the Limits of the Technology S-Curve," *Production and Operations Management* (1), 1992, 334—366。

15. 其他公司也做了类似的决定。与之相关的更全面的论述参见 Clayton M. Christensen, *The Innovator's Challenge: Understanding the Influence of Market Environment on Processes of Technology Development in the Rigid Disk Drive Industry*, thesis, Harvard University Graduate School of Business Administration, 1992。

16. 他们的做法与罗伯特·伯格尔曼的观点一致：创业者遇到的最大困难就是如何才能找到合适的"贝塔测试场所"，以使产品的研发和改善能与客户的需求有机结合。一般来说，首先与客户进行接触的是推销企业成熟产品的销售人员。这有助于企业研发针对成熟市场的新产品，但企业却无法判断哪些是新兴技术的新型应用领域。参见 Robert Burgelman and Leonard Sayles, *Inside Corporate Innovation* (New York: The Free Press,1986) 76—80。瑞贝卡·亨德森教授也向我说明，这种总是将新技术应用到主流客户市场的做法，反映出企业的市场营销能力相当有限——尽管许多学者倾向于将这一问题看作一种技术能力，但企业在为新兴技术找到新市场方面的局限性可能会成为制约企业创新的最大障碍。

17. 音圈电机比希捷公司此前使用的步进电机贵得多。尽管这并不是市场上的新产品，但对于希捷公司来说，这是一种全新的尝试。

18. 这与阿诺德·库珀和丹·申德尔的发现一致。参见 Arnold Cooper and Dan Schendel, "Strategic Responses to Technological Threats," *Business Horizons* (19), February, 1976, 61—69。

19. 北美几乎所有的硬盘制造商的创始人最后都与 IBM 的圣何塞分公司（主要负责研发和生产磁录产品）存在某种联系。参见 Clayton M. Christensen, "The Rigid Disk Drive Industry: A History of Commercial and Technological Turbulence," *Business History Review* (67), Winter,1993, 531—588。

20. 一般来说，这些组件技术都是由较大的成熟企业（正是这些企业主导了当时更高端的成熟市场）研制的。这是因为新组件技术通常（但并不总是）会对技术发展轨道产生延续性影响。而这些高端成熟企业通常最热衷于进行延续性创新。

21. 埃里克·冯·希佩尔的研究经常会被引用为倾听客户意见的价值的证据。希佩尔的研究表明，客户率先提出了绝大部分新产品理念。Eric von Hippel, *The Sources of innovation* [New York:Oxford University Press,1988]。对未来的研究来说，很重要的一条途径就是重新查阅冯·希佩尔提供的有关价值网络框架理论的各项数据。根据价值网络框架理论，希佩尔在其研究中所提到的客户引导供应商的情况指的应该是延续性创新。我们认为，引领破坏性创新的应该另有来源。

22. 亨德森在她对照相平版印刷对准器设备制造商的研究中，也发现了被客户误导的类似的潜在危险。参见 Rebecca M. Henderson, "Keeping Too Close to Your Customers," Massachusertts Institute of Technology Sloan School of Management working paper, 1993。

23. 许多产业观察家指出，硬盘的生产似乎存在一个最低成本（大约为

每台 120 美元），即使是最好的制造商也无法将成本降至 120 美元
以下。这是设计、生产和装配各种必备部件的基本成本。硬盘制造
商依靠不断在这个 120 美元的基本框架内扩大容量来降低每兆字节
成本。这一最低成本对硬盘和闪存卡之间的竞争可能会产生非常深
远的影响。这意味着，在小容量应用领域，随着闪存卡价格的下降，
闪存卡将逐渐能在成本上与硬盘存储器进行竞争。相对于闪存卡，
硬盘存在每兆字节成本优势的领域将不断接近高端市场，这与体积
更大的硬盘结构不断向高端市场转移的态势非常相似。专家预计，
实际上，到 1997 年，40MB 闪存卡的价格将与 40MB 硬盘的价格
基本持平。

24. Lewis H. Young, "Samsung Banks on Tiny Flash Cell," *Electronic Business Buyer* (21), July,1995, 28.

25. Richard Tedlow, *New and Improved: A History of Mass Marketing in America* (Boston: Harvard Business School Press, 1994).

第 3 章　挖掘机行业的破坏性技术

1. 同样的机制可能会影响更广泛的行业。与之相关的一些概述，参
见 Richard S. Rosenbloom and Clayton M. Christensen, "Technological Discontinuities, Organizational Capabilities, and Strategic Commitments," *Industrial and Corporate Change* (3), 1994, 655—686。

2. 这部分用于计算图形的信息和数据由历史建筑设备协会的两位主管
小迪米特莱·托特和基思·哈多克提供。该协会的档案室收藏了大
量有关挖掘设备行业的信息，托特和哈多克也非常乐于与我分享
他们的知识和他们所了解的信息。他们对本章的初稿提出了很多

实用的建议，对此我深表感激。其他有用的资源和信息出自 Peter Grimshaw, *Excavators* (Poole, England: Blandford Press,1985); The Olyslager Organisation, Inc., *Earthmoving Vehicles* (London: Frederick Warne & Co., Ltd.,1972);Harold F. Williamson and Kenneth H. Myers, *Designed for Digging: The First 75 Years of Bucyrus Erie Company* (Evanstin, IL: Northwestern University Press, 1955); 以及 J. L. Allhands, *Tools of the Earthmover* (Huntsville, TX: Sam Houston College Press, 1951)。

3. 有意思的是，这样高的成功率只适用于行业最大的 25 家企业。在 7 家较小的蒸汽挖掘机制造商中，只有一家成功从此次向汽油内燃技术转变的延续性技术变革中生存下来。除了这些企业的产品宣传册，我们几乎找不到有关这些企业的任何信息。但我认为，大中型企业安然渡过此次转变，而小企业纷纷破产的事实表明，资源在此次转变中扮演了重要角色，这个结论也补充说明了第 2 章总结的理论性观点。一些延续性技术的研发和实施成本明显过高，或者过于依赖专利或稀缺性专业技术，因此一些企业根本无法成功地完成这样的转变。我很感激理查德·罗森布鲁姆教授与我分享了他对此问题的观点。

4. 其中一个范例就是由芝加哥地区一家承建商 Page 公司研发的第一台拉铲挖掘机。Page 公司的主要业务领域是芝加哥的运河体系，该公司于 1903 年发明了拉铲挖掘机来更高效地完成挖土工作。Page 公司的拉铲挖掘机后来与比塞洛斯-伊利公司和 Marion 公司生产的蒸汽挖掘机一起，被广泛应用于巴拿马运河的挖掘作业。这一发现（即客户是延续性创新的一个重要来源）与埃里克·冯·希佩尔的研究结论相符。参见 *The Source of Innovation* (New York: Oxford University

Press,1988)。

5. 面对液压技术的冲击，以这种方式逃过一劫的企业在一个特殊的高端市场找到了避风港。例如，比塞洛斯－伊利公司和 Marion 公司便成了巨型露天挖掘机（主要用于露天矿挖掘）的主要制造商。Marion 公司 6360 型号的露天挖掘机是当时最大的正铲挖掘机，它能够举起 180 立方码的铲斗。Harnischfeger 公司是世界上最大的电动采掘挖掘机制造商，而 Unit 公司则通过生产用于海上钻探平台的台架起重机确立了市场定位。有一段时间，西北工程公司通过生产用于海洋航路挖掘的拉铲挖掘机幸存下来。P&H 和 Lorain 公司则生产巨型起重机和拉铲挖掘机（这些都是缆控设备）。

6. 随着液压挖掘机的成熟，这些公司之后都取得了不同程度的成功。1996 年，世界上客量最大的挖掘机公司——德马格公司和 O&K 公司的总部都在德国。

7. 从技术上说，用铲斗在机器前方挖土的挖掘机叫"动力挖掘机"。这是 1837 年至 20 世纪初的最主要的设计，而且它在 20 世纪的大部分时间里一直是一个重要的市场部门。背对驾驶室推土的挖掘机叫"反铲挖掘机"。随着液压挖掘机在 20 世纪 70 年代成为最重要的设计类型，这两类机器都被统称为"挖掘机"。 在液压驱动需要把动臂永久固定在设备上之前，承包商可以在基本动力设备上安装不同的动臂或斗杆，所以同一台机器可以作为铲车、挖沟机或吊车使用。类似地，机器上也可以安装不同的铲斗（有时也被称为"挖斗"），以用于不同类型材料的作业。

8. 衡量挖掘性能的真实标准是每分钟可以推动的立方码土方。但这项衡量标准过于依赖操作员的技术和正在挖掘的土壤的类型，因此承建商将铲斗的体积视为更重要、更准确的指标。

注 释   273

9. 紧跟着这些英美先驱企业的步伐，欧洲大陆的制造商也纷纷推出了自己的液压挖掘机。这些企业都是挖掘机行业的新兴企业，其中包括法国的波克兰公司和意大利的布鲁内利兄弟（Bruneri Brothers）公司。

10. 将铲斗插入土中的能力是液压挖掘机的一个主要优势。所有面向操作员推土的缆索挖掘机都必须依赖重力来将重型铲斗的斗齿插入土中。

11. 在船只设计过程中，混合动力远洋运输船——采用蒸汽动力装置但仍装备风帆——的制造商采取的策略，与比塞洛斯–伊利公司的工程师采取的策略是一样的：蒸汽动力在远洋运输市场仍不足够可靠，所以蒸汽动力厂商必须提供传统技术支持。在远洋运输行业，蒸汽动力船的出现，以及它们对风动力船的取代，本身就是关于破坏性技术的经典研究案例。1807年，罗伯特·富尔顿驾驶第一艘蒸汽动力船穿越哈得孙河，但在几乎所有方面，该蒸汽动力船的表现都不及远洋帆船：每英里的运营成本更高，航速更慢，更容易出现故障，等等。因此，它不能用于远洋价值网络，而只能用于另外一个不同的价值网络——内陆航道，因为在这个网络里，产品性能是以一种迥异于远洋价值网络的标准测量的。在河流和湖泊中，逆风航行或无风航行是船长最看重的特质。从这个角度讲，蒸汽动力船优于风动力船。一些学者 [比如 Richard Foster（*Innovation: The Attacker's Advantage*，New York: Summit Books, 1986）] 对固守传统技术的帆船制造商感到不可理解，认为他们完全忽视了蒸汽动力，而这种缺乏长远眼光的做法也最终让他们在20世纪初付出了惨痛代价。的确，在该行业转向蒸汽动力的过程中，帆船制造商全军覆没。然而，价值网络框架这一视角，似乎被这些学者忽视了。问题并不在于帆船制造商是否了解蒸汽动力或能否获得这一技术，而在于他们的客户即远洋货运商到 19 世纪末 20 世纪初才开始使用蒸汽动力船。为在汽船制造业争得一席之地，帆船制造商必须就自身战略定位做出重大调整，转向内陆河道市场，因为在 19 世纪的大多数时间里，这是唯一看重蒸汽动力船的价值网络。因此，在向蒸汽动力转变的时代，这些公司之所以败北，究其根源，是因为他们不愿意或无力改变战略，而不是因为他们无力改变技术。

12. 其中一个例外是凯林公司于 1957 年推出的一种特殊产品 Skooper，它综合了缆控和液压技术，能将墙体面前的土方铲走，但并不把铲斗掘进土方进行挖掘。

13. 我们很难对比塞洛斯-伊利公司进行归类。该公司在 20 世纪 50 年代推出了一种大型液压挖掘机，但随后又从市场上撤出该产品。20 世纪 60 年代末，它收购了 Hy-Dynamic 公司的 Dynahoe 液压装载反铲挖掘机生产线，并将其作为一种实用机器出售给它的普通挖掘客户，但后来它也从市场撤出了该产品。

14. 卡特彼勒公司是一家很晚才进入液压挖掘设备行业的新兴企业，它在 1972 年才推出自己的第一种型号的挖掘机。该款挖掘机延展了它原有的推土机、刮土机和平地机生产线。卡特彼勒公司在缆控设计占行业主导地位的时期从未进入挖掘机市场。

第 4 章　回不去的低端市场：来自小型钢铁厂的冲击

1. 哈佛商学院教授马尔科姆·P. 麦克奈尔对一种进入更高端市场，然后增加成本以支持这一级别的业务的流程有过描述，这一描述与硬盘行业的经验惊人地相似。他在讲述零售业的历史时提到一波又一波的零售商是怎样凭借着破坏性技术进入零售领域的，只不过他并没有使用"破坏性技术"这个名词。

　　这一进程有时候很慢，有时候很快，但从不在原地踏步。其周期通常以一个大胆创新理念的出现为开端。有些人想到了一个全新的理念，他们可能是约翰·沃纳梅克、乔治·哈特福德（A&P）、弗兰克·伍尔沃斯、W. T. 格兰特、伍德将军（西尔斯），迈克尔·卡伦（超市），也可能是尤金·法考夫。这些创新都提出了一种全新的零售业企业理念。最开始，他们不受欢迎，屡遭奚落和挖苦，还被斥责为"离经叛道"。银行家和投资者对他们满腹狐疑。但他们凭借自己的创新中"与生俱来"的低运营成本使低价成为可能，并以价格优势成功吸引了公众的目光。随着企业的发展，他们扩大了交易额，提高了商品质量，改善了外观和门店的位置，赢得了更大的尊重……

　　在成长过程中，这些机构很快赢得了客户和投资者的尊重。但与此同时，它们的资本投资和经营成本也随之水涨船高。然后，这些机构进入了成熟期……进入成熟期后，这些机构很快便会遭遇过度投资……并最终成为攻击标靶。那这些机构容易受到什么冲击呢？易受下一位提出一个有潜质的理念、开创低成本业务、成功借助老牌机构自己撑起的保护伞的创新者的冲击。参见 Malcom P. McNair, "Significant Trends and Developments in the Post-War Period," in Albert B. Smith, ed., *Competitive Distribution in a Free High-Level Economy and Its Implications for the University* (Pittsburgh: University of Pittsburgh Press,1958),17—18。换言之，参与高端市场竞争所需的成本限制了机构向下流动的能力，并推动机构继续向更高端的市场迁移。

2. Joseph Bower, *Managing the Resource Allocation Process* (Homewood, IL: Richard D. Irwin, 1970).

3. 句中对"体系"（systematic）一词的使用非常重要，因为大多数资源分配体系都在以一种非常系统的方式运作——不管这个体系是正式的还是非正式的。本书之后的几个章节将阐述，构成管理者成功应对破坏性技术能力的关键要素是他们持续独立干预和做出资源分配决策的能力。设计分配体系的目的就是淘汰采用破坏性技术的提案。关于这种窘境的绝佳的描述可见 Roger Martin, "Changing the Mind of the Corporation," *Harvard Business Review*, November-December 1933, 81—94。

4. 由于全球许多市场对钢铁的需求增长缓慢，20世纪90年代新建的大型综合性钢铁厂的数量非常少。这段时期正在兴建的综合性钢铁厂都位于高速增长、发展很快的发展中国家，例如韩国、墨西哥和巴西。

5. 麻省理工学院材料工程系的托马斯·伊加教授进行了上述测算。

6. "The U.S. Steel Industry: An Historical Overview," *Goldman Sachs U.S. Research Report*, 1995.

7. "What Caused the Decline," *Business Week*, June 30, 1980, 74.

8. Donald B. Thompson, "Are Steel's Woes Just Short-term," *Industry Week*, February 22, 1982, 31.

9. Gregory L. Miles, "Forging the New Bethlehem," *Business Week*, June 5, 1989, 108—110.

10. Seth Lubove and James R. Norman, "New Lease on Life," *Forbes*, May 9, 1994, 87.

11. 关于美国钢铁公司负责薄板坯连铸技术的团队的经验，参见哈佛商学院教学案例 "Continuous Casting Investments at USX Corporation," No. 697—020。

第二部分　管理破坏性技术变革

1. 当我们理解了决定世界运作方式的物理和心理法则，然后学会了尊重或遵循这些法则时，我们就能够最有效地激发我们的潜能。这个观点当然不是本书的首创。有这样一个小笑话，斯坦福大学的罗伯特·伯格尔曼教授（本书大量引用了他的著作）有一次在授课时不小心把钢笔掉在了地上。他蹲下去捡笔时嘴里还喃喃自语：“我讨厌重力。”然后，他走回黑板前准备重新回到原来的思路上来，这时他接着说：“但你们知道吗？重力可不管你喜不喜欢！它永远会产生向下的吸引力，我也可能因此而跌倒。”

    在一个更高层面上，在我们的行动中尽量遵守更加强大的自然、社会和心理法则以实现生命的意义是许多著作，尤其是中国的道家经典《道德经》的一个中心主题。

第5章　打破资源依赖理论

1. 关于资源依赖理论的最全面的论述，参见 Jeffrey Pfeffer and Gerald R. Salancik, *The External Control of Organizations: A Resource Dependence Perspective* (New York: Harper & Row, 1978)。

2. 这意味着，不论是在正常情况下，还是在受到破坏性技术冲击情况下的企业管理，对服务对象（主要为哪部分客户群体提供服务）的选择都将具有重大的战略意义。

3. 约瑟夫·L. 鲍尔对资源配置过程做了非常讲究而又令人信服的描述，参见 Joseph L. Bower, *Managing the Resource Allocation Process*

(Homewood, IL: Richard D. Irwin, 1972)。

4. Chester Barnard, *The Functions of the Executive* (Cambridge, MA: Harvard University Press, 1938), 190—191.

5. 昆腾公司分拆硬卡业务的举措和它后来进行的战略重组构成了战略变化流程的一个范例，同时这在本质上也是一个"物竞天择"的自然选择过程——在争夺企业资源的内部竞争中，次优的战略性提案总是会输给最优的提案。Robert Burgelman, in "Intraorganizational Ecology of Strategy-Making and Organizational Adaptation: Theory and Field Research," *Organization Science* (2),1991, 239—262。

6. Micropolis 公司未能在成熟技术和新型 5.25 英寸硬盘技术上同时保持竞争力的事实，与詹姆斯·厄特贝克叙述的技术发展史是一致的。厄特贝克发现，试图研发破坏性新技术的企业几乎都希望能够同时保持它们在原有技术上的领先地位，而这些尝试几乎全部以失败告终了。James Utterback, in *Mastering the Dynamics of Innovation* (Boston: Harvard Business School Press,1994)。

7. 在一些行业中,破坏性技术在颠覆行业龙头企业方面发挥了重要作用。参见 Richard S. Rosenbloom and Clayton M. Christensen, "Technological Discontinuities, Organizational Capabilities, and Strategic Commitments," *Industrial and Corporate Change* (3), 1994, 655—685。

8. 20 世纪 90 年代，DEC 成立了一个个人电脑部门，试图大举发展个人电脑业务。但与昆腾和数据控制公司成立分公司的做法不同，这个部门并没有独立于 DEC 的主流业务部门。尽管 DEC 也为它的个人电脑部门设定了一些特殊的性能指标，但从实质上说，这些指标仍然没有脱离公司在毛利率和收入增长率方面的企业标准。

9. "Harvard Study on Discount Shoppers," *Discount Merchandiser*,

September, 1963, 71.

10. 在本书成稿时，凯马特百货已经日薄西山，在发展战略和营业业绩的博弈中完败于沃尔玛。尽管如此，在之前的 20 年间，凯马特一直是一家非常成功的零售商，它为克雷斯吉的股东创造了巨大的价值。凯马特当时在竞争中遭遇的困境与克雷斯吉最初应对折扣零售的破坏性威胁的战略无关。

11. 关于伍尔沃斯和克雷斯吉的折扣零售策略的详细对比，参见哈佛商学院教学案例 "The Discount Retailing Revolution in America," No. 695—081。

12. 参见 Robert Drew-Bear, "S. S. Kresge's Kmarts," *Mass Merchandising: Revolution and Evolution* (New York: Fairchild Publications, 1970), 218。

13. F. W. 伍尔沃斯公司年报，1981 年，第 8 页。

14. "Woolco Gets Lion's Share of New Space," *Chain Store Age*, November, 1972, E27。这是就合并所做的一个非常讲究和非常理性的论述，显然出自一位非凡的企业公关专家之手。在伍尔沃斯，任何一家店面的面积都不超过 10 万平方英尺！

15. 参见，比如 "The Desktop Printer Industry in 1990," Harvard Business School, Case No. 9-390-173。

16. 商业史学家理查德·泰德罗指出，A&P 公司的高管在决定是否要采用具有破坏性的超市零售模式时也曾遇到同样的困境。参见 Richard Tedlow, *New and Improved: The Story of Mass Marketing in America* (Boston: Harvard Business School Press,1996)。

    超市创业者与 A&P 公司进行竞争的法宝不是要在后者已经做到极致的方面还要做得比它好，而是要做它根本不愿去

做的事。在这段历史中，最大的一个创业失败案例来自克罗
格（Kroger）公司。克罗格公司当时是市场上第二大零售商。
当时它的一个员工发现了如何成为行业第一的方法（后来这
个员工离开克罗格创建了世界上第一家超市），但克罗格公司
的高管对此置若罔闻。也许是因为缺乏想象力，也许是出于
与 A&P 公司的高管一样的原因，克罗格公司的管理层选择大
量投资公司的常规业务。如果 A&P 公司的高管决定掀起超市
革命，他们将建立自己的物流分配体系。这也就是他们在面
对超市的冲击时几乎束手无策，无法及时采取应对措施的原
因。最后，A&P 公司已经没有什么选择余地了，它要么选择
自己瓦解，要么眼睁睁地看着别人来颠覆自己的经营系统。

第 6 章　让机构规模与市场规模匹配

1. 关于持续追求增量改进和采取重大战略步骤的益处，参见 Robert
Hayes, "Strategic Planning: Forward in Reverse?" *Harvard Business
Review*, November–December, 1985, 190—197。但我认为，在某些特
定情况下，引领延续性技术也是至关重要的。在一次私人谈话中，
金·克拉克教授指出这些情况通常发生在"刀锋"行业，即竞争基
础简单、单一，且几乎不允许犯错的行业。PLA 行业就是这样一个
"刀锋"行业。在这个案例中，面临延续性技术变革的光刻机制造商
一旦在技术上处于落后位置，就将遭遇失败，因为 PLA 行业的竞争
基础非常直接（虽然产品本身非常复杂）：产品必须在硅片上实现最
窄的线宽，否则就没有人愿意购买这种产品。导致这种情况发生的
原因是，PLA 的客户集成电路制造商必须使用速度最快、性能最高

的 PLA 设备，否则就无法在集成电路市场保持竞争力。"刀锋"的存在是因为产品的功能就是竞争唯一的基础，PLA 制造商要么从这一面迅速找到通往成功的阶梯，要么从另一面坠入失败的深渊。显然，这样的"刀锋"情况使得引领延续性技术变得非常重要。

但在其他大多数延续性创新情况中，领先地位并不是那么关键。这种更加普遍的情况就是理查德·罗森布鲁姆的研究主题［他的研究课题是 NCR（国家现金出纳机公司）从机电到电子技术的转变］。参见 Richard S. Rosenbloom, "From Gears to Chips: The Transformation of NCR and Harris in the Digital Era," Working Paper, Harvard Business School Business History Seminar,1988。在这个案例中，NCR 很晚才研发和推出自己的电子现金出纳机产品。由于采用新技术的时间太晚，有一整年（20 世纪 80 年代早期），它的新型现金出纳机的销售额实际上几乎降到零。尽管如此，由于 NCR 具有很强的现场服务能力，它通过提供安装服务为研发和推广电子现金出纳机争取了一年时间。然后，NCR 利用品牌优势和现场销售服务迅速夺回了它的市场份额。

虽然现金出纳机的结构要比 PLA 简单，但我认为，现金出纳机市场非常复杂，其中存在多种竞争基础，因此也存在多种生存方式。一般来说，市场越复杂，引领延续性技术创新就越不重要。领先地位只有在应对"刀锋"市场的竞争或破坏性技术时才能发挥关键性的作用。对于金·克拉克和罗伯特·海耶斯在此问题上所做的贡献，我深表感激。

2. 这并不是说，产品性能或产品成本持续落后于竞争对手的公司可以取得成功。我要表达的是，没有任何证据表明，在技术创新领域持续领先的公司会比那些采用跟随者策略的公司更具竞争力——明显可见的持久竞争力，因为提升复杂产品（比如磁盘驱动器）性能的方法是多种多样的。开发和采用新的组件技术是提升产品性能的方式之一，比如薄膜磁头、磁阻磁头等，但同时，也有其他无数种方式可用以提升传统技术的表现，而在此期间，企业则可等待新工艺的进一步发展，以便更好地了解这一工艺，也确保工艺的可靠性。关于这方面的更详细的论述，参见 Clayton M. Christensen, "Exploring the Limits of the Technology S-Curve," *Production and Operations Management* (1), 1992, 334—366。

3. 为了便于分析，如果某项技术出现的时间不到两年（从全球某家企业在其生产和出售的某种产品中首次使用该项技术的时间开始算起），或者即便这项技术已经出现两年，但只有不到 20% 的硬盘制造商在它们的某种产品中使用过这项技术，那么这项技术将被划分为"新型或未经检验的"技术。

4. 在这一分析中，新兴市场或价值网络指的是首款硬盘产品首次被应用到相关级别的计算机中的时间不到（含）两年的市场或价值网络；成熟市场或价值网络指的是距离首款硬盘产品首次被使用的时间超过两年的市场或价值网络。

5. 在硬盘行业，通过收购进入市场的情况非常罕见。施乐公司就是通过收购 Diablo 公司、世纪数据（Century Data）公司和舒加特联合公司实施这一战略的。但这些公司在收购完成后的表现非常糟糕，此后极少有其他企业再效仿施乐。除了施乐公司，唯一一个通过收购进入硬盘行业的实例是西部数据公司（一家控制器制造商）对 Tandon 公司的收购。在施乐公司和西部数据公司的案例中，它们收购的企业所采取的市场进入策略显示在了表 6.1 中。同样，在表 6.1 中，Plus 开发公司被划分为一家独立的创业型企业。

6. 图表中统计的数据可能有利于风险资本投资者对投资方案的风险级别

注 释

做出一般性判断。表中的数据表明，计划对延续性技术进行商业性开发的创业型企业获得成功的概率要远远低于计划利用经过检验的技术来破坏成熟行业（破坏成熟行业的途径就是创造出性能更简单、质量更可靠和使用更便捷的产品）的创业型企业。成熟企业总是能够主动地调动各种资源来追赶各种延续性技术突破，但在实施破坏性技术提案时却总是遭遇巨大的阻力。

7. 不是所有的小型新兴市场最后都能发展为大型市场。例如，可移动磁盘模块市场在十余年里一直只是一个小市场，直到 20 世纪 90 年代中期才开始发展到一定的规模。文中的这一结论——在新兴市场获得成功的概率更高——针对的是总体情况，而非所有情况。

8. 风险投资人经常提到这个概念，即企业不应冒险在两个市场对两种技术同时进行创新。这也是 Lowell W. Steele 的 *Managing Technology* (New York: McGraw Hill,1989) 一书的第 5 章的关注点。

9. 金融分析师用来预测股价的最简单的公式就是 P=D/（C–G），其中 P= 每股股价，D= 每股股息，C= 企业的资本成本，G= 预计的长期增长率。

10. 克莱顿·M. 克里斯坦森对这一证据进行了总结，参见 Clayton M. Christensen, "Is Growth an Enabler of Good Management, or the Result of It?" Harvard Business School working paper, 1996。

11. Scott Lewis, "Apple Computer, Inc.," in Adele Hast, ed., *International Directory of Company Histories* (Chicago: St. James Press, 1991), 115—116.

12. 保罗·弗赖伯格和迈克尔·斯韦因对个人电脑行业的兴起做了富有洞见的描述，参见 Paul Frieberger and Michael Swaine, *Fire in the Valley: The Making of the Personal Computer* (Berkeley, CA: Osborne-McGraw Hill, 1984)。

13. "Can 3.5" Drives Displace 5.25s in Personal Computing?" *Electronic*

Business, 1 August, 1986,81—84.

14. 源自 1991 年 11 月 19 日与康诺公司董事会副主席威廉·施罗德的一次私人访谈。

15. 公司的历史经验、能力及它能做什么和不能做什么，这之间存在何种联系？关于该问题的富有洞见的研究，参见 Dorothy Leonard-Barton, "Core Capabilities and Core Rigidities: A Paradox in Managing New Product Development," *Strategic Management Journal* (13), 1992, 111—125。

16. 源自 1992 年 4 月 27 日与康诺公司联合创始人兼副总裁约翰·斯夸尔斯的一次私人访谈。

17. 参见，例如, George Gilder, "The Revitalization of Everything: The Law of the Microcosm," *Harvard Business Review*, March-April, 1988, 49 — 62。

18. 关于艾伦–布拉德利的很多信息源自 John Gurda, *The Bradley Legacy* (Milwaukee: The Lynde and Harry Bradley Foundation, 1992)。

第 7 章　发现新市场：先行动再制订计划

1. 以下是关于该公司更完整历史的概述，参见 "Hewlett-Packard: The Flight of the Kittyhawk," Harvard Business School, Case No. 9-697-060, 1996。

2. 关于本田成功的例子，参见哈佛商学院教学案例 "A Note on the Motorcycle Industry—1975," No. 9-578-210，以及波士顿咨询集团的报告 "Strategy Alternatives for the British Motorcycle Industry," 1975。

3. Richard Pascale and E. Tatum Christiansen, "Honda (A)," Harvard Business School Teaching, Case No. 9-384-049, 1984, and "Honda (B),"

Harvard Business School, Teaching Case No. 9-384-050,1984.

4. *Statistical Abstract of the United States* (Washington, D.C.: United States Bureau of the Census,1980), 648.

5. 关于英特尔退出 DRAM 业务及进入微处理器领域的记述，参见 Robert A. Burgelman, "Fading Memories: A Process Theory of Strategic Business Exit in Dynamic Environments," *Administrative Science Quarterly* (39), 1994, 24—56。作者对公司的战略演变过程进行了全面研究和分析，令人信服，非常值得一读。

6. George W. Cogan and Robert A. Burgelman, "Intel Corporation (A): The DRAM Decision," Stanford Business School, Case PS-BP-256.

7. Robert A. Burgelman, "Fading Memories: A Process Theory of Strategic Business Exit in Dynamic Environments," *Administrative Science Quarterly* (39) 1994.

8. 关于管理者如何定义和看待风险的研究给这一难题的解决提供了很多启示。例如，阿莫斯·特沃斯基和丹尼尔·卡尼曼就曾表示，人们通常会把他们不了解的事物的风险性放大（不管它们的内在风险到底有多大），并将他们确实了解的事物的风险性缩小（同样不管它们的内在风险到底有多大）。参见 Amos Tversky and Daniel Kahneman，"Judgment Under Uncertainty: Heuristics and Bianses," *Science*[185]，1974,1124—1131。因此，管理者可能会认为，创造新市场是有风险的行为（即使有证据表明情况并非如此），因为他们并不了解尚不存在的市场。同样，他们可能会认为，投资延续性技术（即使是那些固有风险较高的投资）是安全的，因为他们了解市场的需求。

9. 这方面的出色研究包括 Myra M. Hart, *Founding Resource Choices: Influences and Effects*, DBA thesis, Harvard University Graduate School

of Business Administration, 1995; Amar Bhide, "How Entrepreneurs Craft Strategies that Work," *Harvard Business Review*, March−April, 1994, 150—163; Amar Bhide, "Bootstrap Finance: The Art of Start-Ups," *Harvard Business Review*, November−December 1992, 109—118; "Hewlett-Packard's Kittyhawk," Harvard Business School, Case No. 9-697-060; 以及 "Vallourec's Venture into Metal Injection Molding," Harvard Business School, Case No. 9-697-001。

10. Joseph Bower, *Managing the Resource Allocation Process* (Homewood, IL: Richard D. Irwin,1970), 254.

11. Rita G. McGrath and Ian C. MacMillan, "Discovery-Driven Planning," *Harvard Business Review*, July−August, 1995, 4—12.

12. 在第 9 章，我将阐述软件制造商直觉公司是如何发现 Quicken 软件的新功能的。当时，直觉公司发现，许多购买 Quicken 个人财务管理软件的顾客是小型企业，它们购买这种软件的目的实际上是给公司记账。直觉公司没有预料到这一应用领域，但它随后调整了产品功能，使软件更加符合小型企业的需求，并推出了 Quickbooks 软件。在推出 Quickbooks 软件后的两年内，直觉公司便抢占了小企业会计软件市场超过 70% 的市场份额。

第 8 章　如何评估机构的能力和缺陷

1. 请参阅 C. K. Prahalad, and Gary Hamel，"The Core Competence of the Corporation,"*Harvard Business Review*, 1990。

2. 许多这类理念都是在我与哈佛商学院的博士生进行极具启发性的精彩讨论中形成的（1993—1999 年举行的哈佛商学院商业政策专题讨论

会）。我想感谢这些学生，尤其是邓·苏尔、汤姆·易森曼、野田智吉、迈克尔·雷诺、迈克尔·罗伯托、狄波拉·苏尔、克拉克·吉尔伯特及迈克尔·奥弗多尔夫，感谢他们对这些理念的贡献。

3. 我们见过的最具逻辑性、最完整的有关流程的见解来自 David Garvin, "The Porcesses of Organization and Management，"*Sloan Management Review*，Summer，1988。我们使用的"流程"这个术语包含了加尔文所定义的所有流程类型。

4. 请参阅 Dorothy Leonard-Barton，"Core Capabilities and Core Rigidities: A Paradox in Managing New Product Development，"*Strategic Management Journal* (13), 1992, 111—125。本人认为，莱昂纳德教授在这方面的著作为后来的许多相关研究奠定了基础。

5. 请参阅 Wickham Skinner，"The Focused Factory，"*Harvard Business Review*, 1974。

6. 请参阅，比如 Thomas Peters and Robert Waterman, *In Search of Excellence* (New York: Harper & Row Publishers, 1982)。

7. 请参阅 Edgar Schein, *Organizational Culture and Leadership* (San Francisco: Jossey-Bass Publishers, 1988)。本文有关机构文化发展的描述主要源于沙因的研究。

8. 请参阅 Nicole Tempest，"Cisco Systems, Inc. Post-Acquisition Manufacturing Integration"。这是一份由斯坦福大学商学院和哈佛商学院在 1998 年联合出版的教学案例。

9. Steven C. Wheelwright and Kim B. Clark, *Revolutionizing Product Delelopment* (New York: The Free Press, 1992).

10. 请参阅 Kim B. Clark and Steven C. Wheelwright，"Organizing and Leading Heavyweight Development Teams，"*California Management Review* (34),

Spring, 1992, 9—28。这篇文章描述了一个十分重要的概念。我们强烈推荐对这些问题有兴趣的管理者认真研读这篇文章。他们对重量级团队的定义是，为实现特定使命而共处一地的团队成员。每名团队成员的职责不是去代表他们所在的团队的职能部门，而是要承担起总经理的角色——他们要为整个项目的成功负责，要积极参与其他职能部门的团队成员的决策过程，并与他们通力合作。在合作开展项目的过程中，他们会找到新的互动、协作及决策方式，并最终形成新的流程或新的能力，而这些新流程或新能力将推动新企业日后不断取得成功。随着新业务的成长或新产品的成熟，这些工作方法也将逐渐实现制度化。

11. 请参阅 Jeff Dyer，"How Chrysler Created and American Keiretsu," *Harvard Business Review*, July-August,1996,42—56; Clayton M. Christensen，"We've Got Rhythm! Medtronic Corporaction's Cardiac Pacemker Business," Harvard Business School, Case No. 698—004; 以及 Steven C. Wheelwright，"Eli Lilly: The Evista Project," Harvard Business School, Case No. 699—016。

第 9 章　产品性能、市场需求和生命周期

1. 根据硬盘行业的传统，平均故障间隔时间为 100 万个小时意味着，如果 100 万台电脑同时打开，并同时运行 1 个小时，其中一台电脑的硬盘将在第 1 个小时内发生故障。

2. 最早提出产品生命周期的 3 篇论文，同时也是最具影响力的 3 篇论文：Jay W. Forrester, "Industrial Dynamics," *Harvard Business Review*, July-August, 1958, 9—14; Arch Patton, "Stretch Your Products' Earning Years—Top Management's Stake in the Product Life Cycle,"

Management Review (38), June, 1959, 67—79；William E. Cox, "Product Life Cycles as Marketing Models," *Journal of Business* (40), October, 1967, 375。围绕产品生命周期总结与之相关的概念和实证问题的论文包括：Nariman K. Dhalla and Sonia Yuspeh, "Forget the Product Life Cycle Concept!" *Harvard Business Review*, January–February,1976, 102—112; David R. Rink and John E. Swan, "Product Life Cycle Research: A Literature Review," *Journal of Business Research*, 1979, 219；George S. Day, "The Product Life Cycle: Analysis and Applications Issues," *Journal of Marketing* (45), Fall, 1981, 60—67。杰勒德·J. 特利斯和C. 莫尔·克劳福德在一篇论文中对产品生命周期的概念给出了令人信服的评论，并提出了产品演化理论，预言了本节中的很多观点。论文参见 Gerard J. Tellis and C. Merle Crawford, "An Evolutionary Approach to Product Growth Theory," *Journal of Marketing* (45), Fall, 1981, 125—132。

3. Geoffrey A. Moore, *Crossing the Chasm* (New York: HarperBusiness, 1991).

4. 便携式收音机的出现同样适用于这一行为模式。在 20 世纪 50 年代初，索尼公司的董事长盛田昭夫来到纽约，并住进了市内一家便宜的旅馆。他此行的目的是就购买 AT&T 拥有的晶体管技术专利（AT&T 的工程师于 1947 年发明了这项技术）与该公司进行谈判。盛田昭夫发现 AT&T 不太愿意进行谈判，因此不得不多次拜访该公司，请求其将这项专利卖给索尼公司。盛田昭夫的诚意最终打动了对方。在会议结束，专利转让文件也签署完毕之后，AT&T 的官员询问盛田昭夫，索尼公司打算如何使用这项专利。盛田回答说："我们打算生产小型收音机。"这名官员不解地问："为什么会有人想要小型收音机呢？"

盛田的回答是："那我们走着瞧。"几个月后，索尼公司在美国市场推出了第一款便携式晶体管收音机。按照主流市场衡量收音机性能的主要指标，这些早期晶体管收音机的质量实在太差，不但保真度很低，而且静电干扰比当时占主导地位的真空管台式收音机大很多。但盛田并没有选择继续在实验室里研发晶体管收音机，直到它的性能足以参与主要市场的竞争（这是大多数领先电子企业在研发晶体管技术时所采取的战略），而是主动去寻找看重晶体管技术业已存在的属性的市场——便携式个人收音机市场。不出意料的是，没有一家领先的台式收音机制造商最后发展为便携式收音机的主要制造商，而且它们之后都被淘汰出收音机市场（这个故事是由索尼公司已退休的生产和技术副董事长谢尔顿·韦林格博士转述给笔者的）。

5. John Case, "Customer Service: The Last Word," *Inc. Magazine*, April, 1991, 1—5.

6. 这条信息是由直觉公司的创始人兼董事长斯科特·库克和Quickbooks的市场营销经理杰伊·奥康纳提供给作者的。

7. 库克表示，在设计简单、便捷的会计软件包的过程中，直觉公司的软件研发人员受到很大的启发。即便计算机通常不会在加减运算中犯错，市场上的每一种会计软件包仍然会继续使用复式簿记会计系统——最早由威尼斯商人发明，目的是查找记账过程中发生的运算错误。直觉公司可以通过省略不需要的产品功能来极大地简化它的产品。

8. 在这一案例中，虽然礼来公司的优泌林胰岛素无法实现溢价，但其投资还是获得了回报。优泌林使得礼来公司免遭胰脏供应短缺（由红色肉类消费下降所导致）可能带来的影响，并且使礼来公司在生物工程制药的批量生产方面获得了非常宝贵的经验，由此建立了其资产基础。参见"Eli Lilly & Co.: Innovation in Diabetes Care,"Harvard Business School Case No. 9-696-077。

9. 一旦这样的少数派观点在课堂上被提出，许多学生很快就会发现，那些普遍被认为是世界上管理最好且最成功的企业，可能过度满足了主流市场的需求。例如，英特尔公司就总是在性能表现图的纵轴上衡量它生产的微处理器的速度。英特尔公司总是假设市场需要速度更快的微处理器，而且公司盈利达几十亿美元的事实证实了这一假设。当然，一些尖端客户要求芯片的指令处理速度达 200MHz、400MHz 和 800MHz。但主流市场的需求如何呢？英特尔新型微处理器的速度和成本是否可能会在不远的将来过度满足市场需求呢？如果技术过度供给可能发生，那么英特尔公司的几千个员工怎样才能预测这一切将在何时发生，并接受情况已经发生改变的事实，以完全改变产品研发模式呢？发现技术过度供给已经不易，对此采取一些应对措施更是难上加难。

第 10 章　假如让你负责电动汽车项目

1. 由于机动车制造商的反对，加州政府于 1996 年将实施这项法令的时间推迟到 2002 年。机动车制造商表示，考虑到它们设计的电动汽车的性能和成本，市场对电动汽车的需求几乎为零。

2. 关于该主题的一项出色研究：Dorothy Leonard-Barton, *Wellsprings of Knowledge* (Boston: Harvard Business School Press, 1995)。

3. 这条信息来自 Dohring 公司在 1994 年 10 月开展的一项调查。1995 年 6 月 28 日，在加利福尼亚州埃尔蒙特市举行的加州空气资源管理委员会有关电动汽车消费市场化的研讨会上，丰田汽车销售公司引用了这一信息。

4. 这一信息是由保罗·J. 米勒博士提供的。米勒博士是位于弗吉尼亚州夏洛茨维尔的 W. 奥尔顿·琼斯基金会能源部门的高级研究员。另有补充信息来源如下：Frank Keith, Paul Norton, and Dana Sue Potestio, *Electric Vehicles: Promise and Reality* [California State Legislative Report (19), No. 10, July, 1994]; W. P. Egan, *Electric Cars* (Canberra, Australia: Bureau of Transport Economics, 1974); Daniel Sperling, *Future Drive: Electric Vehicles and Sustainable Transportation* (Washington, D.C.: Island Press, 1995); 以及 William Hamilton, *Electric Automobiles* (New York: McGraw Hill Company, 1980)。

5. 根据图 10.1 的图形走势，如果延续过去的性能改善速度，具有破坏性的电动汽车技术需要很长的时间才能具备参与主流市场竞争的能力。当然，这并不是说该技术在未来就一定能够延续过去实现的历史性能改善速度，技术人员很有可能会遇到不可跨越的技术障碍。但我们所能确定的是，推动破坏性技术人员找到能够跨越这些障碍的方法的动力与阻碍成熟汽车制造商转战低端市场的阻力几乎一样大。但如果当前的性能改善速度得以延续，我们预计，到 2015 年，电动汽车的续驶里程将最终与主流市场要求的平均续驶里程交会；到 2020 年，电动汽车的加速时间将与主流市场的需求交会。很明显，正如下文所提到的那样，电动汽车的创新者需要主动出击，寻找重视它当前所能提供的技术属性的市场，而不是坐等电动汽车技术发展到足以满足主流市场的需求。

6. 这一声明是福特汽车公司的电动汽车项目主管约翰·R. 华莱士于 1995 年 6 月 28 日在加利福尼亚州埃尔蒙特市举行的加州空气资源管理委员会有关电动汽车消费市场化的研讨会上发表的。

注 释   293

7. 不管创新的本质是延续性还是破坏性，值得注意的是，好的企业都会本能地不断尝试将创新的目标转向当前的客户基础。在本书中，我们看到这种情况已多次发生。例如，在挖掘机行业，比塞洛斯-伊利公司推出采用了液压挖掘技术的 Hydrohoe 挖掘机，并试图利用这一新产品来服务于主流挖掘承建商；在摩托车行业，哈雷公司试图通过自己的经销商网络推广它的低端品牌的摩托车；在本章重点论述的电动汽车领域，克莱斯勒在小型货车中配备了多块电瓶。查尔斯·福格森和查尔斯·莫里斯在他们合著的《计算机战争》(*Computer Wars*) 一书中讲述了一个类似的故事——IBM 是如何对它的 RISC 精简指令系统计算机微处理器技术进行商业化推广的。RISC 是由 IBM 发明的，这种技术的发明人用 RISC 芯片来组装计算机，使计算机的运行速度达到"令人吃惊的程度"。IBM 随后付出了大量的时间、金钱和人力，试图将 RISC 芯片运用到主流的微型计算机产品中。但这要求设计者对 RISC 芯片的设计做出许多让步，因此这项方案并未取得成功。IBM 的 RISC 团队的几名核心成员心灰意冷地离开了 IBM，并随后在 MIPS 公司（RISC 芯片制造商）和惠普公司的 RISC 芯片业务的创建过程中发挥了关键作用。MIPS 公司和惠普公司的 RISC 芯片业务能够取得成功就是因为相关人员接受了这种产品本来的属性，并且发现了一个重视这些属性的市场——工程工作站。IBM 之所以失败是因为它力图改变这项技术的属性，以使其适应已经建立的市场的需求。有意思的是，IBM 在推出自己的工程工作站后，终于成功地构建了 RISC 结构芯片业务。参见 Charles Ferguson and Charles Morris, *Computer Wars* (New York: Time Books, 1994)。

8. 对于"不存在的市场"，最好是通过行动而非被动观察来进行探索和研究。关于这一理念，参见 Gary Hamel and C. K. Prahalad, "Corporate

Imagination and Expeditionary Marketing," *Harvard Business Review*, July–August, 1991, 81—92。

9. 应对破坏性创新的商业计划应该是学习计划，而不是执行预期战略的计划。关于这一理念，参见 Rita G. McGrath and Ian MacMillan, "Discovery-Driven Planning," *Harvard Business Review*, July–August, 1995, 44—54。

10. Jeffrey Thoresen Severts, "Managing Innovation: Electric Vehicle Development at Chrysler," Harvard Business School MBA student paper, 1996。该论文的副本，可向哈佛商学院的克莱顿·克里斯坦森索取。

11. 加州空气资源管理委员会颁布法令，要求到 1998 年，所有在加州销售汽油动力汽车的企业必须确保电动汽车的销量占它们在加州汽车总销量的 2%，否则它们将丧失在加州销售汽车的资格。格劳布的讲话正是在这一背景下做出的。如上所述，加州政府已经在 1996 年宣布将这一规定的实施时间延迟到 2002 年。

12. 这段讲话是在 1995 年 6 月 28 日，由加州空气资源管理委员会在加利福尼亚州埃尔蒙特市举行的有关电动汽车消费市场化的研讨会上，由克莱斯勒公司的区域销售部销售总经理威廉·格劳布发表的。

13. 同上。

14. 需要指出的重要一点是，克莱斯勒公司公布的有关小型电动货车的这些统计数据，是由该公司在市场上推广这种破坏性技术的方式决定的。这些数据并不是电动汽车本身具备的属性。电动汽车设计原本的用途是在各种轻型应用领域。例如，通用汽车公司设计的一款电动汽车的续驶里程就达到 100 英里。参见 Jeffery Thoresen Severts，"Managing Innovation: Electric Vehicle Development at Chrysler,"Harvard Business School student papter, 1996。

15. 参见，例如，Gabriella Stern and Rebecca Blumenstein, "GM Is Expected to Back Proposal for Midsize Version of Saturn Car," *The Wall Street Journal*, May 24, 1996, B4。

16. 其他许多行业的发展史中也出现过这种体积更小、结构更简单、使用更便捷的破坏性技术，但因为篇幅的关系，本书并没有提及。其中就包括台式复印机、外科缝合器、便携式晶体管收音机和电视机、螺旋扫描录像机、微波炉、气泡喷墨打印机。后来，不论是在它们最初的市场还是在主流市场上，这些破坏性技术都占据了主导地位，而且其中的每一种技术最初都是以简单性和便捷性作为主要的价值主张的。

17. 本章随后将谈到这一理念，即需要时间、实验和反复的尝试才能实现一个能够占主导地位的产品设计，而这是破坏性技术发展的一种十分普遍的模式。

18. 这段讲话是在 1995 年 6 月 28 日，由加州空气资源管理委员会在加利福尼亚州埃尔蒙特市举行的有关电动汽车消费市场化的研讨会上，由克莱斯勒公司的区域销售部销售总经理威廉·格劳布发表的。

19. 格劳布在加州空气资源管理委员会研讨会上的发言。

20. 关于产品开发及渐进性和破坏性技术开发所扮演的相关角色，有两篇文章做了出色论述：Ralph E. Gomory, "From the 'Ladder of Science' to the Product Development Cycle," *Harvard Business Review*, November-December,1989, 99—105；Lowell Steele, "Managers' Misconceptions About Technology," *Harvard Business Review*, 1983, 733—740。

21. 除了对硬盘行业进行研究后取得的发现（第 1 章和第 2 章对此进行了总结），成熟企业还能够集中必要的资源来引领特别复杂、风险性极高的延续性技术创新。有证据表明，其他行业也有类似的情况发生。参见，比如 Marco lansiti, "Technology Integration: Managing Technological Evolution in a Complex Environment," *Reseach Policy* 24，1995, 521—542。

第11章　本书观点回顾

1. 这里所说的"事物"指的是壁垒，例如专利技术，效率低下、成本高昂的大规模生产厂房，最具实力的经销商率先对主要市场的抢占，对关键原材料或特殊人力资源的独家控制，知名品牌的公信力和声誉，积累的生产经验或超大规模经济的存在，等等。从经济学家角度论述进入壁垒的重要作品包括：Joseph Bain, *Barriers to New Competition* (Cambridge, MA: Harvard University Press, 1956); Richard Caves and Michael Porter, "From Entry Barriers to Mobility Barriers," *Quarterly Journal of Economics* (91), May, 1977, 241—261。

▎补充阅读

本篇补充阅读总结概要和提出问题的目的，是启发和鼓励读者对《创新者的窘境》一书进行思考与讨论，进而反思本书的发现是如何在今天的许多行业内得到体现的，以及这些发现对未来发展具有什么意义。

本书的主题

在《创新者的窘境》一书中，克莱顿·克里斯坦森教授提出了这样一个问题：为什么管理良好的企业会遭遇失败？他的结论是，这些管理良好的企业之所以经常遭遇失败，是因为推动它们发展为行业龙头企业的管理方法，同时也严重阻碍了它们发展破坏性技术，而这些破坏性技术最终吞噬了它们的市场。

管理良好的企业都善于发展延续性技术，也就是说善于以客户所认可的方式来提高产品的性能。这是因为，它们的管理方法都基于以下几点。

- 听取客户的意见；
- 大力投资客户表示希望得到进一步改善的技术；
- 争取更高的利润率；
- 以更大的市场——而不是更小的市场——为目标。

但破坏性技术与延续性技术存在显著的差别，破坏性技术改变了市场的价值主张。就主流客户所关心的产品属性来说，破坏性技术刚开始出现时，几乎总是提供更低的产品性能。例如，在硬盘行业，破坏性技术所提供的容量总是小于原有的技术所提供的容量。但破坏性技术拥有某些边缘客户（通常也是新客户）所看重的其他属性，例如，这类产品一般价格更低、体积更小、结构更简单，而且经常是更便于使用。因此，破坏性技术打开了新市场。此外，由于积累了相关经验并得到足够的投资，破坏性技术的研发者总是能够提高其产品的性能，并最终占领原来的市场。这是因为，它们不但能够在原有属性的基础上提供完善的性能，还能增加一些新的性能。

《创新者的窘境》一书阐述了破坏性技术取代原有技术的过程，以及管理良好的企业内部所蕴含的强大力量是如何阻碍它们研发破坏性技术的。克里斯坦森教授构建了一个包含四项破坏性技术原则的框架，并以此来解释为什么在研发成熟技术时最为有效的管理方法，反而会阻碍对破坏性技术的研发。最后，他提出，管理者可利用这些原则，使他们所在的企业更加有效地研发代表未来市场发展趋势的新技术。

破坏性技术原则

1. 企业的资源分布取决于客户和投资者

为了生存，企业必须向客户和投资者提供产品、服务，以及他们所要求的利润，因此，绩效最好的企业都建立了扼杀没有得到客户认可的理念的成熟体系。正因为如此，这些企业发现，它们很难投入足够的资源来研发破坏性技术（即它们的客户并不想要的低利润率机遇），直到它们发现破坏性技术最终得到客户的认可时，一切为时已晚。

2. 小市场并不能满足大企业的增长需求

为了维持股价，并为员工创造内部晋升机遇，成功的企业需要不断地发展。这并不一定要提高增长率，但它们必须维持自身的发展速度。随着企业日益发展壮大，它需要实现越来越多的新增收入来维持之前的增长率。因此，这些企业在试图进入更新、更小，但日后注定将发展壮大的市场时，会遇到越来越大的困难。为了保持增长率，这些企业必须专注于大市场。

3. 无法对并不存在的市场进行分析

翔实的市场研究数据和良好的规划，以及之后的按计划执行的流程，构成了良好管理的基本特征。但对于那些在进入市场之前，需要得到已经量化的市场规模和财务收益数据才能做出投资决策的企业来说，它们通常会在面对破坏性技术时变得束手无策，因为它们要求获得数据的市场实际并不存在。

4. 技术供给可能并不等同于市场需求

尽管破坏性技术最初只能应用于小型市场，但它最终将在主流市场占据一席之地。这是因为技术进步的步伐经常超出主流客户所要求的或者能够消化的性能改善幅度。因此，当前主流市场上的产品最终将过度满足主流市场对产品功能性的实际需求。虽然破坏性技术当前的性能表现相对滞后于主流市场的客户预期，但它们可能会在日后变得极具竞争力。一旦出现两种或两种以上的产品能够满足市场对性能的需求，客户将参照其他标准来选择商品。这些标准会逐渐偏向于可靠性、便捷性和价格，而这些都是新兴技术通常占有优势的领域。

管理者在应对破坏性技术时通常会犯的一个大错误就是——试图违背或忽视破坏性技术原则。克里斯坦森教授表示，在面对破坏性技术创新时，采用能够成功应对延续性技术变革的传统管理方法，将导致企业遭遇失败。他说，通往成功的更加有效的途径通常是去理解适用于破坏性技术的自然法则，并利用这些法则来创造新市场，研发新产品。只有了解并遵守破坏性技术的发展规律，管理者才能成功地抓住破坏性技术所带来的机遇。

具体而言，他建议面临破坏性技术的管理者做到如下几点。

- 把研发破坏性技术的职责交给确实存在客户需求的机构，以确保资源能够流向这些机构。
- 设立一个能够欣然接受较小收益的独立的小型机构。
- 为失败做好准备。不要在第一次就用尽所有的资源，因为你不可能在第一次尝试中就抓住正确的市场方向。在对破坏性技术进行商业化开发时，应将最初的种种努力看作学习机会，在获得相关数据后做出调整。

- 不要寄希望于技术突破。尽早开始行动，为破坏性技术的当前属性寻找市场，你将在当前主流市场以外的地方找到它的市场。你还将发现，对主流市场不具吸引力的破坏性技术属性正是新兴市场被建立时所依赖的属性。

需要讨论的问题

（1）破坏性技术产品的特点是：

- 更简单，价格更低，而且性能更低。
- 利润率通常更低，也不会实现更高的利润。
- 领先企业中能带来最大利润的客户通常不会使用，也不接受。
- 首先在新兴市场或是不重要的市场投入商业化运作。

《创新者的窘境》一书探讨了发生在硬盘、挖掘机、钢铁和汽车行业的破坏性创新。回顾历史，你能找到一些最终取代了原有产品和产业的破坏性技术吗？你能想到目前正在出现的其他一些，甚至可能威胁你所在行业的破坏性技术吗？

（2）所有的市场都存在这样一个趋势，即企业都希望生产出价格更高、更复杂的产品来进入更高端的市场。为什么企业很难进入产品更加简单、价格更低的市场呢？你能想到有哪些企业因为提升了市场定位而遭遇破产的命运吗？它们要做些什么才能避免这种情况的发生呢？

（3）企业进入更高端市场的这一趋势可能会给成熟企业带来致命的影响，但它同时也可能是新兴市场最终发展为主流市场的一个重要原因。除了本书所提到的案例，你能想到有哪些企业是因为提升了市场定位而获得了成功的吗？

（4）在将破坏性技术投入商业化运行的过程中，为什么说很重要的一点是在开始投资时假设你的预期是错误的呢？除了本书提到的摩托车、挖掘机、硬盘等实例，你还能想到其他实例来证明这一点吗（即在对产品进行市场营销的过程中，最终出现的大市场往往与企业最开始展开营销的应用领域完全不同）？

（5）破坏性技术的一个基本特征是，在主流客户最看重的属性方面，破坏性技术最初的表现不如成熟技术。因此，想成功地对破坏性技术进行商业化推广的企业必须寻找不同的客户群体，也就是最看重新技术属性的客户。根据新技术出现时被主流市场忽略的技术属性或特性，你能想到当前正在兴起的一些市场吗？原来的哪些主流产品或企业将受到威胁？

（6）当两种或两种以上的产品达到对这类产品功能性的最低要求时，客户将开始寻找其他决定性因素。根据本书援引的温德米尔联合公司的一项研究，演变的过程通常是从功能性发展到可靠性，再发展到便捷性，最后发展到价格的。当前有哪些市场已经沿着这一发展轨道完成了一步或者多步演变步骤？

（7）大多数人都认为，是企业高管做出了有关企业发展方向和资源投资方式的重要决策,但真正的权力实际掌握在企业内部的那些有权决定向高层提交哪些提案的中层管理者手中。哪些企业因素导致了中层员工忽略或扼杀破坏性技术?管理良好的企业是否应该改变这些方法和政策?

(8)是哪些个人职业发展方面的考虑导致大企业中有抱负的员工忽略或扼杀破坏性技术?管理良好的企业是否应该改变导致员工滋生这种思维方式的政策?

(9)企业在未来应如何构建组织结构?根据职能来创建组织结构的大型企业是否应像一些管理理论学家当前所提出的那样,将组织结构重新设计为紧密联系的团队?或者,在承认不同的技术和不同的市场拥有不同的需求后,是否应该尽量建立特殊的组织结构和管理方法来应对不同的情况?这种方法是否切实可行?

(10)本书第4章引用了一位硬盘企业的首席执行官所说的一句话。在解释为什么他的公司未能将已经研发成功的1.8英寸硬盘投入商业化运作时,他说:"我们已经领先于市场。"但在当时,他的公司并没有发现,一个新兴1.8英寸硬盘市场正在新用户当中出现。克里斯坦森教授认为,"破坏性技术应被看作一个市场营销挑战,而不是一个技术挑战"。你是否认为所有的技术都能找到一个特定的市场?如果你不这么认为,那么作为一名管理者,你将如何做出搁置某些技术、大力发展另外一些技术的决定?

(11)同样,克里斯坦森教授提出,企业不应坐等新技术突破

（将提高这项技术的性能）的出现。相反，企业需要主动出击，寻找那些发现了这些技术属性的价值（其他人则认为这些属性是种缺陷）的客户。作为一名管理者，你将怎样决定某项技术或理念何时需要进一步开发，何时将其大量投入市场？

（12）《创新者的窘境》一书的关键主题就是，推动企业成为主流市场领先企业的管理方法，同时也是导致它们错过破坏性技术所带来的发展机遇的管理方法。换言之，管理良好的企业之所以失败正是因为它们管理良好。你是否认为关于"良好的管理"的定义正在发生改变？今后，倾听客户的意见，大力投资得到客户认可的产品的生产，认真进行市场分析是否将变成"不当的管理"？什么样的体系可以综合两者的精华？